# HISTOIRE

DU

# DIX-NEUVIÈME

SIÈCLE

II

IMPRIMERIE E. FLAMMARION, 26, RUE RACINE, PARIS.

ŒUVRES COMPLÈTES DE J. MICHELET

# HISTOIRE

DU

# DIX-NEUVIÈME

## SIÈCLE

ÉDITION DÉFINITIVE, REVUE ET CORRIGÉE

TOME DEUXIÈME

JUSQU'AU DIX-HUIT BRUMAIRE

PARIS

ERNEST FLAMMARION, ÉDITEUR

26, RUE RACINE, PRÈS L'ODÉON

Tous droits réservés.

# PRÉFACE

DES JUSTICES DE L'HISTOIRE

I

Dans l'avertissement de mon premier volume, j'ai parlé de la justice sévère de l'histoire, des arrêts de cassation que souvent elle porte contre les caprices du monde et les opinions légères, passionnées, des contemporains.

« Ces justices tardives que nous n'entendrons pas, ne nous affectent guère », pourront dire quelques-uns. — A tort.

Non, l'opinion de l'avenir, à laquelle tant d'hommes sacrifient la vie même, apparemment est quelque chose. La malédiction et le supplice posthume qu'inflige l'horreur du genre humain, cet enfer historique, est redouté par les tyrans, puisqu'ils n'épargnent rien pour sauver leur mémoire et tromper la postérité. L'exposition publique qu'ils subissent à jamais leur a paru chose redoutable. A tout prix, ils auraient voulu fuir le soleil vengeur, et ne pas rester là, comme l'oiseau de nuit conspué du passant, qu'on a cloué sur une porte.

En récompense, beaucoup qui méritaient un souvenir reconnaissant n'ont bien souvent que l'oubli en partage. Ils surnagent un moment dans la mémoire, tombent bientôt au même gouffre. Ne comptez pas sur le petit cercle dont, vivant, vous fûtes entouré.

« Je mourrai seul », dit Pascal.

C'est le sort commun de l'humanité.

Mais est-il bon qu'on se souvienne? — Oui. Chaque âme, parmi des choses vulgaires, en a telle, spéciale, individuelle, qui ne revient point la même, et qu'il faudrait noter quand cette âme passe et s'en va au monde inconnu.

Si l'on constituait un gardien des tombeaux, comme un tuteur et protecteur des morts?

J'ai parlé ailleurs de l'office qu'occupa Camoëns sur le rivage meurtrier de l'Inde : *Administrateur du bien des décédés*.

Oui, chaque mort laisse un petit bien, sa mémoire, et demande qu'on la soigne. Pour celui qui n'a pas d'amis, il faut que le magistrat y supplée. Car la loi, la justice est plus sûre que toutes nos tendresses oublieuses, nos larmes si vite séchées.

Cette magistrature, c'est l'Histoire. Et les morts sont, pour dire comme le Droit Romain, ces *mise-*

*rabiles personæ* dont le magistrat doit se préoccuper.

Jamais dans ma carrière je n'ai perdu de vue ce devoir de l'historien. J'ai donné à beaucoup de morts trop oubliés l'assistance dont moi-même j'aurai besoin.

Je les ai exhumés pour une seconde vie. Plusieurs n'étaient pas nés au moment qui leur eût été propre. D'autres naquirent à la veille de circonstances nouvelles et saisissantes qui sont venues les effacer, pour ainsi dire, étouffer leur mémoire (exemple, les héros protestants, morts avant la brillante et oublieuse époque du dix-huitième siècle, de Voltaire et de Montesquieu).

L'histoire accueille et renouvelle ces gloires déshéritées; elle donne nouvelle vie à ces morts, les ressuscite. Sa justice associe ainsi ceux qui n'ont pas vécu en même temps, fait réparation à plusieurs qui n'avaient paru qu'un moment pour disparaître. Ils vivent maintenant avec nous qui nous sentons leurs parents, leurs amis. Ainsi se fait une famille, une cité commune entre les vivants et les morts

La différence des siècles, des formes, des costumes, n'y fait rien. L'histoire a plaisir à les reconnaître. Elle sent par exemple que les grands martyrs protestants, malgré leur costume et leur bizarre langage théologique, furent aussi les martyrs, les héros de la liberté.

Ce fut pour moi un grand bonheur de finir tel de ces malentendus.

Comment, en remontant vers 1670, avait-on perdu

la mémoire du héros, du martyr, qui, simple individu, chercha par toute l'Europe des ennemis à Louis XIV, et qui, plus que personne, créa la grande ligue contre lui, et la ruine future de ce nouveau Philippe II? J'ai vu, avec étonnement, des protestants eux-mêmes ne pas savoir ce nom digne d'une mémoire éternelle, ni la terrible aventure où il fut enlevé sur le lac de Genève pour être roué à Paris.

Je le trouvai, oserai-je dire, oublié, sans honneur au fond de la terre (dans la compilation, si peu lue, d'Élie Benoît). Avec quelle joie je l'en déterrai, et j'honorai cet illustre martyr des libertés du monde.

Je n'en ai guère moins, dans le présent volume, et le suivant, d'exhumer tant d'hommes éminents des derniers temps de la Révolution, que Bonaparte a obscurcis, cachés, fait oublier, et trop souvent noircis. Beaucoup ont disparu pour l'histoire, perdus dans les rayons absorbants et jaloux, que projetait sa gloire, augmentée à plaisir par tant d'historiens déclamateurs. Citons, entre autres, les hommes qui préparèrent l'expédition d'Égypte, qui dans ce pays même dirigèrent l'administration de Bonaparte. Nommons l'énergique, le bienfaisant Caffarelli, dont la noble figure avant moi s'était perdue dans l'ombre.

Et comment s'étonner qu'on oublie les individus, quand les peuples s'oublient eux-mêmes, quand ils sont ingrats et aveugles pour leurs pères et pour les plus grands moments de leur histoire? Cela arrive à toute nation. Et ce n'est pas seulement aux Français, que l'Europe croit si légers. Je le prouverai également pour les Anglais, plus tenaces et moins oublieux.

Dans ce volume, pour la France et l'Europe, pour nous et la coalition, le nœud est Fructidor. C'est là surtout que le regard attentif et sérieux de l'histoire était nécessaire. Jusqu'à moi l'opinion générale se trompait et prenait le change sur cet événement. Nous avons prouvé que ce fut en réalité un complot royaliste, déjoué à temps par le Directoire, par la fermeté d'un seul des directeurs[1]. Les royalistes eux-mêmes ont avoué leur parfaite entente avec l'Anglais qui, après son danger (la grande révolte de la flotte), faisait des sacrifices énormes d'argent pour faire *sauter* la France.

On avait fait venir à Paris la Vendée furieuse. Ce qui fit dire à Pichegru déporté : « Si nous avions vaincu, les révolutionnaires n'eussent pas été quittes pour la déportation. » Au bout de deux ans, nous voyons ce bon royaliste Pichegru revenu à Londres, puis guidant contre nous les Russes, comme il avait naguère guidé les Autrichiens.

Cette affaire de Fructidor, où les attaquants se dirent attaqués et le firent croire, rappelle parfaitement l'affaire de 1870, où la Prusse, qui depuis

---

1. La Révellière-Lépeaux. Son fils a bien voulu communiquer ses beaux *Mémoires*, enfin imprimés.

trois ans préparait l'invasion de la France, parvint à mettre les torts apparents du côté des Français et à faire croire qu'elle n'avait fait que se défendre.

La chance tourna autrement en Fructidor. Non seulement la République échappa au complot royaliste, mais une explosion républicaine eut lieu dans tout l'occident de l'Europe (Irlande, Hollande, Rhin, Suisse, Piémont, Rome, Naples). De sorte que la France apparut dans la majesté de la mère République entourée de ses filles.

Toute l'humanité occidentale revendiqua ses droits et se crut apte à se gouverner elle-même, à ne plus obéir qu'aux lois de la Raison, telles que le dix-huitième siècle les avait promulguées.

Là la France eut un moment adorable de générosité, un élan merveilleux de fraternité courageuse. Jamais elle n'approcha davantage de son poétique rêve : *La délivrance du monde*, l'humanité devenue majeure sous la forme républicaine. Elle étendit ses vœux à l'Afrique, à l'Asie. Et les conseillers de Bonaparte en Égypte lui firent assembler le premier divan égyptien, que l'on consulta utilement sur les intérêts du pays, canaux, irrigations, répartition des taxes, etc.

La France, à ce moment, après la victoire de la république en Fructidor, sembla accepter la tutelle, la défense de tous les faibles de la terre. Grande audace, surtout pour un État tellement travaillé au dedans par la trahison.

On l'a taxée d'imprudence, d'étourderie. A tort. Il faut songer qu'alors, non seulement sur le Rhône, mais à Turin, à Rome, à Naples et à Dublin, on massacrait ou pendait nos amis, tous ceux qui avaient cru en nous, à l'évangile des libertés du monde. Pouvions-nous être sourds aux soupirs de leur agonie, à leurs prières pour leurs patries, ces jeunes républiques, hier nées de nous?

La France ne s'effraya pas. Elle accepta le duel universel contre tous, décréta la conscription, et par ses jeunes soldats elle frappa deux coups admirables, en triomphant des meilleures armées de l'Europe. La République vainquit d'une part les Russes, de l'autre les Anglais. Et trahie, surprise par un guet-apens, elle emporta du moins ses deux victoires capitales au tombeau.

Le triste retour d'Égypte, et les raisons pour lesquelles les Anglais, qui tenaient la mer, laissèrent revenir Bonaparte dans une traversée si lente de quarante-cinq jours, s'explique comme on verra, surtout par la Chronique orientale, publiée en 1839.

La surprise de Brumaire ne s'explique pas moins par la connivence des généraux pour prendre l'homme des royalistes, éloigner le général républicain, qui, après sa victoire de Zurich, pouvait revenir [1].

---

[1]. M. Hamel est le premier qui ait eu le courage d'être juste envers le Directoire, trop accusé. Ballotté par les événements, il n'eut ni les moyens ni le temps de poser la solide pierre où pût se fonder la République, l'éducation. Les royalistes l'arrêtèrent au premier pas, en lui faisant supprimer l'École normale. — Les grandes écoles restèrent à part, ne reconstituèrent point

## II

Dans ce volume, où je raconte la lutte acharnée de la France et de l'Angleterre, ai-je cédé à un sentiment d'hostilité contre celle-ci ?

Je ne le crois nullement. Ce que j'ai dit sur l'Inde anglaise est moins violent que les discours des grands orateurs anglais. Sur tout le reste, j'ai eu présente cette maxime que l'historien qui parle d'un peuple étranger doit y bien regarder avant de condamner ce qu'il connaît trop peu. Il devrait plutôt entrer dans ses idées, tenir compte de la tradition de ce peuple, et de la violence naturelle de ses moments passionnés [1].

L'époque de ces luttes sauvages et fratricides, grâce à Dieu, est finie. J'écrivais l'autre jour à Darwin, le grand naturaliste : « Par les idées communes, même par les intérêts communs, le détroit

---

l'homme par leur réunion. La première, celle de Droit, ne justifia pas ce titre, mais resta ce qu'elle est, une école des lois et décrets, qui varient chaque jour. (Voy. mon livre *Nos fils*, et la préface de ma *Révolution*.) Elle resta sans base morale dans le milieu bâtard où l'on fait semblant de croire que la vieille religion de la Grâce, des *élus* et du bon plaisir peut s'arranger avec la Justice et la République.

1. C'est ce que j'ai tâché de faire, et que n'a pas fait le professeur Sybe dans son dogmatisme. (Voy. les critiques fort justes et excellentes que M. Avenel a faites de son ouvrage, dans le journal *la République*.) Au reste, les idées qu'attaque si violemment cet Allemand sont celles de l'Allemagne elle-même et de toute l'Europe au dix-huitième siècle. M. Avenel remarque très bien que tous alors également adoptaient, croyaient, enseignaient cet évangile de la raison qui, par Rousseau, Basedow, Pestalozzi, circula et parut un moment le Credo de l'Allemagne.

semble déjà comblé. Je vois avec bonheur l'entreprise du pont, ou plutôt du tunnel, qui, passant de Calais à Douvres, rendrait les deux pays à leur voisinage réel, à leur parenté, à leur identité géologique. »

Ce ne sont pas seulement mes rapports d'amitié, et un peu de famille, qui me lient avec ce grand peuple. Ce sont mes principes. Je suis pour lui contre Philippe II, Louis XIV et Napoléon. A la Révocation de l'Édit de Nantes, je suis avec nos protestants et je vais avec eux sacrer Guillaume à Westminster (voy. mon *Histoire de France*, année 1688).

Contre tous ces tyrans du continent, combien a servi le détroit! Combien je me félicitais en 1830 (lorsque alors je vis l'Angleterre) que le sauvage Bonaparte eût échoué, n'eût pu faire la descente ni détruire cette ruche admirable de l'industrie humaine!

L'asile commun des nations, au Moyen-âge! On parle trop des origines anglo-saxonnes de l'Angleterre. Ces petites tribus y furent peu de chose en comparaison du très grand fonds celtique, et du vaste flot d'émigrants qui venaient sans cesse du rivage d'en face, surtout du rivage flamand. Mille passages des Chroniques[1] prouvent que de très bonne heure les populations laborieuses du continent y affluèrent en masse. Les tisserands surtout

---

1. Le savant Brentano a l'air d'ignorer ces Chroniques.

étaient attirés à tout prix dans ce pays où la laine était le principal commerce. L'élément germanique s'effaça, et le mysticisme flamand. L'esprit anglais se forma, avec un caractère particulier de positif, de suite, accompagné d'une dextérité inconnue aux Allemands. L'empereur Frédéric II, dans ses poésies, marque chez les Anglais ces belles et longues mains, que sans doute ils tenaient de leurs aïeux les ouvriers de Flandre [1].

Une époque solennelle dans ces migrations d'ouvriers est celle de 1685, lorsque nos tisserands protestants vinrent remplir tout un faubourg de Londres (*Spitalfield*). Cette fuite par mer dut les mener aussi en Écosse, en ce pays qui avait été jadis par l'amitié une autre France.

Je le croirais. Mais je n'en crois pas moins à la belle légende d'Écosse, selon laquelle une riche demoiselle écossaise, ayant par erreur porté une fausse accusation contre sa servante, fit en expiation la fondation d'un atelier (couvent laïque) où de pieuses femmes avec une patience, une régularité admirable, parvinrent à la perfection de ce qu'on appela *le fil d'Écosse*.

Même perfection dans la laine qu'on fabriquait en Angleterre dans le Lancashire. Le débit des bas de laine devint considérable, lorsque, après la

---

[1]. J'ai parlé de ces émigrations dans mon *Histoire de France*. Mais pour cette intéressante *Histoire de la laine*, il faut attendre le grand ouvrage d'érudition que prépare avec tant de soin M. J. Quicherat, directeur de l'École des Chartes, n'épargnant ni dépenses, ni voyages nécessaires à ses recherches.

conquête de l'Inde, l'argent circula, même chez les pauvres. Un homme ingénieux, Arkwright, accéléra singulièrement cette fabrication par la machine à bas.

Ces machines admirables, et surtout celle de Watt (triomphante vers 1800) ont fait oublier une chose plus admirable encore : l'école des machinistes que forma Watt, et les circonstances morales qui avaient préparé de pareils ouvriers, si soigneux, attentifs à la précision, qui mirent dans ces grands moteurs la parfaite exactitude de l'horlogerie.

Les Anglais, superbes et colériques, comme tous les mangeurs de viande, semblaient moins propres à cela que les sobres Écossais. Il y fallut une révolution morale, un fanatisme vertueux plus qu'imaginatif, un rare amour du bien et du devoir, soutenu chaque journée, malgré l'ennui des longues heures, une patience peu connue chez les races mobiles du continent.

On a trop négligé cette époque, et ces ouvriers sérieux, dans la régularité des premières manufactures.

Les Anglais même l'ont un peu oublié. C'est à l'histoire de leur rappeler les vertus de cette génération industrielle, si contraire par les mœurs à l'industrialisme d'aujourd'hui.

Beaucoup se figurent que la population agreste, entrant alors dans les manufactures, perdit sous le rapport moral. C'est exactement le contraire. La vie de l'atelier était plus sévère que celle des champs. Nombre de romans, tableaux très fidèles des mœurs de l'époque, sont là pour témoigner ce que c'était que cette joyeuse Angleterre (*merry England*), combien oppressive et souvent déshonorante pour la famille pauvre.

La famille rustique qui se faisait industrielle, n'étant serve que du travail régulier, sans caprice, montait en dignité morale et en intelligence. L'ouvrier suppléait l'imperfection de la machine, et parfois la perfectionnait.

Pour résumer, les deux points de départ de l'industrie anglaise sont :

1° Cette immense hospitalité qui s'ouvrit à tous les persécutés de l'Europe, et qui, en retour, fut dotée de leurs industries ; origine méconnue de l'Angleterre elle-même, qui ne se souvient pas qu'elle est en partie Flamande, Française, etc., et s'intitule toujours Anglo-Saxonne.

2° La grande révolution qui eut lieu dans les mœurs anglaises peu avant 1800, et qu'on a tort de croire trop exclusivement théologique. Sous ces formes affectées d'un christianisme sombre se cachait une chose bien plus générale, un amour du travail régulier que n'a offert au même degré aucune nation.

Ces deux grands caractères que j'ai restitués à l'Angleterre, mieux qu'on ne faisait jusqu'ici, seront analysés dans mon troisième volume. Les mœurs de famille, généralement plus fortes que celles du continent, sont ce qui m'a le plus attaché à l'Angleterre, malgré ses luttes avec la France.

## III

Combien il est difficile d'être juste ! par combien de nuages, de barrières la vérité peut être ajournée, indéfiniment obscurcie !

J'en ai l'exemple de 1800 à 1806.

Des documents peu connus en Russie, et ailleurs parfaitement inconnus, m'ont mis à même de pénétrer et de juger une époque, un règne jusqu'ici fort mal représenté, le règne du tzar Paul I$^{er}$.

Le temps n'a pas manqué. Voici soixante-treize ans que Paul est dans la terre. Ses fils ont régné cinquante ans avec un pouvoir absolu. Qui donc a empêché la vérité de se produire ? L'empereur Alexandre, assombri par la fin tragique de Paul, n'aimait point qu'on touchât ce lugubre sujet ; il eut toute sa vie le malheur de voir autour de lui les assassins de son père. Sous Nicolas, le fait était déjà ancien, et il ne restait guère que les fils de ceux qui avaient fait le coup.

Or, ceux-ci étaient de deux classes, ou de ces Allemands bâtards qui, comme fonctionnaires, gouvernent tout en Russie, ou bien des seigneurs russes qui devaient une partie de leur fortune aux confiscations de Pologne. Toucher à ces derniers, ce serait, pensait-on, décourager le zèle, méconnaître les services rendus. Et quant aux Allemands, je l'ai dit, ils sont tellement mêlés à tout, incorporés à la

Russie, où ils gèrent et la fortune de l'État et la fortune des seigneurs, que la Russie qui en souffre, ne peut s'en passer, et, si elle les écartait, croirait se dissoudre.

Aussi un accord étonnant s'est fait sur ce règne. Les Allemands, qui sont les grands scribes du monde, qui savent les langues du Nord, et sur l'histoire du Nord écrivent seuls, racontent les faits à leur manière sans être contredits. Par les mariages et les princesses allemandes, et leurs enfants, qui sont de petits Allemands, ils donnent incessamment des maîtres à la Russie.

C'est une des merveilles de ce temps que le tzar Alexandre II se soit affranchi des routines et ait hasardé la grande révolution qui avait fait reculer ses prédécesseurs : l'émancipation des paysans.

Paul, martyr de sa méchante mère Catherine, et de la première femme, qu'elle lui avait donnée pour son supplice, fut tenu très longtemps à part dans la campagne, et garda de vrais traits du caractère national. Il resta un paysan russe, avec les qualités et les défauts de cette race. Elle est mobile, un peu fantasque. Mais il n'en est point de meilleure. En général, le paysan Slave, Russe, Lithuanien, Polonais, est une fort bonne créature. Les longs hivers du Nord, qui les tiennent renfermés plusieurs mois, les font infiniment sensibles à la famille, fort dépendants de l'enfant, de la femme, amis des animaux.

Si bien qu'en ce pays, d'une histoire si terrible,

les voyageurs nous présentent un tout autre tableau. Sous les tragédies politiques il y a des mœurs agricoles, fort douces, en grand contraste. Tel fut Paul, nature un peu capricieuse, avec des élans généreux de nature. Par un secret instinct, il aima fort la France. Et d'abord la France qui demandait asile, la France émigrée. Puis il se ravisa, se rapprocha de la France républicaine (sous celui qu'on croyait alors un Washington). Avec cette alliance, il projetait deux choses : d'une part, établir la liberté des mers en protégeant les faibles : Danemarck, Suède, Hambourg, etc., contre la tyrannie des flottes anglaises ; d'autre part, il voulait entreprendre (avec la France, l'Autriche, etc.) le démembrement des pays qu'on dit Turcs[1], et pour lesquels la Turquie n'a jamais rien fait que leur donner l'anarchie discordante du gouvernement des pachas. Ces pachas avaient partout les marchands anglais pour associés dans l'exploitation du pays.

Pour ce grand projet, Paul, outre l'alliance de la France, semble avoir eu l'idée de faire appel aux Slaves, Cosaques et Polonais. Et déjà il avait rappelé les Polonais de Sibérie, ce qui fit trembler les possesseurs de leurs biens.

L'Angleterre avait le plus grand intérêt à sa mort. Mais beaucoup s'en chargeaient. Outre les Anglais de Pétersbourg, tous les Allemands de Russie avaient hâte de remplacer Paul ou par l'impératrice qui était

---

1. Je trouve ceci dans un document russe, tout à fait inconnu, que je dois à M. Iwan Tourgueneff.

Allemande, ou par son fils soumis aux influences allemandes et anglaises. De là la catastrophe.

Je ne connais nulle scène plus touchante que celle de Paul entrant dans la prison de Kosciuszko pour le délivrer, et, devant ce pauvre grand homme, blessé encore et alité, versant d'abondantes larmes. (Voy. Niemcevicz.)

Larmes précieuses qui firent espérer la réconciliation des deux sœurs, Russie et Pologne, et la résurrection de celle-ci.

Dès lors, le mur fatal qui depuis si longtemps a comme divisé le monde et séparé l'Occident de l'Orient, ce mur tombait. La Russie, l'Orient, tenus loin de l'Europe par l'interposition de la grosse Allemagne, entraient en communication avec l'Occident, le Midi s'alliait à des races plus en rapport avec la vivacité russe, et l'électricité toute méridionale de ce peuple que les invasions tartares ont seules rejeté dans le Nord.

Dans cette courte préface sur la Justice historique, comme un redressement des jugements précipités que portent les contemporains, j'ai négligé son aspect le plus haut, celui d'un effort du cœur, de la raison, pour anticiper ici-bas la Justice suprême qui doit régner dans l'univers.

Mes aspirations en ce sens ne viennent pas du cœur seul. Elles sont autorisées par une sérieuse considération du monde.

Ce monde présente en tout des lois analogues, une identité admirable dans ses méthodes, ses procédés. Les prétendus savants qui nient cela ne s'aperçoivent pas qu'ils font deux mondes différents, l'un soumis à la règle et au plus parfait équilibre; l'autre tout inharmonique, désordonné, un vrai chaos. — Je ne connais qu'un monde, et voyant partout l'équilibre, la justesse dans les choses physiques, je ne doute pas qu'il n'y ait également équilibre et justesse dans les choses morales. Sinon ici, du moins ailleurs, dans les globes et les existences qu'il nous sera donné de traverser.

La Justice, ce Dieu qu'à mon âge de force, à la mort de mon père, j'invoquai (dans la préface de ma *Révolution*), est toujours mon soutien. J'y trouve un sérieux bonheur, une espérance qui ne peut me tromper, contre les deux écoles sophistiques, l'une du néant, l'autre de l'arbitraire, du caprice divin.

Donc, malgré l'âge, je continue mon œuvre. Si pourtant elle devait finir ici, je ne me plaindrais pas. Je vois qu'en toutes choses le progrès est l'allure constante de cette Puissance de la vie qui va toujours de bien en mieux, et je garde l'espoir, comme un courageux ouvrier, que de mes travaux imparfaits j'irai à un travail meilleur.

Paris, 1ᵉʳ mars 1873.

# HISTOIRE
## DU
# DIX-NEUVIÈME SIÈCLE

## LIVRE PREMIER

ANGLETERRE.

### CHAPITRE PREMIER

Le premier Pitt. — La guerre et les emprunts. — Le traité de 1763 a livré le monde aux Anglais.

Dans le premier volume de cette *Histoire du dix-neuvième siècle,* nous avons exposé le dehors, la mise en scène du théâtre, mais pas assez encore le dessous, le dedans, ce qui se trouvait sous les planches.

Nous avons raconté les rapides succès de Bonaparte et l'effet d'éblouissement qu'il avait dès lors sur le monde. Effet interrompu par la levée du siège de Mantoue, et sa prostration personnelle, dont deux grands médecins, Masséna, Augereau, le remontent à Castiglione (4 août 96).

Paris crut que c'était la fin de la guerre. Mais non l'Europe, puisque, en octobre, l'envoyé anglais Malmesbury dit à Paris que « la France ne pouvait espérer de paix, à moins de rendre tout : l'Italie, les Pays-Bas, le Rhin ».

Donc ces grandes victoires de Bonaparte ont eu peu d'effet. Tout lui reste à recommencer. Le déluge barbare qui sans cesse fond sur lui des Alpes ne peut être arrêté. A peine il vient à bout des Allemands de Wurmser, qu'il a sur les bras le torrent des Slaves et Hongrois d'Alvinzi. Ces brillants coups n'expliquent rien, si l'on ne se rend pas bien compte de la force lointaine qui, par des canaux peu connus, leur opposait sans cesse la vaillante barbarie du Danube.

Cette roue épouvantable avait son grand moteur à Londres, où Pitt, assis sur la masse docile des créanciers de l'État, professait, faisait croire l'axiome de Price : « Plus on emprunte, et plus on est riche. »

Obscur et poétique mystère de richesse insondable !

L'or qu'on y puisait sans mesure allait fasciner ce monde héroïque et sauvage. Et tout n'arrivait pas : beaucoup restait à Bâle, chez un agent anglais qui, de là à Strasbourg, à Lyon, et surtout à Paris, soldait les traîtres et les espions, des Fauche et des Pichegru, etc.

Mais Pitt avait deux poches. De la seconde (étrange abîme) nous avons vu sortir à flots le torrent des faux assignats, chefs-d'œuvre de gravure, que

Puisaye fabriquait, et qui, le jour, la nuit, lancés en France sur des barques légères, animaient, ravivaient incessamment l'incendie vendéen. En vain éteint par Hoche, il gagnait sous la terre. A Paris, à Lyon, et dans tout le Midi.

Combien de temps durerait ce grand mensonge en deux parties : l'emprunt illimité sans base, et le faux assignat? C'est ce qu'il fallait voir. Était-ce au loin, par des succès en Italie, qu'on pourrait espérer d'arrêter la machine? C'était l'idée de Bonaparte. Ou, par un coup hardi, traversant le détroit et secondant les Irlandais? Ce fut l'idée de Hoche, sa tentative audacieuse.

Voilà le fait très simple et nu qui se passait à la fin de 96.

Mais on comprendrait peu, on serait même injuste sous tel rapport, si l'on ne remontait plus haut dans le dix-huitième siècle, si l'on n'expliquait bien ce que l'Angleterre, dans sa lutte contre la France et la Révolution, apportait de spécieux, et même de solide, à ce combat.

Sa haute légitimité remonte à 1688, où, pour l'avantage commun de l'Europe et du genre humain, elle combattit Louis XIV, la proscription des protestants, la Révocation de l'Édit de Nantes. Lutte si inégale qui réussit par la Hollande et par nos réfugiés. Les Anglais, fatigués, mêlés d'éléments étrangers, n'osèrent revenir à leur glorieuse république de 1649. Ils refirent une royauté, mais au minimum, et prise dans des petits princes étrangers, une race de basse Allemagne.

L'Angleterre, avec Georges I$^{er}$, Georges II, avec Walpole, tomba fort bas, sous le rapport moral. En 1750, elle croyait elle-même que, même au point de vue matériel, elle avait baissé. C'était l'opinion, après Walpole. En 1750, son successeur, le duc de Newcastle, adresse cette question à un médecin, le docteur Russel : « Pourquoi le sang anglais est-il si pâle et appauvri ? Quel remède ? » Russel, dans un beau livre que j'ai cité ailleurs[1], indiqua le remède : « La mer et l'action. »

L'action n'avait jamais cessé. Sous l'apparente paix de Walpole, un être inquiet avait toujours agi, erré, coureur de mers. Je l'appellerai Robinson (nom d'un livre immortel de 1719). Ce Robinson, vers le pôle Nord, pour son commerce d'huile, faisait l'immense massacre des cétacés qui, pendant tout ce siècle, a rougi la mer de sang. Au midi, à la faveur du traité de l'Assiento, il fournissait de nègres les Espagnols, et chez eux, malgré eux, le pistolet au poing, il commerçait, hardi contrebandier. En 1738, les Espagnols excédés mutilèrent un de ces drôles. De là une scène dramatique au Parlement, et une fureur d'autant plus grande que la vengeance promettait de beaux bénéfices.

1. Dans mon livre de *la Mer*.

J'ai déjà parlé de l'homme qui plaida cette cause avec un talent admirable et une vraie fureur, le premier des deux Pitt (lord Chatham)[1]. Après Walpole, le grand acheteur de consciences, l'Angleterre ouvrit fort les yeux en voyant tout à coup ce magique et sublime acteur, sincère et désintéressé, d'une passion réelle, comme l'acteur d'Athènes qui, jouant Électre, apporta sur la scène, non pas l'urne d'Oreste, mais l'urne de son propre fils. Ce grand Chatham, si naturellement furieux, avait l'élan colérique des Gallois, dont venait sa famille. De plus, il était né malade, toute sa vie, il eut un bourreau, la goutte. A chaque accès, ses cris étaient des accès d'éloquence.

Une vieille dame, Sarah Marlborough, qui haïssait la France, fut charmée d'un jeune homme qui paraissait si enragé. Elle crut y reconnaître son fils et elle le fit son héritier.

Mais il n'avait qu'une passion, la colère. Et, de haut, méprisait l'argent. Quel spectacle pour les Anglais après Walpole! Ils ont des moments de grandeur. Ils trouvèrent cela beau, furent charmés de lui voir rendre une grosse place qu'on lui avait donnée, charmés de l'entendre parler contre ceux qui toujours prêchaient pour le Hanovre, le patrimoine du roi. En cela il semblait tourner le dos au ministère. C'est ce qui l'y porta. A reculons. Il

---

1. J'en ai parlé dans mon *Histoire de France*. Aujourd'hui, je dois parler surtout du second, mort en 1806; je citerai plus loin les sources de son histoire.

n'y alla pas moins. Les Anglais étaient furieux de quelques succès de la France. Il fallut par deux fois que le roi, malgré lui, nommât et renommât ministre celui qui représentait le mieux la colère nationale.

L'ennemi de Pitt, Fox Holland, le fit lui-même rappeler. En 1757, il fut premier ministre, malgré le roi et l'aristocratie. L'engouement des Anglais pour leur grand avocat fut tel, que l'insuccès qu'il eut d'abord, loin de les décourager, les piqua, les attacha à lui. Il est vrai que ce furieux avait de très nobles éclairs qui lui illuminaient l'esprit. Il en eut un très beau, de haute et ferme raison, quand, mettant sous ses pieds la vieille antipathie des Anglais pour les Écossais, il dit magnanimement que ces belliqueux montagnards n'étaient point des ennemis. Ils ne voulaient que guerre ; eh bien ! il fallait leur donner des armes, les employer en Amérique. Dès ce moment, en effet, ils changent, et combattent pour l'Angleterre, même contre leurs anciens amis les Français.

Il dit ensuite une chose qui réussit : « Il faut conquérir l'Amérique en Allemagne. » A force d'argent, soutenir Frédéric, ce petit roi qui, à travers sa meute d'ennemis, pourrait peut-être l'emporter sur la France de la Pompadour. Hasardeuse pensée que l'événement justifia. Seulement ce fut la porte par où l'Angleterre se lança dans la voie des guerres par subsides, dans la voie des emprunts, chargeant toujours la dette, et d'avance écrasant la génération à venir. Plusieurs ne croyaient pas au succès. « Le crédit, disaient-ils, ne pourra pas se soutenir sans des succès constants et des victoires sans fin. A cela quelle solution? Faire banqueroute, ou conquérir le monde! »

C'est ce qui arriva. La France, en 1763, par le traité de Paris, laissa d'une part les *Indes*, de l'autre l'*Amérique*.

C'étaient deux mondes. Et pourtant Pitt n'était pas encore content d'un tel traité. Quand il apprit le Pacte de famille, notre traité avec l'Espagne, il voulut recommencer la guerre, la faire aux Espagnols.

Cette fureur d'aller de guerre en guerre en employant l'épée des autres, et s'obérant de plus en plus, fut punie lorsque l'Amérique refusa de s'épuiser en fournissant toujours. L'avis de Pitt était qu'on la calmât à tout prix. Mais ses conseils ne purent empêcher la séparation.

Il la vit s'accomplir, ce qui l'acheva. Depuis deux ans, il était maniaque, et il avait cent caprices bizarres. Il s'était laissé faire pair et comte de Chatham, ce qui lui ôta (suprême douleur) le cœur du public, confondit dès lors ce grand citoyen avec un groupe fort peu populaire, ceux qu'on appelait ironiquement les *amis du roi*. Parti intéressé qui avilissait l'Angleterre, ne connaissait ni communes, ni pairs, ni Whigs, ni Torys, mais uniquement le roi.

Tout à coup, à la fin, Chatham remonta. Ce grand acteur, d'autant meilleur acteur qu'il était à la fois calculé et sincère, s'arrangea pour avoir devant le Parlement une scène de colère héroïque, où peut-être il espérait mourir en défendant l'honneur national, et détournant l'Angleterre de reconnaître l'indépendance américaine. La mise en scène fut superbe. Il s'avança, la mort sur le visage, soutenu par son second fils de dix-neuf ans (William Pitt), s'emporta, parla longuement, retomba dans les bras de son fils. Ce fut la fortune de celui-ci, plein de mérite au reste. Si différent qu'il fût du grand Chatham, il fut consacré par cette scène, et on le vit toujours dans l'ombre du héros.

La bienveillance fut extrême pour lui. Ses futurs adversaires, Fox, Burke, l'accueillirent, le vantèrent, l'exaltèrent. Il était fort précoce, et, sous de tels auspices, il put impunément montrer une fierté où l'on crut reconnaître la grande âme de son père. A vingt-deux ans, il déclarait qu'il n'accepterait de place que dans le ministère, et déjà, à vingt-cinq, il fait autorité dans le Parlement.

Il fallut bien du temps pour voir que, sous plusieurs rapports, il différait fort de Chatham; souvent il fut son contraire. Cela ne choqua pas, et parut naturel. L'Angleterre avait changé elle-même; une autre génération avait succédé.

## CHAPITRE II

Une nouvelle Angleterre. — Le méthodisme. — La sainte banque. — L'Église.
Le jeune Pitt.

Ce qu'il y eut d'original dans l'Angleterre du dix-huitième siècle, c'est que, vers 1750, au moment où elle allait prendre sa grande expansion dans le monde qu'abandonnait la France, au moment où l'impulsion de Chatham la lançait, pour ainsi dire, dans l'infini, à ce moment, elle éprouva en elle un mouvement tout contraire à cette expansion, une sorte de contraction. Par un contraste admirable, tout en embrassant le monde du dehors, elle fit effort pour concentrer sa force propre, sa native énergie.

Cela fut instinctif sans doute. Mais la volonté ajouta beaucoup à l'instinct. Qu'un peuple ait fait si à propos de telles modifications sur lui-même, c'est une chose singulière qu'on voit rarement dans l'existence libre et bien plus calculée d'un individu.

Il faut dire que, si l'Angleterre présenta ce miracle d'une certaine réforme morale, accomplie au moment de sa grande action extérieure, ce miracle s'explique non seulement par ce qui restait de l'élément puritain, toujours subsistant en dessous, mais encore et surtout par le retour au principe qui est le fonds même de l'Angleterre. Ce principe, qui avec tant de force fut manifesté dans Cromwell et la révolution de 1648, était bien antérieur. Nous le trouvons, même avant le protestantisme, en 1400 chez les Lancastre et chez leur héros, Henri V. — Les Tudor, en 1500, les Stuart en 1600, apportèrent des éléments tout contraires à ce fonds. Il reparut avec l'exaltation fanatique des covenantaires et de la république vers 1650, et obstinément encore, vers 1750, moins violent, mais austère d'apparence (même de fonds, en grande partie) dans les disciples de Wesley et dans les méthodistes, moins farouches que leurs pères les puritains, et beaucoup plus mêlés aux affaires, au commerce, à tous les intérêts du monde.

En face de la grande propriété territoriale s'était élevé, sous Guillaume-le-Hollandais, le parti de l'argent, de la bourse, la banque, qui de plus en plus pesa dans les affaires, et, dans sa rivalité avec les lords, les grands évêques, eût bien voulu aussi arriver aux places de l'Église et à son budget monstrueux. Les puritains s'étaient tenus écartés de cette mine d'or, en refusant la condition qu'on leur faisait de jurer les trente-neuf articles de l'Église Anglicane. Les fils des puritains furent moins sévères. Vers 1733, commença la prédication de ce saint plus avisé, le célèbre Wesley. Il réfléchit au tort que ce scrupule faisait à l'Église, qu'il fermait aux plus dignes, aux hommes de Dieu. Lui-même fort désintéressé, il permit aux siens les affaires, les richesses, qui pouvaient tellement augmenter l'influence du bon parti. Il ne leur fit pas reproche de jurer les trente-neuf articles, et par là d'avoir place au grand banquet de l'Église établie. La Bible nous dit elle-même que les patriarches se faisaient peu de scrupules d'emprunter et de prendre aux impies leurs idoles d'or, qu'ils savaient faire servir à un meilleur usage. Ainsi le monde des affaires, de l'argent, de la banque, eut de plus un accès aux richesses de la grande Église. Mais pour montrer que c'était malgré eux et pour Dieu seul qu'ils franchissaient ce pas, ils suivirent autant que possible les habitudes sévères de leurs familles en tout le reste, firent hautement la grimace à l'argent, montrant que, quoique riche, on pouvait être pauvre d'intention, tenir l'argent au coffre, mais éloigné de l'âme.

L'argent venait à flots. Les saints banquiers inspiraient confiance. L'Europe, effrayée par les guerres, attirée par les emprunts de Chatham, et charmée de placer son or dans la sûreté de la grande île, l'entassait dans les mains respectables de la pieuse banque, obligeait celle-ci de recevoir et d'encoffrer.

Tout affluant aux mains de cette classe bien aimée de Dieu, son puritanisme de forme (voulu et calculé, mais non pas faux) fut imité, compté parmi les moyens de parvenir, et devint le ton général. De là les beaux et singuliers romans de Richardson, tant admirés, si peu compris. Les jeunes miss, qui jusque-là (dit Walter Scott) lisaient à l'aventure les pièces scabreuses du temps de Charles II, non moins naïvement, crurent ne pas pouvoir s'établir si elles ne parlaient le jargon dévot de Paméla.

Ce qui montre le bon sens de l'Angleterre et la raison parfaite qu'elle gardait, c'est qu'avec ces tendances et ces apparences spirituelles, elle fit une réforme qui paraissait contraire, fort matérielle en ses habitudes. Un peuple, alors de dix ou douze millions d'âmes, à qui Dieu mettait tout à coup le monde sur les bras, et l'Amérique, et l'Inde, et l'immensité de la mer, sentit vivement le besoin d'être fort pour recevoir cette manne énorme qui lui venait. C'est pour répondre à ce besoin que Backwell, vers 1750, inventa la viande. Jusque-là les bestiaux étaient élevés surtout pour le laitage. Le régime de la viande obtient faveur, remplace le lait fade dont les pâles Pamélas s'alimentaient au détriment de leur enfant. Ce fut une révolution rapide. Toute la jeunesse nourrie de viande désormais, par une éducation nouvelle est lancée dans la vie. L'écolier peu captif des écoles, qu'il quitte à quatorze ans (moins les nobles enfants d'Oxford), entre de bonne heure dans l'action, par le commerce, la mer, les Indes.

Voilà donc, au milieu du siècle, deux changements à la fois dans les mœurs et les habitudes. La Bible domine tout. Mais la situation commande. Pour y suffire, pour recueillir tant de bienfaits de Dieu, il faut à tout prix que l'Angleterre se fortifie.

Que fera l'Église établie? Ses évêques grands seigneurs, jusque-là si bouffis, en présence des bénéficiers inférieurs d'une apparence si pieuse, ne purent rester, comme ils étaient, de purs lords ; ils prirent, à contre-cœur, des formes plus ecclésiastiques. De là cet étonnant mélange de vertus fausses et vraies, de sainteté doublée de mondanité et d'orgueil, de douceur irritée, amère. Mélange singulier, d'autant plus équivoque que le bien est tellement incorporé au mal qu'on ne peut jamais dire que tout soit faux.

Le grand Chatham, *the great commoner*, l'homme des Communes, sous sa colérique éloquence, savait tout aussi bien que le rusé Walpole que l'Angleterre, avec sa triplicité idéale, vantée par Blakstone et par Montesquieu, l'Angleterre était simple : la Couronne, l'Église et les Lords, — les Lords, l'Église et la Couronne. On déguise plus ou moins la prédominance du roi ou de la reine, mais la royauté donne les hautes places, la pairie, les plus gras évêchés du monde. De plus, la Couronne est un mythe ; cela ne se discute pas. Le roi est le roi, l'oint du Seigneur ; il est l'Église même en son principe. Ce qu'il y a de plus ferme, c'est le roi, l'Église établie.

En 1755, quand Chatham eut son second fils (le célèbre Pitt), il était au plus haut, bien loin encore de l'état d'enfance maladive où il tomba dans ses deux dernières années, et où il devint l'homme du roi. Mais déjà pour ce fils, où il mettait ses espérances plus qu'en l'aîné, il voulut qu'il fût élevé par l'Église établie, solide et plus royale que la royauté même. Il confia l'enfant à un prêtre, le docteur

Tomline, que plus tard il fit évêque de Winchester. Ce révérend a écrit la vie de M. Pitt, que j'ai constamment sous les yeux[1]. Il fut son précepteur, son secrétaire et son exécuteur testamentaire. Il ne quitta point son élève et put témoigner de tout son mérite. Point de légende plus sûre et plus suivie de la naissance à la mort.

Certaines vertus coûtèrent peu à Pitt sans doute; fils d'un malade, et malade souvent lui-même. Il ne résistait aux affaires, aux nuits si fatigantes du Parlement qu'en buvant un peu, sans excès. Du reste, admirablement pur, il a passé toute sa vie entre son précepteur l'évêque Tomline, et vers la fin, une demoiselle, sa nièce Esther Stanhope, qui lui servait de secrétaire.

Dans le beau portrait de Lawrence, dont le musée de Versailles a une copie excellente, il a quarante ans, c'est-à-dire qu'il est assez près de sa mort. Il est rouge, et, pour l'ennoblir, le peintre habile lui a mis un fort bel habit mordoré. Il est un peu commun; on dirait de race marchande, et l'on se souvient involontairement que son bisaïeul, le premier Pitt connu, ne l'est que pour avoir vendu un diamant au roi de France. Il y a dans l'ensemble de cette figure je ne sais quelle fausse enfance. Enfance colérique et bouffie. On l'appelait volontiers *angry boy*.

Gallois par ses aïeux paternels, il était par sa mère fin Anglais, et parent des Temple. Il eut l'éducation

---

1. G. Tomline, *Memoirs of the life of W. Pitt*. 1822.

classique, pesante, des docteurs anglicans. Beaucoup de grec. Et les historiens écossais. Mais point Gibbon, qui sans doute ne plaisait pas à son évêque.

On voit que, de bonne heure, son éducation ecclésiastique porta ses fruits; il sut parfaitement le manège des prêtres et pratiqua leurs adresses politiques. Il se garda d'entrer dans l'opposition, mais il glissa parfois des propositions populaires, modérées, innocentes, qui ne pouvaient déplaire au roi. Il parlait vaguement de réforme parlementaire, sans pousser dans ce sens contre l'aristocratie. D'autre part, il refusa de s'allier à lord North et aux *Amis du Roi*, ce qui lui eût ôté pour l'avenir toute popularité; il avait vu son père baisser dans l'opinion dès qu'il inclina dans ce sens.

Je ne donne pas la vie de M. Pitt. C'est là qu'à travers mille longueurs on peut étudier les finesses du menuet parlementaire qu'il dansa parfaitement. Toujours un peu raide d'attitude, mais habile pour sauver tels mouvements obliques dans un ingénieux balancement qui trompe l'œil, semble incliner vers la gauche sans quitter la droite, et reste souple en paraissant raide, ne singe point les caricatures doctrinaires imitées de la cravate de Saint-Just, du col empesé de Calvin.

En M. Pitt l'homme politique avait mille mérites de détails, et l'homme privé toutes les vertus. Je ne suis pas de l'avis de Joseph de Maistre qui, dans ses *Lettres*, le juge médiocre. Mais, comme l'indique le portrait de Lawrence, il avait un masque de tartufe rose et bigarré.

Un homme grave et hautement estimé, lord Grey, dans sa jeunesse, peut-être emporté au delà des bornes, a dit un mot terrible : « M. Pitt n'a jamais proposé une mesure que dans l'intention de tromper la Chambre. Dès son début, il fut apostat complet, déclaré. »

# CHAPITRE III

*Le Bill de l'Inde, 1783. — Pitt règne malgré le Parlement.*

M. Pitt resta dans un douteux nuage jusqu'à la fin de la guerre d'Amérique, brillant au Parlement d'un doux éclat, comme un jeune homme sage et de grande espérance, dans une position non tranchée qui le laissait disponible pour tout. On pouvait croire encore qu'il suivrait la voie de son père, la grande voie populaire. Mais alors des circonstances violentes, imprévues, déchirent le voile et percent le nuage. Pitt paraît ce qu'il est, le contraire de Chatham. Il est resté tel, sans retour.

C'était le moment décisif où le roi, dont l'obstination avait retardé si longtemps la paix d'Amérique, se vit abandonné de tous, même de son ami et ministre lord North, qu'il avait si longtemps traîné malgré lui dans la voie de la guerre. North, en péril, quitta le roi et se réfugia près de Fox dans l'opposition[1]. C'était la victoire des Communes, la défaite de la Couronne, si, par un coup hardi, le roi ne mettait la constitution au grenier avec les vieux meubles. Un homme sensé ne l'eût pas fait. Il aurait respecté la religion politique de l'Angleterre, n'eût pas sorti la royauté du nuage protecteur dont jusque-là tous les partis étaient d'accord pour la couvrir. Fox ne devinait pas que ce sacrilège le roi même le ferait contre le roi. Fox, faisant la paix, voyait toute la chambre pour lui, et crut que le pays tout entier était derrière, tout prêt à soutenir la chambre et la constitution.

Cela parut douteux au petit Pitt, qui jugea l'Angleterre au vrai, comme elle était, beaucoup plus royaliste qu'elle ne le savait elle-même. Quand Fox lui offrit une place dans ce ministère odieux à la Couronne, il se garda bien d'accepter. Il eut raison. Ce ministère dura neuf mois à peine (1783, 2 avril-12 décembre). Fox se coula lui-même par une tentative hardie et honorable.

La conquête de l'Inde, où l'audacieux Clive avait si aisément remplacé notre Dupleix, fut un mal pour l'Angleterre autant qu'un bien. Ce pays magnifique, une vraie partie du monde, vaste comme l'Europe, était riche en art, en or et en diamants, en luxe délicat, mais aussi (il faut le dire) en maladies contagieuses. Et c'était peu de chose, comparé à l'infect chaos d'une administration livrée au désordre,

---

1. Voy. la *Correspondance de Fox* et l'analyse qu'en a faite M. Ch. de Rémusat.

aux hasards confus d'une grande Compagnie de marchands. La barbarie carthaginoise, celle des Génois en Corse, etc., était sans doute fort éloignée du caractère anglais ; mais on a souvent remarqué que les Anglais, gênés chez eux et se respectant fort, sont d'autant plus sujets à s'abandonner en voyage et sans doute bien autrement dans un pays si lointain, si peu surveillé. Le vaillant Clive, déjà, avait eu un procès monstrueux, où l'Angleterre (embarrassée entre l'honneur et le profit, entre ses mœurs et sa conquête) s'était vue au moment de pendre le héros qui lui donnait un monde. Clive satisfit à l'honneur. A la fin de son long procès, objet de l'universelle réprobation publique, qui lui attribuait les crimes de tous, il fut absous, mais se jugea lui-même, mourut, en quelque sorte se tua (1763).

Malgré l'absolution, ce procès fit honneur à l'Angleterre, qui, n'osant se montrer juste, fut sensible du moins, et embarrassée de la chose. Mais, ensuite, la peste morale redoubla étrangement. Ce fut comme aux Indes dans les années où le déluge des moussons n'a pas balayé le pays, les jongles immenses, qui reçoivent tous les tributs infects des torrents, surtout le bas Gange, une mer, comble d'ordures et de cadavres, tout cela exhale le choléra avec une terrible odeur de mort. Il en fut ainsi vers 1784, lorsque Warren Hastings, le premier gouverneur royal, revint des Indes. Malgré son adresse et ses mérites administratifs, la Compagnie elle-même, sans parler des pauvres Indiens, le poursuivait d'accusations terribles, d'avoir, sans autorisation, fait la guerre, exterminé un peuple, et de plus, par un affreux procès qui ne fut qu'un assassinat, rendu les Anglais exécrables à ce monde de cent millions d'hommes.

Cette odieuse odeur de mort qui venait des Indes émut terriblement.

Fox, avec l'intrépidité d'une âme chevaleresque, osa, au moment de son triomphe, entreprendre ce grand balayage, et crut être suivi. A la tête d'une majorité énorme, il entreprit de soumettre ce chaos de l'Inde à la loi. Il avait avec lui Francis, l'auteur des *Lettres de Junius*. Cet ancien pamphlétaire, revenait de l'Inde, malade d'indignation. Fox, d'après son avis, proposa un bill qui aurait jeté du jour dans ces étables d'Augias, jusque-là si obscures. Le Parlement s'y serait ouvert une fenêtre pour y mettre l'air et la lumière. Il y eût mis sept curateurs pour surveiller la Compagnie; curateurs que le roi n'aurait pu révoquer que sur une adresse du Parlement.

On aurait tranquillisé l'Inde, en renonçant à s'agrandir, c'est-à-dire à spolier les princes indiens.

Fox, ministre de la Couronne, propose cela. Mais, spectacle inattendu ! c'est la Couronne, le roi qui travaille contre, se déclare contre son ministre. Le roi écrit aux pairs, sans détours ni ambages, que quiconque votera pour son ministre est son ennemi personnel. Les pairs rejettent le bill.

Ainsi ce voile religieux qui mettait le roi derrière un nuage, le rendait invisible, impeccable (n'agissant que par son ministère), c'est le roi même qui le déchire, et brutalement, comme un fou, s'expose en chemise.

Tout est permis aux fous. Celui-ci se moque de la chambre, ne s'informe pas de la majorité qui est pour Fox et pour la loi. Et il risque cela dans l'affaire la moins excusable, la plus scabreuse de profit et d'argent, qui lui ouvre une foule de places à donner, de sorte que désormais la Couronne apparaît cyniquement appuyée sur ces deux corruptions électorales : le grand budget des places de l'Église et celui des places de l'Inde.

Audace qui épouvante au moment où la Couronne, vaincue par la chambre, paraissait au plus bas !

Trouvera-t-on un homme assez désespéré pour suivre ce fou qui marche sur les toits ? Il y faut quelqu'un de leste. La jeunesse intrépide en est seule capable sans doute, si la prudence, les scrupules ne l'arrêtent pas. M. Pitt, si jeune, avec son teint de rose, d'enfant, de vierge, suit le roi par ce chemin cynique et dangereux, dont plus qu'un autre il aurait dû, ce semble, avoir horreur. C'est justement la voie contraire à celle de son père. Où est-elle la belle séance, si glorieuse pour lui, la grande scène patriotique où il soutint Chatham mourant dans ses bras, où l'on augura tant du jeune homme ? démentir à ce point Chatham et toute sa tradition de famille, cela rappelle l'ambitieuse Tullie qui, pour aller au trône, n'arrêta pas son char, le fit passer sur le corps de son père.

Il faut croire que le maître de Pitt, Tomline, avait bien cuirassé son cœur. L'évêque conte la chose simplement, sans être embarrassé : « Ce fut, dit-il, le seul événement qui, à ma connaissance, ait jamais troublé le repos de M. Pitt, bien qu'il fût en bonne santé. »

« En effet, dit M. Lewis [1], il se croyait noyé, enfermé par les eaux » d'une inondation, quand, devenu ministre, sa réélection à la chambre fut proposée et qu'il y eut un immense et unanime éclat de rire.

Tout autre se fût découragé, eût reculé devant la majesté simple de la constitution. A toutes ces voix ironiques qui lui disaient : « Retirez-vous ! » il répondit : « Je reste, pour défendre le privilège du roi, qui seul peut nommer les ministres. »

Quoi ! gouverner sans les Communes et sans la nation !... C'était enfiler le chemin des précipices, celui de Charles I*er*, de Jacques II.

Voilà ce que tout le monde eût dit, ce qu'il ne se dit pas. Chose incroyable ! comment cet homme si jeune avait-il déjà ce secret honteux, savait-il la profonde corruption du cœur de l'homme, ses étranges et soudains retours ?

Georges, tout fou qu'il était, fut fort effrayé ; il

---

[1]. Cornewall Lewis, *Histoire gouvernementale de l'Angleterre*, bon ouvrage, traduit. 1867.

songeait à se retirer en Hanovre, disait peut-être comme son aïeul Georges Ier : « J'en serai quitte pour mes ministres, dont ils couperont la tête. »

Pitt, bien plus corrompu, jugea qu'on s'arrangerait, qu'une nouvelle élection amènerait des hommes plus souples, — un peu fâchés d'abord, mais réconciliables. — Cette question de l'Inde, qui semblait un péril, il jugea froidement que c'était un appât[1].

Ce fait bizarre et singulier d'un roi, vaincu en Amérique, vaincu dans le Parlement, qui se moquait du Parlement, le renvoyait chez lui, et semblait mettre à néant la fameuse constitution, était une témérité pire que toutes celles des Stuart. L'Europe crut au naufrage, à la submersion de ce pays paisible, lorsqu'elle le vit mettre l'Inde aux pieds du roi, et celui-ci nommer pour vice-roi son aide de camp Cornwallis.

Personne alors ne savait que l'Angleterre est un vaisseau vivant qui, en cas de besoin, se dirige et échappe. Une foule d'intérêts privés sont là pour venir au secours, pour sauver du moins les apparences et faire que le vaisseau, avec telle avarie, n'enfonce pas et même marche fièrement.

---

1. Tout cela est très obscur, adroitement gazé par les Anglais. Notre compatriote, M. Barchou de Penhoen, si prolixe dans son grand ouvrage (*Histoire de l'Inde*), suit de plus près les pièces originales ; c'est en lisant son récit qu'on voit Pitt bien à nu dans ce moment solennel, et l'immense intérêt électoral qu'il avait dans cette affaire, qui changea le gouvernement anglais pour un demi-siècle.

C'est ce qui arriva. Dès le moment qu'on vit la Couronne péricliter et le grand mât du navire menacé, une foule d'hommes intelligents vinrent à la rescousse, et, dans leur propre intérêt, aidèrent à la manœuvre. Là, les Anglo-Indiens, les nababs, comme on disait, furent admirables, travaillèrent vigoureusement pour M. Pitt et pour le roi. La Cité s'émut fort, et tous les gros capitalistes. De sorte que Pitt put dire à Fox qui avait le Parlement, la loi et la constitution : « Moi, j'ai la tête de la nation, la plus respectable Angleterre, la Cité, le Roi et les Lords. »

## CHAPITRE IV

Le roi brise le Parlement. — Procès et absolution d'Hastings. — 1785-95.

Derrière ce grand procès, entre le roi et le Parlement, entre le roi et la constitution, un autre allait venir dont on ne parlait pas encore, mais qu'on voyait à l'horizon, et qui, je crois, intéressait autant, partageait en deux armées contraires toute la banque de Londres et de Calcutta, le procès d'Hastings, le gouverneur des Indes. Cet homme adroit, malgré les charges graves qui pesaient sur lui, avait plu extrêmement à Georges III et à beaucoup de gens intéressés à ce que toutes ces affaires mal odorantes de l'Inde fussent traitées avec des ménagements convenables par une nouvelle chambre, plus discrète, et non pas ventilées indécemment par les bruyants amis de Fox.

Il y avait à Londres un banquier anglais de Calcutta, certain Benfield, qui, jadis simple petit commis, avait si bien fait ses affaires, qu'il avait pu (disait-il) prêter à la Compagnie quarante ou cinquante millions. Cet homme, avec ses amis, travailla habilement, vaillamment l'élection d'un nouveau Parlement et se mit si bien près de Pitt, que la Compagnie des Indes prit peur et n'osa plus nier cette dette honteuse de cinquante millions. Dès qu'on la reconnut, cette dette, elle grossit de mainte et mainte chose. On en ajourna l'examen. Il était fort essentiel qu'il ne se fît jamais que par des gens amis, un peu myopes, qui ne regardassent pas de près. Cette myopie dura d'abord pendant vingt ans jusqu'à la mort de M. Pitt, jusqu'en 1806. Mais alors, au milieu du grand combat européen, on avait autre chose à faire. On ne s'en avisa qu'après Waterloo, en 1815, lorsqu'on eut du loisir. Et alors, au bout de trente ans, on s'aperçut que la fameuse dette était fausse, ou du moins étonnamment surfaite, ne montant qu'au vingtième de la somme réclamée et payée !

Ce grand mystère était-il un mystère ? Il avait dû être connu de l'administration et de beaucoup de personnes. Mais, pendant trente ans, on avait jugé qu'il était prudent de se taire, d'ajourner cette révélation peu agréable à tant de gens considérés.

L'habile électeur, ce Paul Benfield, l'élection faite et une chambre passable installée, retourna tranquillement à Calcutta, comptant sur Pitt et sur l'empressement qu'il mettrait à donner aux Indes une administration discrète, toute royale, toute ministérielle, qui ferait les choses sans bruit, perpétuerait la nuit et le silence.

En effet, M. Pitt reçut avec confiance et fit accepter à la nouvelle chambre le plan que lui fournit un ami de Benfield, Richard Atkinson. Ce plan remettait l'Inde au roi en toute chose politique, et à un bureau de contrôle qui siégerait à Londres de par le roi. Aux Indes, le gouverneur du roi aurait un grand pouvoir, une grande liberté d'action. Le roi passa ce grand pouvoir à son aide de camp Cornwallis.

Cette nomination étonnait d'autant plus qu'à ce moment venait de débarquer à Londres la preuve vivante du danger qu'il y avait à constituer aux Indes cette espèce de roi. Le dernier gouverneur, Warren Hastings, débarquait tout chargé des accusations de la Compagnie et de celle des cent nations de l'Inde. De sorte qu'on proposait d'épaissir les ténèbres au moment où on apercevait les maux, les ulcères effroyables qu'elles n'avaient pu cacher tout à fait.

On croyait que sous Georges l'honnête roi, sous la morale dynastie de Hanovre, Hastings, mettant le pied en Angleterre, pourrait fort bien être arrêté. Il le fut, mais seulement par un charmant accueil du roi qui, ravi de voir un homme si fin, dit : « Ce drôle est bien adroit ! que de gens me parlent pour lui ! Si je le faisais ministre ? »

Ce n'était pas l'avis de M. Pitt. Cette turpitude royale le fit rougir. Et alors, chose inattendue, il joua supérieurement le menuet parlementaire dont j'ai parlé, se rapprocha de Fox, de ceux qui accusaient Hastings, mais fort modérément, voulant bien qu'il fût accusé, écarté des affaires, mais qu'il le fût faiblement et que le procès avortât.

Avortement peu vraisemblable. Hastings arrivait remorqué, et, on peut dire, traîné, happé, par ce terrible dogue Francis, qui ne lâchait pas prise, le tenant par mille preuves. L'éloquence colérique de Burke allait en profiter et donner au procès un éclat effroyable dans toute l'Europe. Fox, précipité du pouvoir, trouvait dans ce procès une revanche, et, de plus, un triomphe d'humanité. Son grand cœur avait entendu les soupirs et les pleurs du pauvre monde indien, et le voyait venir, les mains jointes devant l'Angleterre.

Le jeune Pitt aimait l'ordre, et, sans son intérêt électoral et son rôle obligé de serviteur du roi, il eût suivi la voie de son illustre père qui, sur cette question, se décida magnanimement contre ses intérêts. Quand le conquérant Clive vint voir Chatham à Londres et proposa que la Couronne et les ministres prissent le gouvernement de la conquête, Chatham répondit, non en ministre, mais en grand citoyen : « Si la Couronne avait un revenu si considérable, cet agrandissement du pouvoir royal serait contraire aux libertés publiques. »

M. Pitt, tout au rebours de son père, accepta cet agrandissement et le pouvoir immense qu'eut dès lors la Couronne de donner les emplois dans l'Inde. Il devait, par pudeur, se détourner d'Hastings; mais il ne pouvait que favoriser en dessous un homme si utile, qui avait fait dans l'Inde la révolution la plus avantageuse aux natifs anglais contre les indigènes, en donnant toutes les places aux premiers et ouvrant cette riche mine à la corruption électorale.

Avant Hastings, l'Inde était déjà une ressource pour les familles, pour les cadets qu'on y envoyait de bonne heure. L'enfant, parti tout jeune, pouvait, sous l'abri de la Compagnie, faire un peu de commerce, en s'associant un homme du pays, un adroit Banian. Mais cela ne menait pas loin. Au contraire, Hastings réservant aux Anglais toute place lucrative dans l'administration, dans l'armée et la judicature, donnait des postes fixes et une assiette aux jeunes émigrants. Le cadet bien placé n'avait qu'un tour à faire en Angleterre pour se marier convenablement dans une bonne famille, qui l'épaulait et le portait plus haut. Toute maison qui avait des cadets et des filles, se sentait fortement liée par le patronage d'Hastings, qui leur rendait possible leur établissement.

M. Macaulay, un homme très fin, ne justifie pas Hastings, mais il montre combien de personnes aimables et respectables faisaient des vœux pour lui. Il montre, au début du procès, la foule de dames vertueuses et charmantes qui, s'intéressant à cette cause, vinrent à l'ouverture du procès, et même pour ce jour mirent leurs plus beaux diamants. L'accusé, visiblement homme d'esprit et distingué, par son extérieur favorable réfutait, même sans parler, tant d'accusations monstrueuses. Mais l'impression devint tout à fait bonne quand il raconta l'histoire, si bien imaginée, vraisemblable après tout, de son premier point de départ : « Fils d'une famille ruinée, il avait vu le modeste château de ses pères passer par adjudication à l'étranger. Il s'en éloignait lentement, quand, parvenu à une colline, il se retourna, et vit, les yeux humides, la maison et son *pleasure ground* dans les teintes suaves, le sourire du couchant; il fut touché au cœur, et il se jura à lui-même de revenir et de racheter à tout prix le manoir paternel. »

Que de beaux yeux pleurèrent en entendant cela! Et combien d'hommes mêmes cachaient leur émotion! Il avait trouvé la vraie fibre anglaise. Et l'on comprit très bien qu'il avait dû faire l'impossible pour atteindre ce but. Plus d'un, dans cette grande foule, put se dire : « Moi, je ne vaux pas mieux. Et pour cela, qui sait? j'aurais pu faire autant, et pis! »

On se souvient du mot de Henri de Lancastre (Henri IV), quand de l'exil il revint en Angleterre. — A Richard II qui dit : « Que voulez-vous avec tant d'hommes d'armes ? — Moi, rien, répond Lancastre, sinon reprendre le manoir et la terre de mes pères. » Ce mot frappe tout le monde, toute l'Angleterre suit Lancastre, et il est forcé d'être roi.

De même Hastings, en appelant ainsi aux sentiments les plus forts des Anglais : la propriété, le manoir, les souvenirs de famille, eut tous les cœurs pour lui. Les cent millions d'Indiens furent oubliés.

Au reste, la Chambre des Communes, en renvoyant l'accusation aux Pairs, avait eu soin d'en retirer une trop odieuse, terrible, un grand crime individuel. C'est le seul acte, je l'avoue, qui aujourd'hui encore rende implacable pour cet homme, et c'est aussi surtout cet acte que les biographes ont pris soin d'atténuer.

Hastings était arrivé au pouvoir avec un système tout différent de ses prédécesseurs. Notre Dupleix, avait vu deux choses que n'aperçurent pas les Anglais : que les femmes de l'Inde peuvent y prendre un grand ascendant (il y parut bientôt quand une femme gouverna vingt années les tribus belliqueuses des Mahrattas) et que les Européens pourraient, par des mariages, tourner cet ascendant à leur profit. Dupleix épousa une femme de l'Inde qui en savait tous les dialectes et qui correspondait pour lui avec tous les rajahs. Les Anglais comprirent peu cette habileté. Clive, un simple commis marchand qui s'éleva uniquement par sa vaillance et son audace, était un homme rude. Mais à travers cette babel de langues et de mœurs inconnues, tout un monde d'affaires difficiles, il eut le bon sens d'employer les musulmans de l'Inde, énergiques et intelligents, plus graves que les Indiens proprement dits. Hastings espéra davantage ; il crut qu'en se faisant un peu instruire par les gens du pays, il pourrait bientôt s'en passer, écarter à la fois les musulmans et la grande masse des natifs. Guidé par ceux-ci, tout d'abord, il emprisonna les ministres musulmans, qui avaient gouverné jusque-là. Mais, en se servant contre eux des Indiens, il ne les traitait pas mieux. Ceux-ci, c'était un monde immense, civilisé et doux, qui savait les hommes et les choses du pays, sans lequel on ne pouvait rien. Hastings eut l'idée saugrenue de les remplacer tous par des Anglais élevés à la hâte et discordants d'ailleurs avec les mœurs de la contrée; enfin de faire une Angleterre dans l'Inde. De là, mille vexations pour éloigner les indigènes, les repousser des places que jusque-là ils occupaient.

La Compagnie, ses directeurs, n'étaient guère plus contents que les Indiens, voyant le gouverneur agir en roi, faire sans eux la paix et la guerre, conquérir des peuples indiens ou les exterminer. Ils virent avec plaisir venir à eux l'homme de combat, Francis, qui montra les dents au tyran. Mais le tyran très fin disait lui-même qu'il ne voulait rien que justice. Il provoqua à Calcutta l'érection d'une haute cour, indépendante de la Compagnie.

Cette cour, nommée à la sollicitation du gouverneur et lui devant ses grosses places et ses énormes traitements, allait dépendre de lui seul, et le servir envers et contre tous.

Arrêtons-nous ici, et rappelons ce que Bentham et tant d'autres Anglais ont dit de leur pays. Sa fidélité au passé, son respect pour les vieilles lois saxonnes, normandes, etc., ont fait de l'Angleterre une babel juridique où les légistes eux-mêmes se reconnaissent à peine. Les hommes riches et considérables qui se trouvent juges des comtés, sont trop heureux d'avoir des clercs qui, bien payés, les guident. De là, un peuple immense de gens d'affaires, de juges secondaires, souvent peu scrupuleux et fort avides. Hastings recruta là son nouveau tribunal et n'eut pas de peine à y mettre des gens qui, placés là par lui, devaient juger pour lui et dans son intérêt.

Cependant les directeurs continuaient de l'accuser, trouvant ses comptes peu réguliers. En cela ils étaient aidés par Francis, qui eût voulu de plus une réforme générale pour protéger un peu les malheureux Indiens. Les défenseurs d'Hastings disaient qu'il avait mis dans le pays une meilleure police. Il y avait moins de voleurs. Cependant une chose frappe, c'est qu'en ce système tout anglais les domestiques, clients et agents des Anglais, n'ayant point la justice à craindre, étaient (à petit bruit) d'affreux tyrans. La grande plaie de l'Inde, les enlèvements et les ventes d'enfants avaient augmenté.

Le dernier des ministres indiens, le brave Nuncomar, avait été d'abord employé par Hastings, qui s'en servait contre les musulmans. Il le destitua, l'accusa, et Nuncomar, sans doute enhardi par Francis, osa accuser Hastings à son tour. Là, on s'aperçut un peu tard que celui-ci était terriblement armé. Ce tribunal qu'il avait constitué montra alors, comme une épée, une patente royale qui le rendait indépendant des directeurs et de la Compagnie. Bel hommage au principe qui veut que la justice soit libre des pouvoirs administratifs. Ainsi, ces administrateurs qui avaient fait, en réalité, ce grand empire, trouvèrent que la Couronne les soumettait à de petits procureurs, venus hier de Londres. Ces légistes, fort plats en Angleterre, fort rogues à Calcutta, avec leur patente royale et les troupes d'Hastings, purent se moquer parfaitement des créateurs de l'empire indien et de Francis, le grand réformateur. Intrépides de leur ignorance, ne sachant pas les langues du pays (il leur fallait pour tout des interprètes), ils procédèrent d'autant plus hardiment; on accusa l'accusateur indien. On l'arrêta comme coupable d'un faux qu'il aurait commis autrefois; de plus, chose inouïe (plaisante dans un pays polygamique), on l'accusa du crime d'avoir plus d'une femme. Faute grave contre la loi chrétienne, contre la loi anglaise. Mais cette loi anglaise, les juges la violèrent cruellement : car, sans forme, délai, ni sursis, l'Indien fut le même jour jugé, pendu et étranglé.

Et cela, devant une foule immense, désolée et en pleurs, qui n'osa essayer la moindre résistance, mais sentit dans le supplice du brâhme, de l'homme principal du pays, la mort de l'Inde, crut mourir ce jour-là.

Avec raison, dès lors ce fut fini. Ce rapport entre les deux races que Dupleix, et même Clive, avait su respecter et qui, par mariage, se serait augmenté, fut rompu, et les Anglais tentèrent cette chose impossible, de faire tout, remplir tout, et profiter de tout, d'administrer et juger sans comprendre[1].

Le procès fut donc réduit aux moindres griefs,

---

1. L'homme du roi, le sage Cornwallis, comprit, en arrivant aux Indes, que, pour perpétuer cette gageure, il fallait des traitements énormes, monstrueux. — Avec les meilleures écoles, en Europe et aux Indes, comment espérer que des jeunes gens, impatients de se placer, de s'amuser, apprendront rapidement six ou huit langues difficiles. Ils n'y parviennent pas. Il leur faut l'interprète. Jamais, sans les Indiens, ils ne pourraient rien faire, ni

concussions et cruelles extorsions. Mais Hastings ferma la bouche, disant qu'il ne les commettait que pour des nécessités publiques, les besoins absolus de la Compagnie. On glissa sur les guerres qu'il avait faites sans autorisation. Ainsi réduit, le procès ennuyait. Dans les sept ou huit ans qu'il dura, le public se refroidit fort, et l'impatience se tourna contre les accusateurs. Les défenseurs d'Hastings, bien sûrs de leur affaire et se tenant à cheval sur les formes techniques de la procédure, s'arrêtaient peu à discuter. Chaque fois que l'accusateur Burke se plaignait qu'on éternisât le procès en s'attachant aux règles des tribunaux ordinaires, le chancelier répondait que ces règles, sécurité du pauvre accusé, ne pouvaient être trop suivies. Alors on appela douze jurisconsultes et on les consulta. On n'en tira que des éloges enthousiastes des formes légales : « Heureuse ! trop heureuse Angleterre ! où l'accusé est ainsi garanti ! »

même tyranniser l'Inde. — Il faut que les Anglais soient un peuple bien grave pour ne pas rire eux-mêmes de cette comédie.

Les commencements valaient mieux. On espérait alors créer de solides liens entre les deux pays. Je suis heureux ici de pouvoir rendre hommage à la mémoire de William Jones, dont les travaux m'ont tant servi. Son *Digest Hindou* fut jadis un de mes livres favoris. Ce grand érudit fut lui-même un charmant poète. Il avait rêvé d'associer les origines indiennes et celtiques, Ossian et Calidasa. Seul, délaissé par sa femme malade, restant en Orient, pour y mourir, il s'adresse ainsi aux bons génies de l'Inde, à la divinité du Soleil (Sureya) : « Si les hommes demandent quel mortel élève ainsi la voix, dis, ô dieu (car tes regards embrassent le ciel, la terre, l'océan), dis que du sein de l'île d'Argent, là-bas, au loin, de cette terre où les astres sourient d'un éclat plus doux, un homme est venu, et bégayant notre langue divine, bien qu'il ne soit pas issu de Brahma, il a tiré, de sa source la plus pure, la science orientale à travers des souterrains longtemps fermés et des sentiers longtemps obscurs. »

La Compagnie elle-même avait beau dire que les comptes d'Hastings étaient brouillés, obscurs et inintelligibles, la masse des gens de loi répondait par de nouveaux hymnes sur la bonne justice anglaise où l'innocence est si bien à l'abri.

Ces retards servaient fort Hastings. Tous ceux qui arrivaient de l'Inde, gras des places qu'il avait données, ne manquaient pas de chanter ses louanges. La comédie d'un tel concert était si fade qu'Hastangs s'en ennuyait lui-même, se plaignait des lenteurs (qu'on faisait dans son intérêt).

On avait refusé d'entendre l'homme qui savait le mieux les choses, les eût trop éclaircies, Francis (Junius). Et en même temps on refusait à Burke les pièces qui lui étaient nécessaires. De sorte que, le tenant désarmé de preuves, on lui reprochait de ne pas prouver. Les choses en vinrent au point que les accusateurs peu à peu se trouvèrent accusés. L'indignation, mettant Burke en fureur, le rendait odieux, insupportable à la grande assemblée. Son éloquence irlandaise, qui aurait agi aux Communes, était odieuse aux Pairs, si bien que l'archevêque d'York lui reprocha d'avoir soif de sang, et l'appela *Marat*.

Il trouvait qu'en traînant le procès sept années seulement, on avait imité la promptitude meurtrière de nos Terroristes. « Dans une affaire capitale, disait-on, il vaut mieux aller lentement. »

Le 6 mai 94, après ce beau procès, les débats furent clos et Hastings reluisit dans toute sa pureté d'innocence.

Pitt s'était réservé. Il s'attachait en tout à la morale. On avait remarqué que, dans les jours scabreux où sa politique l'entraînait, il quittait sa place de ministre et allait humblement s'asseoir près du grand philanthrope si respecté, l'excellent Wilberforce.

L'Angleterre était calme alors, heureuse de ses agrandissements lointains et de sa fixité intérieure. Elle croyait toujours que la Couronne était la pierre de l'angle de ce bel édifice. La maison de Hanovre, par sa médiocrité même, lui plaisait. Quand Georges devint fou, tous s'y intéressèrent et se mirent en prières. Il revint, il reprit ce qu'on appelait son bon sens. Ce fut une joie, une fête universelle.

Tout cela répondait si peu au portrait fantaisiste que Montesquieu et autres avaient tracé de l'Angleterre, que les nôtres la croyaient en captivité et fort impatiente de sa délivrance. Hoche, Monge et Bonaparte disaient : « Délivrons l'Angleterre! »

Avant eux, Brissot, qui y avait vécu longtemps et devait la connaître, ne doutait pas de sa ruine. A la fin de chacun de ses discours, il parlait du naufrage de l'Angleterre, et disait : « Voilà pourquoi l'Angleterre s'est perdue! »

« Perdue? lui dit quelqu'un, mais sous quel degré de latitude? »

## CHAPITRE V

*Guerre avec la France.*

Donc, après la révolution d'Amérique et avant celle de France, quand déjà fraîchissait le vent précurseur des grandes tempêtes, l'Angleterre, même par ses intérêts nouveaux, était conduite à chercher le repos sous la vieille fiction royale, tellement ébranlée en Europe. La royauté, outre son privilège propre et son antique appui de l'Église établie, en avait conquis un nouveau, le patronage de l'Inde, tant de places à distribuer. Son repos lui était aussi garanti par la foule inquiète des créanciers de l'État, amis passionnés de la stabilité. L'opposition était annulée, réduite à un si petit nombre qu'il suffisait, disait-on, « d'un fiacre pour la conduire au Parlement ».

La situation était belle pour Pitt. Pour se rendre populaire, il lui suffisait de quelques réformes financières, de se donner pour un disciple d'Adam Smith et, par moments, de flatter Wilberforce, le crédule apôtre de l'affranchissement des noirs.

Pitt semblait de plus en plus avoir oublié les haines de son père et sa tradition colérique. Il se rapprocha de la France pour lui imposer le traité de commerce qui fit entrer chez nous les marchandises anglaises et révolutionna nos grandes masses ouvrières du Nord. A ce moment, l'Angleterre s'étonna de trouver Pitt si pacifique, si ami de la France. Reproche qu'il repoussa par cette parole charmante : « Peut-on haïr toujours ? »

Cependant le travail cessait ; l'industrie du meuble qui avait créé, sous Louis XV, le faubourg Saint-Antoine, s'était sous Louis XVI arrêté partout. Ce nouveau Paris inoccupé fit la grande insurrection du 14 juillet, prit la Bastille. L'Angleterre applaudit et toute l'Europe, depuis Londres jusqu'à Pétersbourg. Fox dit : « C'est le plus grand évènement du monde. » Nos fédérations de 90, ce mouvement désintéressé, cet appel aux libertés du genre humain, remplirent d'ivresse tous les cœurs et tous les yeux de larmes. Les Anglais avaient cru d'abord que nous faisions, sur leur exemple, une révolution anglaise. Puis, quand ils virent qu'elle serait française, beaucoup persévérèrent dans leur admiration, et déclarèrent que la Constitution de 91 était le chef-d'œuvre de l'esprit humain. Le beau livre de Payne, *les Droits de l'Homme*, fut porté jusqu'au ciel, mais, il faut le dire, par une minorité généreuse en rapport avec l'admirable génération qui avait surgi en Europe depuis Rousseau et la guerre d'Amérique, génération crédule, imaginative, impatiente dans ses vœux pour le genre humain. C'est partout le même homme, qui ferait croire qu'il n'y a plus qu'une nation. Partout, c'est La Fayette, Fitz-Gérald et Kosciuszko. Cette veine de feu gagne la Belgique, l'Italie et en partie le Rhin.

De tous côtés scintille l'horizon, mais par moments différents, sans accord et de place en place.

C'est un fort beau spectacle (et que j'aurais volontiers recommandé au pinceau de Reynolds, de Lawrence), de voir Pitt, naviguant sur son insubmersible barque, dans ce cercle d'orages dont l'Europe est illuminée. A son âge de plus de trente ans, c'est toujours l'enfant rose, un peu bouffi, sérieux et colère, qu'on a vu à vingt ans, mais paisible pourtant. Qu'a-t-il à craindre? Il navigue réellement sur un ferme véhicule. Comme le fameux éléphant de l'Inde, composé de personnes vivantes, d'êtres animés, une masse le soutient, la masse solide des créanciers de l'État, rentiers, banquiers, etc., intéressés à son salut, et qui à chaque instant le remonte d'élan, d'enthousiasme, lui donne un coup d'épaule.

Au 6 octobre 89, il a souri en voyant Louis XVI captif et l'Angleterre vengée. La France lui apparaît errant à l'aventure, comme un vaisseau perdu, augmentant par ses embarras la sécurité de l'Angleterre.

L'Irlande seule peut inquiéter. Mais c'est justement un Irlandais qui prononce l'anathème contre la France, contre la Révolution, alliée naturelle de son pays. L'opposition anglaise, si faible, se trouve coupée en deux, réduite presque à rien. Fox est abandonné, et Pitt monte au plus haut. On dresse des autels à l'ange de la Bourse, qui a trouvé le trois pour cent à cinquante et l'a fait monter jusqu'à cent. Le fanatisme ne connaît plus de bornes, quand ce dieu des rentiers, par l'amortissement, donne à la dette un gage de solidité éternelle. Ses garanties vont s'étendre partout. « Si la guerre vient, tant mieux! Nous prendrons le Cap, Saint-Domingue et Java! La dette sera une montagne dont les racines immuables embrasseront la terre! »

Ces rentiers imaginatifs, autour de Pitt, lui font autant de janissaires, des dévoués à mort, comme ceux du Vieux de la Montagne. Au moment où il se forme de grands clubs, avec des noms illustres, pour la réforme électorale et le suffrage universel, Pitt est si bien assis qu'il offre un ministère à Fox. Quel trait de magnanimité! Mais Fox n'y est pas pris. Général sans soldats, seul dans le Parlement, il trouverait dans ce ministère une captivité, une vraie souricière. Il échappe, se réserve, attend.

On a douté si Pitt voulait la guerre avec la France. Mais il était visible que la guerre doublerait sa dictature, probable qu'elle la prolongerait pour lui et son parti. Et, en effet, elle la prolonge vingt-deux ans, jusqu'en 1815, et même plus loin, puisque à peine en 1830 on a osé parler de réforme parlementaire[1].

1. Voy. l'ouvrage de Cornewall Lewis, *Histoire gouvernementale d'Angleterre, jusqu'en* 1830.

Aussi, quand Fox et autres amis de l'humanité voulaient qu'on essayât de sauver la tête de Louis XVI, Pitt dit : « Pourquoi nous compromettre en vain ? » Il croyait, non sans vraisemblance, que la généreuse Angleterre prendrait violemment le parti du roi de France, qui naguère l'avait humiliée, qu'elle serait sensible et humaine, suivrait tout entière la voix de Burke et son appel à la pitié, à la vengeance. C'est-à-dire que l'Irlandais Burke aiderait lui-même à la dictature absolue de Pitt.

La France était tellement dans l'illusion et dans le rêve, qu'en faisant la guerre à l'Autriche, elle comptait sur l'amitié de l'Angleterre, son aînée dans la liberté. Elle y envoya un homme sûr, le patriote Talleyrand, et crut avidement ce qu'assurait son agent Maret (Bassano) : Que Pitt voulait la paix. Au reste, on croyait que l'Angleterre nous appelait. Monge, ministre de la marine, disait : « Allons délivrer l'Angleterre ! »

Elle était tout au contraire dans un accès de royalisme, au point qu'on put faire des pamphlets qui rappelaient ceux du temps de Jacques II. On s'y moquait des trois pouvoirs; on disait que la Constitution n'est pas triple, mais une, et qu'elle se réduit au roi seul.

L'art ingénieux de M. de Bismarck fut celui de Pitt en 93 : il ne déclara pas la guerre, mais il se la fit déclarer.

Les encouragements donnés aux émigrés, la guerre à nos amis, aux neutres qui nous apportaient du blé dans la famine, aigrirent la France, lui firent franchir le pas. L'Angleterre condamna à mort ceux qui porteraient du blé en France. Et la Convention, par représailles, déclara l'Angleterre ennemie du genre humain.

Le genre humain? Il semblait contre nous. L'Angleterre paye et arme des Allemands, des Piémontais, fait des traités avec la Russie, l'Autriche et la Toscane, Naples, l'Espagne, le Portugal.

Avouons que, dans un tel moment, il fallut à notre ami Fox un grand courage pour défendre la France abandonnée et oser proposer la paix! On en rit. Pitt, seul sérieux, répondit que, pour la paix, il fallait avant tout la destruction d'un monstre d'anarchie qui avait contre lui l'universalité du monde.

Mais voilà que ce monstre, la Révolution, loin d'avoir peur du monde, le menace elle-même. Les rêveurs girondins lancent la croisade révolutionnaire. La Montagne succède et lève un million de soldats, bat la Prusse et l'Autriche, prend Nice, la Savoie, le Rhin. — Wattignies et Fleurus, la retraite de Cobourg, l'inertie de la Prusse, qui empoche l'argent anglais et ne fait rien, tout cela montre au sage Pitt que ce fou de Burke avait raison quand il disait : « On ne viendra à bout de la France que par la France même, en offrant aux Français royalistes l'appât d'une Restauration. »

Pitt converti prend un ton doucereux. Il ne fait

pas la guerre à la France, mais pour la France, la bonne France royaliste.

Seulement, dans l'affaire de Toulon perce la vérité. L'Angleterre veut Toulon, mais pour elle. L'idée de conquête et de démembrement lui est venue. Brest et Toulon lui suffiraient et les côtes de la Vendée. J'ai conté l'accueil admirable que Pitt fit à Puisaye, le grand machinateur breton et vendéen, l'ingénieux magicien qui évoqua la source meurtrière de la fausse monnaie de papier. C'est le vrai sens des expéditions de Quiberon, Granville et l'Ile Dieu, qui furent proprement l'inondation de cette peste des faux assignats.

Cependant l'Angleterre, tout en nous blessant, se blessait. La cité de Londres elle-même, la Banque, si fidèle à Pitt, gémissait, haletait; elle était indignée de voir la Prusse empocher les subsides et se moquer de Pitt. On *pressa* pour la mer jusqu'à cent mille matelots. Opération meurtrière qui jeta l'Angleterre hors d'elle-même et de sa sagesse. On tira sur le roi et l'on mit sa voiture en pièces.

Pitt sentit le besoin de satisfaire un peu l'opinion, appela à lui quelques noms populaires, des seigneurs de l'ancien parti whig. D'autre part, en faisant passer à l'Autriche de l'argent pour soutenir la guerre, on envoya à Paris un lord pour traiter de la paix, un homme conciliant, Malmesbury. Cet agent, parti après notre malheur du 31 juillet[1] et la levée du

---

1. La prise de Brescia et de sa garnison française.

siège de Mantoue, nous trouva déjà relevés par la double victoire de Castiglione. Ses propositions excitèrent le rire de Paris. L'Angleterre ne voulait traiter qu'autant que la France rendrait *toutes ses conquêtes*, l'Italie, la Hollande, les Pays-Bas, le Rhin. On nous aurait permis pour toute indemnité de prendre quelques colonies de nos alliés, la Hollande et l'Espagne, c'est-à-dire de nous brouiller à jamais avec ces deux puissances maritimes, au moment où leur amitié nous devenait si précieuse.

Un piège si grossier, si peu ingénieux, ne pouvait qu'indigner. On fit dire à l'Anglais de quitter Paris dans les vingt-quatre heures.

Ni Londres, ni Paris ne pouvaient s'y tromper. Pitt ne voulait pas la paix et faisait tristement la guerre, toujours par le même moyen qui échouait toujours, une profusion aveugle d'argent. Il en avait versé des torrents pour la Prusse, des torrents en Vendée, pour Quiberon, etc. Et maintenant des torrents en Autriche pour fournir constamment de la chair fraîche à Bonaparte, à cette épée terrible et altérée de sang.

En tout cela, dit fort bien M. de Maistre, Pitt fut très peu original, agit toujours par les mêmes moyens, sans nulle invention ni génie[1].

---

1. Pitt, malgré son mérite parlementaire et ses divers talents, paraît en tout ceci impuissant, médiocre. Rien d'inventif ni de profond. Sa haine intérieure et recuite l'éclaira beaucoup moins que la belle colère de Chatham, qui était une flamme. Notre ennemi, M. de Maistre, le juge fort sévèrement; voyez sa lettre du 29 mars 1806.

## CHAPITRE VI

La mer. — L'Irlande. — Le général Hoche.

Cette inégalité dans le duel du siècle entre la France et l'Angleterre, au moment de 95, étonne peu, quand on songe aux circonstances opposées que l'une et l'autre venaient de traverser.

L'Angleterre, si paisible depuis sa lutte d'Amérique, dans son prosaïque bonheur, n'avait guère eu de préoccupation, d'intérêt en ce monde, que le mouvement de son commerce, de sa bourse, que de voir sa rente monter.

La bouillonnante France, depuis la sublime aurore de 89 jusqu'au sombre et non moins sublime 93, avait traversé tous les cercles décrits par Dante, et elle n'arrivait en 95 à la république paisible, au gouvernement régulier, qu'à travers les terribles émotions qui l'avaient funébré, grandi. Dans sa pâleur mortelle on distinguait une blanche lueur qui effrayait le monde, et semblait un reflet d'acier.

La très grande habitude qu'elle avait de mourir,

ce pacte avec la mort qu'elle avait fait (c'est le mot de Danton), avait rendu tous les dangers indifférents, et simples les plus grandes choses. Passer les Alpes en plein hiver, passer la mer à travers les flottes ennemies, cela paraissait naturel.

Pendant que Bonaparte et Masséna franchirent les neiges, Hoche passa l'Océan (15 décembre), et si la tempête garda l'Angleterre en 96, le passage n'en fut pas moins accompli en 97.

Le seul moyen d'avertir l'Angleterre, de l'arrêter dans cette guerre d'argent que, tranquille elle-même, elle faisait au monde, ce n'était pas, comme le croyait Bonaparte, de la frapper aux Alpes ou en Égypte, mais plutôt de la secouer fortement et de près en la menaçant par l'Irlande.

Il ne s'agissait pas même de vaincre, mais d'alarmer sans cesse et d'effrayer le commerce, la banque, la bourse, d'intimider l'ennemi et d'enhardir les nôtres. Tels étaient les projets de Hoche et de son ami l'amiral Truguet. Projets hardis, d'un désintéressement héroïque, et qui même n'avaient pas besoin de la victoire.

Même vaincue, notre jeune marine révolutionnaire s'était formée. Tel était l'esprit singulier de ces temps qu'elle n'avait pas besoin de succès pour s'encourager. A peine née, elle soutint en juin 93 une grande et horrible bataille de trois jours contre la vieille marine anglaise. Après la prise de Toulon et l'incendie du port ; avec ses vaisseaux noirs, demi-brûlés, une grande flotte sortit audacieusement, qui portait une armée. La Corse fut reprise, et la Méditerranée, désertée pour trois ans par l'ennemi, sembla nous appartenir.

Enfin, la France maritime commençait à respirer. Je ne crois pas qu'aucun autre pays présente des tribus si variées de génies et d'instincts pour tous les besoins de la mer. Nos marins de Normandie, si sages et tacticiens, tellement analogues aux Anglais, conquirent, comme on sait, l'Angleterre, les deux Siciles au Moyen-âge. L'audacieuse marine des Basques allait à Terre-Neuve et découvrit l'Amérique avant Colomb. Enfin nos Provençaux, le bailli de Suffren, trouvèrent et enseignèrent ce qui a fait plus tard les victoires de Nelson, de combattre au plus près et de se joindre à portée de pistolet.

Tout ce grand peuple de marins sur ses sables, ses dunes, ses côtes de l'Ouest, regardait tristement la mer. Malgré nos victoires des Alpes, la France était comme captive, tant que sa marine était paralysée. L'émigration de tous nos officiers, leur catastrophe à Quiberon, nous laissait un grand vide. Qui se présentait pour les remplacer? De simples pilotes, peu instruits, d'un cœur intrépide (comme on le vit par le *Vengeur*). Dans leur fanatisme admirable, ils n'avaient pas besoin d'espérer la victoire; il leur suffisait du combat, de l'honneur du drapeau, d'une sublime défaite qui étonnât; c'était tout leur calcul. Ils comptaient mourir pour la France, et parfois la victoire inespérée leur arrivait. Notre ennemi furieux, Nelson, dit plus tard qu'entre ces Français, qu'il hait tous, il préfère pourtant à notre marine noble cette jeune marine jacobine, déguenillée, héroïque.

Quel ferment pour l'enthousiasme de cette France haletante de savoir qu'il y a sur l'autre rivage une autre France demi-barbare, mais émue, dans l'impatience et le transport de cette grande joie fraternelle ! Les nôtres, frères de ceux qui firent les Fédérations de 90, qui continuèrent sur le Rhin les Fédérations militaires des armées, s'imaginaient commencer par l'Irlande les Fédérations maritimes et toutes celles du genre humain.

Pour moi, quand je vis, même en 1815, dans des circonstances si peu favorables, les montagnards d'Écosse et ce grand nombre de soldats irlandais à qui on fait porter le costume écossais, je sentis parfaitement que toutes ces tribus celtiques sont nos cousins, nos parents éloignés et dépaysés. Plus tard, en 1830, sur le pont d'Édimbourg, devant les vieilles maisons si hautes, je me croyais, à Lyon. Souvent dans les villes d'Irlande je croyais voir nos Picards, nos Wallons (bolg ou belges). *Bolg* est le nom commun de ces races parentes, séparées par la mer. L'air *bon enfant* des paysans d'Irlande (malgré l'œil bleu qui surprend sous des cheveux noirs) me rappelait mes propres parents, picards wallons, vrais méridionaux du Nord, pleins d'imagination et de bonté naïve, adorable, et d'un cœur immense[1].

---

1. L'amabilité de cette race ne me trompe pas. Je n'en connais pas de meilleure. En présence des Anglais si raides, et qui font même effort pour

La belle philosophie de l'histoire que nous ont faite les fatalistes allemands tend à faire croire qu'il y a des destinées inévitables qui sont l'arrêt des peuples inférieurs. La France (même en ses plus grands triomphes) n'a jamais cru cela. Elle a trop le sentiment du mouvement et sent trop finement que bien souvent l'infériorité dans un sens tient à une supériorité dans un autre genre.

Telles races d'Italie qu'on a souvent dites inférieures, parce qu'elles cédèrent à Rome, à ses rudes soldats, furent justement le plus haut du génie italien (Virgile et le Corrège).

La pauvre Écosse, vaincue à Culloden, donna à ses vainqueurs la fortune qu'ils cherchaient en vain aux Indes. L'Écossais Watt leur montra que les Indes étaient en eux, dans leur activité ; il les transforma de fond en comble. L'Écossais Walter Scott donna à l'Angleterre une popularité immense.

Nous fûmes bien étonnés en 1815, après l'épopée monotone des grandes armées, de nous trouver si sensibles aux légendes écossaises. Après tant de spectacles d'uniformes, on fut ravi de voir reparaître l'ancienne individualité sous ces costumes, avec le

---

paraître souvent pires qu'ils ne sont, l'Irlandais fait un grand contraste. Ceux qui s'en moquent n'avouent pas moins leurs qualités charmantes dans des récits qui feraient adorer la bonté irlandaise. J'ai lu, dans *l'Inde anglaise* de Waren qu'étant, dans sa jeunesse, officier dans l'armée de la Compagnie, et étant obligé, en campagne, de coucher sur la terre humide, un de ses soldats irlandais, pour lui sauver cette humidité malsaine, se coucha sous lui, sans bouger de toute la nuit. L'officier, s'éveillant au grand jour, l'y trouva encore immobile et gardant cette position gênante de crainte de le réveiller (Warren, *Inde anglaise*, excellent livre, traduit.)

plaid, le tartan, et la cornemuse. Nous y retrouvions l'écho lointain des antiquités de la grande famille celtique.

L'Écosse, enrichie par l'industrie et les carrières civiles, laissa à son tour le service militaire aux Irlandais. Cela commença dans la guerre d'Amérique, puis peu à peu aux Indes. Quand Warren Hastings et surtout Cornwallis donnèrent les places aux Anglais avec d'énormes appointements, ils cherchèrent moins les grades militaires. En même temps, les positions inférieures de l'armée, même celle de simple soldat, furent délaissées par les Anglais, quand la fabrique, prenant l'essor, offrit de gros salaires. L'Irlandais suppléa, et sous l'uniforme britannique il passa pour Anglais. Tels même, comme les Wellesley (Wellington) par l'adoption anglaise, s'élevèrent jusqu'au rang de généraux, de gouverneur des Indes.

Le pauvre paysan d'Irlande crut avoir fait fortune quand il put s'engager parmi ces habits rouges, si bien vêtus, si grassement nourris. Lorsqu'on lit ce qu'était, vers 1800, le luxe de l'armée anglaise dans l'Inde, ses incroyables saturnales, on comprend tout à fait l'attraction immense que l'Angleterre et l'Inde anglaise exerçaient alors sur l'Irlande et la transformation que celle-ci jusque-là torturée, amaigrie, allait subir au profit de l'Angleterre, son ennemie.

Donc Hoche, en isolant l'Irlande, eût coupé le bras droit de l'Angleterre et d'avance tué Wellington.

Le passage en Irlande n'était pas impossible, comme le prouva en 97 l'expédition d'Humbert. La marine anglaise, en 95, était dans une période de torpeur et d'hésitation. Nelson n'avait pas encore donné son grand élan. Il était simple capitaine, et encore si méconnu, qu'à trente-deux ans on l'employait aux tristes fonctions de curer les ports sur un bateau dragueur.

L'entreprise de Hoche était incertaine, mais d'un danger superbe, de ceux auxquels un héros aimerait à donner sa vie. C'était bien plus qu'une affaire de guerre et de destruction. C'était surtout l'évocation, la résurrection d'un peuple frère que la France eût tiré du tombeau.

Pour moi, c'est un de mes meilleurs souvenirs de jeunesse d'avoir lu en 1830 le livre si touchant de Thomas Moore : *la Vie, la mort de Fitz-Gerald*[1], ce charmant Irlandais, si aimé de la France ; avec cette épigraphe de Lucain, où parle Cornélie rapportant à l'Égypte les os du grand Pompée : *On a craint sa*

---

1. Th. Moore, *the Life and death of lord Ed. Fitz-Gerald*, avec cette touchante épigraphe :

> Si sæcula prima victoris timuere minas,
> Nunc accipe saltem ossa tui Magni.
> (LUCAN.)

Je recommande aussi un bien curieux livre : *Life of Thubala Welh Tone, fonder of the Irish Society, written by himself*, edited by is son Washington, 1826. Il fut chef d'une de nos demi-brigades. Ouvrage charmant. Style rapide, agréable, tout français. C'était un protestant qui écrivait, par fraternité, pour les catholiques. Il écrit à Paris, plein de gaieté, d'espérance, attendant le succès de Hoche. Il fait son portrait de la manière la plus naïve : « Paresseux, mais sans vice. Il a un amour vertueux, etc. » Une gravure charmante le montre au vif : douce, aimable figure, nez fin, un peu bombé ; front trop fuyant.

*grandeur... Eh bien, reçois sa cendre !* De toute cette génération enthousiaste, sensible et romanesque de 89, nulle figure plus que celle-là n'a été au cœur. La famille de ces vieux chefs de clans, les Fitz-Gerald, était en possession de fournir à l'Irlande les martyrs de la résistance. Déjà, sous Henri VII, j'en vois un condamné, décapité, avec un O'Connor. Puis, un autre en 1535, aussi décapité. Cette fraternité de supplices faillit se reproduire de nos jours, où l'ami de Fitz-Gerald, O'Connor que nous avons connu, bien près de périr avec lui, fut par bonheur sauvé pour s'unir en France avec les Condorcet.

Cet aimable Édouard, dont il s'agit, était un fils cadet des ducs de Leinster. Il fut élevé en France par un Écossais qui avait épousé sa mère, devenue veuve. On l'envoya en Amérique faire la guerre contre La Fayette et les Français, qu'il devait tant aimer. Là, comme tant d'autres alors, il s'éprit de la vie sauvage. Dans un voyage qu'il fit à travers les neiges du Canada, les Indiens, à leur tour, furent si charmés de lui, de sa naïve et vaillante originalité, qu'ils l'adoptèrent, le proclamèrent chef de la *tribu de l'Ours*. Pitt eût voulu le gagner, l'employer ; il lui offrait le commandement de l'expédition anglaise contre Cadix. Il mettait à cela une condition : qu'il se ferait bon Anglais, quitterait l'opposition irlandaise. Il refusa ; ce chemin à l'action, à la gloire, lui fut ainsi barré. D'autre part, sa fortune n'était pas meilleure en amour. Comme cadet, il n'était pas riche, et, à son retour d'Amérique, il avait eu l'insigne douleur de voir sa fiancée qui en épousait un autre.

La France, la grande Révolution, le consolaient de tout. Il dîna avec Fox dans la joie qu'apporta la nouvelle de Valmy et de la retraite des Prussiens. Il ne tint pas à cette joie, passa en France et logea à Paris, d'abord chez Thomas Payne, l'apôtre de la liberté des deux mondes. Que ne fût-il resté chez cet ami austère! Il aurait fait comme son compatriote Tone, qui devint général en France; il se fût lancé dans les guerres de la liberté. Mais une affaire de cœur fut son entrave. Aux réjouissances que l'on fit à Paris pour Jemmapes, le jeune général Égalité, personnage très calculé, invita le citoyen Fitz-Gerald et le fit dîner avec M$^{me}$ de Genlis et son élève, la charmante Paméla (fille naturelle du duc d'Orléans). Le voilà pris. Il aime et il épouse. Cela le brouille d'abord avec sa famille; puis avec l'Angleterre, qui le raye des rôles de son armée. Le voilà donc Français. Non pas. Son fatal mariage avec les Orléans empêche notre gouvernement de l'employer.

Cependant la tempête soufflait en France et en Irlande. Fitz-Gerald, condamné à une oisiveté solitaire, et désespéré d'être heureux, avec sa Paméla, leur enfant, son jardin en fleurs, s'efforçait d'ignorer et de ne pas prévoir. On frémit en lisant ses lettres et son imprévoyance, en entendant la tourmente cruelle qui s'agite déjà autour de cette idylle.

On dit que le cœur trop plein, au moment où Hoche préparait sa grande expédition d'Irlande, il dit la chose non seulement à Sheridan, l'ami du prince de Galles, mais inconsidérément à une dame liée avec un ami de Pitt.

Cette parfaite nature, douce et chevaleresque, mais fort peu révolutionnaire, n'avait pas la fixité de vues, la décision qui fait le succès. Il appelait la Révolution, les Français, et en même temps il craignait qu'ils ne réussissent trop et ne s'emparassent de l'Irlande, que lui-même ne passât pour traître, ayant machiné la conquête de sa patrie. Et cependant il se disait : « L'Amérique a bien appelé les Français ! »

Le prince Régent pleura Fitz-Gerald, — comme le tzar Paul et son fils pleurèrent Kosciuszko, qu'ils visitaient dans sa prison. Mais ils n'en firent pas plus pour la Pologne et pour l'Irlande.

Le mouvement avait commencé en Irlande par un très grand spectacle d'amitié, de fraternité, tel qu'on en voit rarement sur la terre. Les Irlandais protestants à Belfast réparaient la longue injustice qu'avaient soufferte leurs frères catholiques, au point que les catholiques qui portaient dans Dublin la pétition de Liberté furent traînés en triomphe par les protestants. La Liberté effaçait tout, et la fraternité semblait rester comme la religion de la terre. Belfast avait célébré l'anniversaire de la Révolution française, en arborant quatre pavillons : *France*, *Irlande*, *Amérique* et *Pologne*. Le pavillon anglais manquait ; à tort. Car l'Angleterre s'agitait elle-même. Le drapeau irlandais du 1er *bataillon national* était toujours la *harpe*, mais désormais elle était surmontée non plus de la couronne, mais du bonnet de la liberté.

Cependant Pitt avait sacrifié vingt millions pour acheter le Parlement d'Irlande. Et ce qui valait mieux pour lui, le sang versé en France, et en Irlande la crainte des propriétaires, agissait, et le danger de donner l'élection aux catholiques, si ignorants, barbares. Pitt s'était procuré l'alliance secrète du pape contre la France. Pie VI lui écrivait cyniquement : « Nous n'avons plus que vous ! » Les prêtres catholiques, craignant par-dessus tout la France, excommunièrent quiconque se joindrait aux Français.

Hoche avait été un peu retardé ; il se défiait de son amiral Villaret-Joyeuse, en demanda un autre, et, pour le surveiller, monta sur le même vaisseau, lequel fut écarté par les tempêtes de décembre et ne put aborder. Grouchy, son lieutenant, arriva seul avec dix huit cents hommes. Ce général, très brave, mais très malencontreux, eut déjà là son Waterloo : il craignit une si grande responsabilité, ne voulut pas agir sans Hoche ; Bouvet aussi, son amiral, refusait d'aborder. Il y avait, dit-on, plusieurs centaines de mille hommes en armes, mais fort désordonnés. Un Judas avait organisé une machine perfide de police. On s'était arrangé pour que des dragonnades, des cruautés de soldats fissent éclater l'insurrection trop tôt. Belfast et tout le Nord s'en retirèrent[1].

Hoche repoussé par la tempête, manquant à sa fortune, quand cent mille Irlandais en armes l'attendaient, ces deux événements portèrent au comble la joie des royalistes, leurs parricides espérances (août-décembre 96).

Par quatre fois ils avaient assassiné Hoche. En vain. Mais cette fois, ils tâchèrent de le tuer dans l'opinion en le déclarant pour toujours : un héros *malheureux*, haï de la fortune. Pouvait-on pourtant dire que son entreprise avait avorté? L'Irlande était toujours en armes et la panique dans Londres, la banque, le crédit en déroute. Pour rassurer dans cet effroi, Pitt avait dû faire la presse de cent mille matelots. Ces enlèvements portèrent (en 97) le pays à la catastrophe qui put sembler le Jugement dernier : *la grande révolte des trois flottes* qui seules défendaient l'Angleterre.

---

1. L'un des directeurs, La Révellière-Lepeaux, avait en Irlande son gendre qui y habitait depuis plusieurs années. Il dut s'informer d'autant mieux des causes du non-succès. Les royalistes firent manquer tout deux fois. En décembre 96, nos officiers de marine ne voulaient pas réussir. Hoche s'était mis sur une frégate, comme jadis Suffren faisait en pareil cas, pour se porter partout avec plus de rapidité. Malgré le mauvais temps, ils le promenèrent un mois en mer et se refusèrent aux prières de Grouchy, qui voulait débarquer et combattre à tout prix. — En 97, ce furent les bureaux de la Trésorerie, tout royalistes, et qui par la Constitution étaient indépendants et du Directoire et de l'Assemblée; ces bureaux, dis-je, rompirent l'expédition; ils ne fournirent des fonds que pour Humbert et douze cents hommes, qui eurent de grands succès. Mais Sarasin qui avait dix mille hommes, faute de fonds, ne put passer à temps. Cette trahison des royalistes donna la victoire aux Anglais de Cornwallis, qui avait trente mille hommes. Voy. *Mém. de La Révellière*, t. I, p. 185 et t. II, p. 30.

# LIVRE II

## ITALIE.

## CHAPITRE PREMIER

Les six victoires de Masséna. — Septembre 96. — Envie de Bonaparte.

Avant que la victoire de Castiglione ne fût connue, célébrée à Paris, beaucoup de gens soutenaient qu'il fallait rappeler Bonaparte, le remplacer. Les royalistes le croyaient jacobin, l'appelait toujours *Vendémiaire*, ne lui tenaient nul compte de ses ménagements pour Rome et le clergé, ni des entraves qu'il mettait à la Révolution italienne en empêchant la vente des biens d'Église.

D'autre part, les patriotes reprochaient amèrement au Directoire de soutenir en Bonaparte, non pas un général, mais un vrai tyran d'Italie qui, sans compter avec la République, agissait de sa tête, soutenait les despotes, le Piémont, le pape, etc. Ils demandaient aussi qu'il fût rappelé, arrêté. Mais par qui arrêté, à la tête des troupes, de l'enthousiaste armée d'Italie ? Par qui ? Par le général Hoche.

Ce fut Hoche qui le sauva. Il était à la veille de sa grande entreprise, dans l'état magnanime d'un homme qui va risquer tout et sacrifier sa vie, même au besoin sa gloire, dans ce hasard, dans cette immolation. Bonaparte semblait son ennemi et avait toujours eu de mauvais procédés pour lui. Cela tenta le cœur de Hoche, indigné du bruit qu'on faisait courir et, par une sublime étourderie, il se déclara son garant, et se fit sa caution. Dans une belle lettre où, parlant aux royalistes seuls, il impose réellement silence aux jacobins, il répond en termes magnifiques du patriotisme de Bonaparte : « Ah ! brave jeune homme, quel est le militaire républicain qui ne brûle de t'imiter ? Conduis à Naples, à Vienne, nos armées victorieuses. Réponds à tes ennemis personnels en humiliant les rois, en donnant à nos armes un lustre nouveau, et laisse-nous le soin de ta gloire ! »

Au 4 août, Masséna, Augereau, lui gagnant deux batailles en deux jours, le rendirent aussi indestituable et au-dessus des jugements de l'opinion. Ces innombrables prisonniers, ces drapeaux arrachés, que l'on envoyait à Paris, c'était un beau spectacle !... tant de drapeaux, tant de canons ! Seize mille prisonniers qui par l'Italie et la France firent un long défilé, une exhibition interminable d'uniformes étrangers !

Après ce triomphe qui doutait que Wurmser, battu par Masséna, éreinté par Augereau, ne fût extrêmement malade ? Tout ce qu'avait pu le pauvre vieillard, c'était de gagner Mantoue, de s'y réfugier. On ne fut pas peu surpris de voir que, dans ce même mois, il se remontrait au soleil, que par lui, par ses lieutenants, il osait chevaucher aux défilés des Alpes sur la route du Tyrol ; de sorte que, si Bonaparte forçait les défilés pour se mettre sur la route d'Insprück, où il invitait Moreau à venir le joindre, ce ne serait qu'en poursuivant et écrasant Wurmser.

L'étonnement redoubla quand on sut que Wurmser n'était pas poursuivi, que c'était lui, ce vieux diable incarné, qui, avec quarante mille hommes, cherchait Bonaparte, s'était mis à ses trousses. Quelle insolence exorbitante ! quinze jours après Castiglione ! C'était comme le lion poursuivant son chasseur, faisant la chasse à l'homme. Dans ces basses racines des Alpes, les défilés forment le long du fleuve des pièges naturels. Partout des chaussées les resserrent contre les rochers. Augereau, nos tirailleurs pyrénéens, grimpaient, dominaient tout. Et on forçait les passages d'en bas. On culbute Davidowitch à Roveredo. Mais Wurmser, qu'on croyait au nord, était au sud, et derrière Bonaparte, comptant bien l'enfermer. Projet qui eût pu réussir, si la grande insurrection du Tyrol eût commencé en septembre.

Ce peuple agricole attendit la fin de ses travaux pour entrer en mouvement. Bonaparte n'en était pas moins déjà resserré, engagé au filet que forme la Brenta dans son lit de rochers et que Bassano ferme au sud. Bassano, sur la rive gauche, communique par un pont avec la rive droite. Là s'établit Wurmser. Nos

Français n'avaient contre lui que trente mille hommes. Mais Augereau tenait la rive gauche, le côté où est Bassano. Masséna était à la droite, où est le fleuve et le pont. C'était encore comme le pont de Lodi. Masséna le passa de même, se réunit à Augereau ; ils fondirent dans la ville, malgré les canonniers de Wurmser, qui se firent tuer sur leurs pièces. Cela se fit si vite que Wurmser lui-même, pressé entre deux colonnes, eut à peine le temps de monter à cheval. Avec son admirable cavalerie, il s'ouvrit un passage au sud ; tous les autres s'écoulèrent au nord vers le Frioul. Ainsi la grande armée qui croyait nous tenir est rompue en deux parts, et Bonaparte est tiré du filet.

Wurmser trouve moyen, avec ses cavaliers, de traverser l'Adige et d'échapper à Masséna ; il passe sur le corps à Murat, et se jette dans Mantoue (13 septembre). Ainsi, par son revers, il obtint une fois de plus le résultat recommandé par Vienne : d'assurer avant tout la grande place forte, la gardienne de l'Italie.

Ce qui terrifia Wurmser et nous surprend encore, ce fut la prodigieuse marche de l'infanterie de Masséna pendant quatre jours et quatre nuits, tandis que Wurmser, avec ses chevaux, ne put aller si vite, s'arrêta une nuit. Il vit avec stupeur ce miracle, que les mêmes hommes ayant battu sa droite à Trente, son centre et toute son armée à Bassano (8 septembre), lui barraient la route, voulaient couper sa retraite vers Mantoue. S'il n'y parvinrent, ce fut la faute d'un guide qui égara Masséna et lui fit prendre le plus long.

L'opiniâtre Wurmser, loin de rester à l'abri, à l'instant offrit la bataille. On l'a nommée Saint-Georges (un faubourg de la ville), ou la Favorite, villa des ducs de Mantoue. Elle fut très acharnée et la cavalerie hongroise, montée sans selle, eut un moment l'avantage. Masséna rallia les nôtres et fut soutenu par Rampon et la fameuse 32º demi-brigade qui, formée en carré, brisa les charges de cette cavalerie héroïque. Wurmser ne put se contenir, avança, occupa la villa, le faubourg. Mais Masséna l'isola de plusieurs de ses corps, et, avec la 32º, le poussa furieux dans Mantoue.

Masséna, en un mois, dans un petit espace, avait fait des centaines de lieues et gagné six batailles sans compter les terribles petits combats livrés le long des fleuves, des précipices. Dans le long filet du Tyrol, où Bonaparte s'était mis, il lui ouvrit l'issue à Trente et à Roveredo. A Bassano, où Wurmser l'attendait, Masséna fut le matador qui jeta bas le taureau. Enfin, quand Wurmser livra sans autre espoir le combat de Saint-Georges, ce fut encore Masséna qui lui enfonça le couteau.

Dès lors, l'heureux Bonaparte, pendant trois mois, put aller et venir au centre de l'Italie. Qui lui avait donné ces trois mois? Incontestablement, les grands succès de Masséna.

On le sentait bien à Paris, dans l'armée. En admirant le génie de Bonaparte et lisant ses belles proclamations, on tenait compte aussi du muet héroïque qui, sans parler, faisait tant de sa main! A Paris, à l'armée, on chantait à tue-tête le couplet si connu :
« Enfant chéri de la victoire!... »

Il faut que ce moment ait été bien amer à Bonaparte, car il sortit de ses calculs habituels, de sa profonde astuce, et laissa voir sans ménagements les sentiments qu'il eut toujours pour Masséna. Dans son dernier rapport, il loue ses favoris, Marmont, Leclerc, qui arrivèrent trop tard à la bataille, il oublie ceux qui agirent[1]. Que dis-je? il oublie Masséna! sachant qu'il ne se plaindrait pas, n'écrivait jamais, parlait peu. Et, en effet, sans le général Koch, qui a retrouvé ce chiffon, nous ignorerions que cet homme insouciant, négligent, taciturne, parla et écrivit cette fois et par un terrible billet. Nous devons à ce hasard d'avoir un jour profond, une étrange percée dans le cœur ténébreux de Bonaparte, généralement habile à cacher ses replis[2]. Masséna dit dans ce billet, avec sa simplicité héroïque : « La victoire de Saint-Georges est due à mes dispositions, à mon activité, à mon sang-froid à tout prévoir... Sans l'ordre que je donnai à l'intrépide Rampon, ma division était tournée et c'était fait de la bataille. » Puis, il demande avancement pour Rampon, mais n'obtient rien.

Le mauvais cœur s'enfonça dans l'ingratitude. On rougit en le voyant abuser ignoblement de son pouvoir arbitraire de général, envoyer Masséna (un homme si utile à la France et qui plus tard la sauva

---

1. Rampon lui déplaisait pour lui avoir rendu au début de la guerre le service de réparer la bévue qui l'eût perdu au premier pas.

2. Mme de Rémusat qui connaissait bien Bonaparte, n'en parle pas autrement : « Rien de si rabaissé, il faut en convenir, que son âme. Nulle générosité, point de vraie grandeur. Je ne l'ai jamais vu admirer, je ne l'ai jamais vu comprendre une belle action. » (*Mém.*, t. I, p. 105.)

à Zurich) en garnison en un lieu malsain (en septembre), où il pouvait périr. Sur ses réclamations, il le met à Vérone, mais (par une persécution obstinée, ignoble) sans logement, presque sans vivres, lorsque d'autres étaient bien nourris, affamant ce corps héroïque, le premier de l'armée.

Les grandes trahisons de Bonaparte, celle d'Espagne (si bien contée par M. Lanfrey) le font bien moins connaître que la conduite double, infiniment habile qu'il eut toute sa vie pour Masséna. Le problème était de le ruiner dans l'opinion, sans laisser soupçonner qu'entre tous il le jugeait le premier, mais il avait la faiblesse d'en être jaloux. A Sainte-Hélène encore, voulant le rabaisser, il dit ridiculement (sur ce grand homme d'action) « qu'il était sans culture et *sans conversation* ». Il le représente comme un soldat « dont la pensée confuse s'éclaircissait tout à coup sous le feu ».

Grand éloge qui lui échappe tard et si près de la mort. Mais, dans toute sa vie, il ne laissa passer nulle occasion de villipender Masséna ; et cela avec une adresse remarquable, le faisant accuser, noircir par d'autres, lui créant peu à peu la réputation d'un joueur, d'un dilapidateur[1]. En 1801, où Bonaparte avoue que la défense de Gênes par Masséna lui a fait Marengo, sa diabolique ingratitude diffame son sauveur. Comment ? et par qui ? c'est là le plus fort !

---

1. Exemple en 99, le pillage de Rome que firent, pour l'expédition d'Égypte, les bonapartistes eux-mêmes, comme le dit un ennemi de Masséna, Gouvion Saint-Cyr.

Il le diffame par la voix de Carnot, dont l'honnêteté connue appuyait tous ces bruits que jamais on ne put prouver. C'est là qu'on reconnaît surtout l'élève des prêtres, et combien l'éducation cléricale affine en mal et déprave les cœurs.

Devant tant de noirceurs on est embarrassé de résoudre cette question : Comment le fourbe Bonaparte, ayant joué tant de tours à Masséna, le trouvait-il toujours ? L'insouciance de celui-ci, son aveuglement à servir ce calomniateur, ne s'expliquent pas suffisamment par l'avarice ou l'ambition. Non, il y avait autre chose : un mystère de nature.

Son grand instinct de guerre tenait de la fatalité aveugle qui domine certains animaux. Que ferait le chien de chasse hors de la chasse ? Il avait besoin du péril plus que de richesse et de gloire. Bonne chance pour son ennemi. Il l'enterrait dans l'or et sous de prétendus honneurs qui l'abaissaient. Le malicieux Bonaparte les énumère à Sainte-Hélène et lui porte ce coup final[1] : « Enfin, maréchal de l'empire. » Dernière pelletée de terre qui cache le héros. Et il y en a pour jamais !

---

1. *Mém. militaires de Bonaparte*, écrits à Sainte-Hélène.

## CHAPITRE II

Républiques italiennes. — Combats d'Arcole. — 16-17 novembre 96.

A la fin de juillet 96, Bonaparte s'attendait peu à ce déluge allemand de Wurmser. Il avait seulement nouvelle de vingt mille hommes que l'Autriche tirait de son armée du Rhin pour l'Italie. De là les embarras dont il ne fut tiré que par la vaillance de Masséna.

Eh bien, de septembre en novembre, pendant trois mois, il ne prévoit pas davantage, et quand il voit descendre une armée toute nouvelle, deux grands bans de Barbares, d'une part la tourbe du Tyrol, de l'autre les grosses masses croates, hongroises, d'Alvinzi, il semble encore non pas surpris (il fait face), mais il a l'air d'être éveillé en sursaut, comme un homme qui, pendant ces trois mois, a pensé à toute autre chose qu'à ce nouveau déluge, si facile à prévoir.

On est frappé de voir que cet homme, si positif,

semble absent quelquefois, moins occupé des actes que de l'impression qu'il produit, des rêves, apparences ou espoirs, qu'il donne aujourd'hui et qu'il escomptera demain.

De sorte qu'à suivre les bulletins, les articles qu'il inspirait et faisait faire, ses lettres au Directoire, et même à Joséphine, on s'aperçoit que, derrière sa vie d'action, il en avait une autre d'imagination, de vastes et vives espérances qu'il avait ou donnait aux autres. On peut dire que chaque jour il se peignait lui-même dans un cadre nouveau et sous une nouvelle auréole. D'abord, on l'avait vu dans sa proclamation au haut des Alpes du Piémont, montrant à son armée l'Italie, et lui promettant Rome, parlant de réveiller la cendre de Brutus. Mais son armée républicaine prenait cela au sérieux bien plus que ne voulait sa politique, si favorable au pape. Dès lors il ne parle plus de Rome, il se tourne vers la pensée classique en général, les tableaux d'Italie envoyés à Paris, et même les souvenirs littéraires.

Dans la longueur du siège de Mantoue, un peu malade en juillet, il raconte à Joséphine, dans une lettre sentimentale et calculée sur le goût de l'époque, qu'en pensant à elle, rêveur mélancolique, il a été, au *clair de lune*, voir sur le lac le village de Virgile. Là sans doute il prit l'idée de la fête du grand poète, qu'il fit plus tard et qui le recommanda fort à la société lettrée, élevée dans ce culte classique. Joséphine ne perd pas de temps. On parle de cette visite, on fait des gravures, fort belles, préparées évidemment longtemps d'avance (on n'avait pas alors nos fades et expéditives lithographies). Et, dans ces gravures, on voit le héros d'Italie auprès du tombeau de Virgile, et ombragé de son laurier.

Tout avait été arrangé en prévision de Mantoue, dont Bonaparte espérait se faire une auréole. Et ce siège fut un revers. Castiglione et Bassano l'en relevèrent. Mais les grands coups d'épée, et les prodiges de septembre que Masséna enfin s'avisa de revendiquer, paraissent avoir un peu détourné Bonaparte de l'Italie. Il semble dire déjà ce qu'il écrit un an après : « Qu'est-ce que l'Italie! Peu de chose. » La pensée est visiblement tournée vers l'Orient. Déjà il avait dit aux nôtres, quand ils vinrent à Ancône, « qu'ils étaient en face de l'Épire, royaume d'Alexandre-le-Grand ». Au 6 septembre, après le grand succès de Bassano : « Quel effet ce sera pour la Hongrie et pour *Constantinople!* » L'année suivante, il fait alliance avec Ali-Pacha et le prince des Maïnotes. Déjà il parle de l'Égypte. Son cœur n'est plus en Italie.

Mais il y avait en France une grande masse de patriotes qui s'y intéressaient, et espéraient la révolution italienne. Seulement, les amis de la paix, très pressés de la faire (comme Carnot et Letourneur au Directoire), craignaient que Bonaparte ne donnât à l'Italie des gages qui empêcheraient de s'entendre avec l'Autriche. C'était le point de vue de Bonaparte. Mais il se serait trop démasqué, il eût trop déplu à la majorité du Directoire s'il n'eût rien fait pour l'Italie. Aussi, quoiqu'il eût un arrangement avec le duc de Modène, dès que les Modénois voulurent se mettre en république, il demande avis au Directoire[1], mais n'attendit pas sa réponse, et déclara que Modène et Reggio étaient sous la protection de la France et pouvaient se constituer librement. Puis il s'excusa aux directeurs, disant n'avoir pas reçu à temps leurs conseils. Tout en s'excusant, il continuait dans la même voie, unissant à Modène Bologne et Ferrare pour en faire ce qu'on appela la République cispadane.

Acte audacieux qu'il faisait de son chef, certain cette fois d'être avoué du parti patriote. Mais, en même temps, il tâchait de plaire aux amis de la paix, aux modérés, et même aux rétrogrades, en ajournant toujours la grande affaire que voulait l'Italie et que craignait le pape : *la vente des biens ecclésiastiques*. Il n'en vendit que peu, et tard, l'année suivante, demandant l'aveu du pape qu'il croyait séduire en lui faisant sa part.

Ainsi, dans les trois mois qui s'écoulent entre Bassano et Arcole, il ne fait rien de sérieux pour relever l'Italie. Il proclame des républiques, mais empêchant la grande révolution territoriale des biens d'Église, il ne donne à ces républiques nulle base, n'essaye pas de tirer de tant de villes qui étaient pour nous, quelques ressources militaires.

---

1. *Correspondance*, 26 mai. — 12 juin 97.

Les Italiens étaient sans doute peu aguerris, peu exercés. Il ne fallait pas charger de leur instruction des hommes du Nord, des Suisses, comme il fit. Nos méridionaux auraient mieux convenu, tels que Murat, l'intrépide et brillant acteur, dont les *fantasias* avaient tant relevé notre cavalerie ; ou la furie de Lannes, terrible et contagieuse pour entraîner des masses qui, avec lui, ne se connaissaient plus. Nos Gascons, jadis moqués comme hâbleurs et vantards, avaient ainsi donné tout à coup une génération guerrière : des Soult, des Bessières, des Bernadotte, etc. De même, les Italiens, une fois enlevés, auraient produit (non sans doute Garibaldi encore), mais de vaillantes épées, des Medici, des Cialdini, des Cernuschi.

La légion lombarde que fit Bonaparte ne se composait que de trois mille jeunes gens de bonne famille, bien triés. Il craignait fort les embarras d'une révolution italienne avec qui il eût fallu compter, négocier, haranguer, faire l'homme, et non plus le soldat ; descendre des hauteurs du commandement militaire, et se laisser toucher de près.

Dès lors, dédaignant les ressources que lui offraient ces villes d'Italie, il n'avait qu'une armée, terrible, mais toujours diminuant. Et l'ennemi, au contraire, c'était, comme on l'a vu, le peuple même, de grandes masses inépuisables. Aussi le cabinet de Vienne, voyant que la grande force populaire, qui fut pour nous en 92, était maintenant de son côté, voyant nos armées d'Allemagne en pleine retraite, n'avait pas même daigné recevoir Clarke, notre envoyé, et l'avait adressé à l'ambassadeur d'Autriche, en Piémont.

Bonaparte ne comprenait pas trop le genre de guerre de ces Barbares. Il se moqua de leur maladresse à marcher en corps séparés. Mais les localités et la difficulté des vivres dans ces montagnes stériles exigeaient ces séparations. Et lui-même bientôt en remontant les Alpes fut contraint de marcher ainsi. Ajoutez une autre raison, c'est que ces tribus, de langues, de races différentes, étaient des forces vives dont on ne pouvait tirer parti qu'en tenant compte de leur différence, et profitant du mouvement divers qui était propre à chacune.

Il y avait d'ailleurs des antipathies de peuples et de races qu'il eût été insensé de forcer. Comment eût-on fait marcher ensemble, et du même pas, les Valaques des régiments-frontières, quoique très bons soldats, avec les orgueilleux et superbes honveds hongrois ? Comment les gais et fantasques Tyroliens, au chapeau pointu, à la plume verte, se seraient-ils battus volontiers à côté des masses croates, de leurs gros manteaux rouges ensanglantés des guerres des Turcs ? Les Autrichiens et leur ancien général, le prince Eugène, avaient conservé fort utilement ces grandes divisions, et, dans l'ordre mécanique de la guerre, ils avaient eu certains égards pour le *génie* national et respecté sa liberté.

Cette tempête qui pendait des Alpes, tous ces torrents humains qui en descendaient de partout, semblent avoir étonné les nôtres. Heureusement tout cela ne fondit pas du même jet. Tandis que les Tyroliens étaient encore avec Davidowitch, plus près de leurs montagnes, les Hongrois, Croates, Alvinzi étaient déjà en avant sur la route de Vérone. Devant eux Masséna se retira, non sans désordre. Le général Vaubois, opposé à Davidowitch et chargé de défendre contre lui les postes de la Corona et de Rivoli, risquait d'être forcé par l'impétuosité de l'élan tyrolien. Il y résista d'abord, puis eut une panique, crut qu'il était coupé, que ces hardis chasseurs avaient passé devant et l'avaient devancé aux grandes positions de Rivoli.

Bonaparte n'avait que Vérone. Et il y était serré de près par la grosse armée d'Alvinzi, qui, avec son artillerie, dominait dans la haute position de Caldiero. Bonaparte vint inutilement contre cet ours avec ses dogues, Masséna Augereau, pour le forcer dans la montagne. Masséna gravit un endroit négligé. Mais la nature se mit de la partie. Une froide grêle se mêlant aux boulets souffletait les nôtres au visage, et, dans la boue, on ne pouvait faire avancer les canons. Cela se passait le 12 novembre. Le 14, Bonaparte écrit au Directoire une lettre désespérée, où il dit que tous ses héros sont morts ou blessés : « Nous sommes abandonnés au fond de l'Italie. Peut-être, l'heure du brave Augereau, de l'intrépide Masséna, est près de sonner. Alors que deviendront tous ces braves gens [1] ?

---

1. Voy. la *Correspondance*, 14 novembre 1796.

Qui le sauva? Alvinzi. On se défiait de sa fougue; comme on avait fait pour son prédécesseur, on lui avait donné un sage chef d'état-major, Weirother. Et sans doute le commissaire anglais qui avait suivi partout Wurmser ne manquait pas à Alvinzi, et fortifiait le Mentor autrichien. Le mot invariable des Anglais, on l'a vu à Toulon, à Gênes, c'était toujours : *Des places : assurons-nous des places!* » Alvinzi, leur obéissant, ne visait que Vérone ; il cherchait des échelles pour en escalader les murs. Il croyait que, dans la lutte, le pugilat d'un tel assaut, la vigueur hongroise l'emporterait.

Bonaparte aussi crut à la force, à la vaillance individuelle, et voulut, cette fois encore, répéter l'affaire de Lodi. Par une sublime imprudence, il laissa Vérone avec quinze cents hommes seulement. Et avec tout le reste, il alla prendre pour champ de bataille les marais, les chaussées de l'Adige et de l'Alpon. Il calculait que, par ce chemin étrange, arrivé à Ronco, il se trouvait sur les flancs de l'ennemi, et presque derrière lui. Les marais étaient traversés par deux chaussées, l'une à gauche qui rejoignait Vérone ; l'autre à droite sur l'Alpon passait par le village d'Arcole.

Par la digue de gauche il pouvait tomber sur Alvinzi, si celui-ci tentait d'escalader Vérone. C'était là le grand poste. Il y mit Masséna. Celui-ci, plein de sang-froid, vit bientôt approcher un corps qu'Alvinzi, averti par le bruit, avait envoyé. Il le laisse avancer sur la chaussé étroite, puis fond sur lui, le refoule et le noie. De son côté, Augereau suivait l'autre digue jusqu'au pont qui mène au village d'Arcole.

Bonaparte s'était mis avec Augereau. Il voyait les dispositions sombres, nullement enthousiastes de l'armée. Il crut que c'était le moment de s'exposer lui-même. Il n'en avait pas encore trouvé ni cherché l'occasion. Je l'ai dit, il ne les a jamais cherchées dans sa longue vie militaire, pensant peut-être avec raison que, dans l'intérêt de l'armée, il faut réserver le général

Ici, à Arcole, il devait de sa personne affronter le péril. Il s'était avancé, d'après des renseignements inexacts, ne sachant pas que les Croates avaient fortifié le village et garni le passage d'une nombreuse artillerie. Il avait bien envoyé une brigade et le général Guyeux, pour tourner ce pont et passer l'Alpon au-dessous d'Arcole. Mais il fallait attendre, et le héros se trouvait arrêté dans une position que les braves de Lodi eussent pu trouver ridicule. Il voulait, a dit Thiers, arriver à temps sur les derrières d'Alvinzi, et obtenir un triomphe complet. Mais cette grande armée d'Alvinzi, encore entière et qui reprit bientôt l'offensive, n'était nullement là sur cette digue étroite. Et à Arcole, il n'y avait qu'un petit détachement de Croates, que grossissent les narrateurs bonapartistes pour grossir aussi la victoire.

Bonaparte, arrivé près du pont, et mis en présence du péril, ne pouvait ni se retirer ni hésiter sans perdre son prestige. Augereau saisit un drapeau et resta plusieurs minutes sous la mitraille. Bonaparte en avait pris un. Mais cela n'avait pas d'action et n'entraînait personne. Heureusement, son cheval prit peur, et le jeta hors de la tempête de mitraille sur la rive boueuse, où il eut de l'eau jusqu'à mi-corps. Selon un récit plus vraisemblable il était à pied, déjà descendu de cheval. Dans ce cas-là, on pourrait croire sans lui faire tort que son frère Louis, qui le suivait, ou bien que ses amis, Bessières, à qui il avait confié sa garde personnelle, voulurent réserver une vie si précieuse, l'entraînèrent et le firent descendre. Mais au moment où il était dans ces marais, les Croates qui voyaient l'accident et tout ce pêle-mêle d'officiers, accouraient pour les prendre. Là, son frère et Bessières furent admirables, ils l'en tirèrent et le firent remonter. Tout cela a été bien arrangé. D'abord dans les journaux, les gravures, etc., on se garda bien de le montrer dans ce marais qui le protégea si utilement contre la mitraille sous laquelle Augereau s'obstina à rester. On se garda bien aussi de dire que son frère s'exposa pour lui sauver la vie. On a voulu ainsi faire oublier l'ingratitude dont plus tard il paya Louis.

Dans les récits qu'il en a faits lui-même pour le Directoire (et pour le public), il met en grande lumière l'attachement des soldats pour lui. Mais justement, s'il s'exposa, c'est parce qu'il vit l'armée immobile et muette, dont le silence semblait lui reprocher ce massacre étourdi, qu'on eût pu éviter. En réalité, à Arcole, le soldat était si mal disposé que les chefs durent payer de leur personne et furent presque tous tués ou blessés. Lannes fut blessé trois fois et persévéra à combattre.

Les pertes n'étaient pas égales. Alvinzi, en perdant ses Barbares, si nombreux, pouvait tout réparer le lendemain. Bonaparte exposait la fleur irréparable de l'armée, de la France.

« Mais sans cela, dit M. Thiers, le Hongrois aurait fui. » Qui le prouve? Il avait l'avantage du nombre, et l'égalité de valeur.

« Ou bien, Vérone eût été exposée ? » Non, puisque Masséna était sur la digue gauche et y était vainqueur. Or, cette digue gauche étant voisine de Vérone, Alvinzi eût bien regardé avant de marcher vers la ville, avec Masséna dans le dos.

Jomini dit ici que probablement Bonaparte n'avait pas une connaissance suffisante des lieux. Et moi, je dis de plus que s'il eût fait explorer cette digue droite, il eût su que le village d'Arcole était fortifié, et ne se fût pas trouvé devant la batterie avec son drapeau inutile, pour faire tuer tant de braves gens, et lui-même tomber bien à point dans la boue.

La nuit se passa à attendre si Vaubois tenait encore et avait besoin d'être secouru. « Bonaparte, dit M. Thiers, eût secouru Vaubois. » Comment l'aurait-il pu, étant déjà si inférieur en nombre à Alvinzi ? Au moindre mouvement qu'il eût fait, il risquait d'exposer Vérone.

Pour la journée du 16, vaste silence dans les récits bonapartistes. Ils évitent de dire que l'ennemi avait si peu souffert la veille que, repassant l'Adige, il prit l'offensive. Mais Masséna occupait toujours en vainqueur sa digue gauche. Il met son chapeau à la pointe de son épée, enfile la chaussée à la baïonnette, jette au marais ce qu'il rencontre, prend six canons et huit cents hommes. Bonaparte ne fit que tirailler pendant ce jour du 16.

Le grand mystère qu'on n'a pas expliqué, c'est pourquoi Davidowitch ne venait pas se joindre à Alvinzi. C'est que n'ayant pas détruit le lieutenant de Bonaparte, Vaubois, les Tyroliens hésitaient à se mettre en mouvement, suivis par lui, pour secourir le Hongrois qui d'ailleurs pouvait s'en passer.

Ce qui le prouve, c'est que le lendemain 17 novembre, Alvinzi reprend une furieuse offensive. Sur la rive de droite, le général Robert est tué, les siens repoussés. Et Bonaparte a besoin encore de toutes les ressources de son astucieux génie; pour faire face, il a recours à la fameuse 32° demi-brigade, la cache derrière un bois de saules, d'où, sortant à propos, elle prend ou tue trois mille Croates. Alors, Bonaparte, ramenant Masséna à lui, se porte avec toute son armée devant Alvinzi. Seulement, avant d'attaquer avec Masséna et Augereau, il inquiète les Hongrois, en faisant circuler derrière eux un petit corps, et, pour mettre le comble à leur inquiétude il lance à travers les roseaux vingt-cinq cavaliers (de ses guides) qui arrivent avec des fanfares, un bruit éclatant de trompettes. Les Barbares effarés, comme un taureau qui se laisse détourner souvent par un enfant, et qui s'en va les cornes basses sans regarder qui le suit, les Hongrois, dis-je, ahuris, épuisés par soixante-douze heures de combat, s'en vont, mais s'en vont lentement se reposer vers la Brenta. Ils n'y trouvent plus les Tyroliens, qui, avec leur mobilité, contents de leur succès sur Vaubois, avaient regagné leurs montagnes.

Bonaparte avait fait à Arcole une découverte, c'est que cette armée, naguère fanatique de lui, y voyait déjà clair pourtant, qu'elle avait remarqué son imprévoyance étourdie, réparée à force d'hommes, et combien il ménageait peu, non seulement le soldat, mais les plus précieux, les plus irréparables de ses officiers. Il fit un peu oublier cette prodigalité des vies humaines par une de ces anecdotes qui venaient toujours à propos, et comme le *Mémorial* en donne tant sur la bonté de Bonaparte. C'est la sentinelle endormie, dont il prend le fusil et dont il achève la faction.

Il ne manqua pas d'écrire à Paris, de représenter cette affaire, qui, se passant sur des chaussées, ne put avoir de grandes mêlées, comme une bataille générale où les deux armées auraient donné. Il prétend qu'Alvinzi eut huit ou dix mille morts! Qui le contredira? comment retrouver, compter tous ces morts au fond des marais.

La manière dont le hasard, ou son cheval, ou

ses amis, le mirent hors de la mitraille, cette circonstance fâcheuse est dans la lettre écrite au Directoire; mais pour la publicité, elle est déguisée, touchée avec une adresse singulière.

Pont d'Arcole et pont de Lodi furent confondus et mêlés pour la gloire de Bonaparte. Et la dernière affaire le porta jusqu'au ciel.

## CHAPITRE III

Victoire décisive de Rivoli. — (13 janvier 97). — Reddition de Mantoue.
Bonaparte sauve le pape à Tolentino.

Une partie du Directoire, La Révellière, Rewbell, avaient toujours considéré l'extinction de la papauté comme la grande affaire d'Italie et la suprême défaite de la contre-révolution. L'indifférence de Barras, la douceur de Carnot et sa partialité croissante pour le monde du passé, avaient laissé Bonaparte fort libre d'éluder ses primitives instructions et de sauver Rome. Parfois la saison l'empêchait, disait-il, et parfois ses ménagements pour Naples. Il montrait au Midi le fantôme de la grande armée napolitaine de cinquante mille hommes, dont il se moque ailleurs dans une lettre, disant que, pour la réduire, il lui suffirait de six mille grenadiers.

Cependant le vieux Pie VI, son avide neveu qui gouvernait, et ses cardinaux intrigants (qu'on connaît mieux maintenant par les *Mémoires* de Consalvi), travaillaient constamment l'Autriche contre nous. Ils lui avaient montré très bien la grande faute de Bonaparte, qui ne faisait aucun usage de l'Italie, lui défendant obstinément de s'armer par le grand moyen, *la vente des biens d'Église*. Or, puisqu'il ne faisait pas la croisade révolutionnaire que demandaient les villes, on pouvait faire aisément contre lui par Naples et Rome (et en général par les campagnes), la croisade contre-révolutionnaire en profitant des ressources du Midi, toutes intactes, et que la guerre n'avait pas entamées.

Conseil haineux, mais très imprévoyant, qui stimula l'appétit de l'Autriche et lui rappela sa politique : *Qui ne peut piller l'ennemi, doit au moins piller ses amis*. C'est ce qu'elle fit plus tard, en se faisant donner d'abord son alliée Venise, puis en s'emparant même de Rome et des États de son ami le pape.

Celui-ci, sans prévoir encore cet étrange résultat du conseil qu'il donnait, voulait pour le moment que Wurmser, qui restait inutile à Mantoue, passât à Rome, à Naples, commandât leurs armées et leur communiquât la fougue, l'emportement de son courage. Pendant ce temps, Alvinzi, intact encore, malgré les combats partiels (tellement exagérés) d'Arcole, aurait percé jusqu'à Mantoue et y eût remplacé Wurmser.

Bonaparte eût porté alors la peine de sa duplicité. Il eût amèrement regretté d'avoir ménagé Rome, éludé une expédition que lui-même disait si facile, respecté les trésors et les ressources du Midi pour les laisser aux Autrichiens.

Le secret de la croisade fut admirablement gardé, et Bonaparte, n'ayant point éclairé les routes, ne sut rien et ne prévit rien. Un de ses historiens dit ridiculement : « Il arrivait de Bologne à Vérone et il ne vit que deux mille Autrichiens, mais devina. » Je le crois bien. Les cinquante mille hommes d'Alvinzi, cette masse qui faisait trembler la terre, ne passaient pas comme une mouche. Enfin Joubert, qui était déjà aux prises sur le plateau de Rivoli, avertit son imprévoyant général ; il était temps. Avec son petit corps de dix mille hommes il était déjà entouré, serré, il étouffait. Bonaparte avait à Vérone son épée de chevet, Masséna, cette division si mal traitée par lui (après les cinq victoires d'octobre). C'étaient quatre régiments invincibles, entre autres la 32e demi-brigade avec son chef Rampon. Il les fait partir dans la nuit du 24 au 25 janvier, et marcher toute la nuit. Lui-même, à cheval, les précède, arrive à Rivoli à deux heures du matin. La lune se levait tout exprès par un ciel froid et pur pour lui donner un grand spectacle. C'était un monde, tout le monde barbare en ses tribus diverses, fort distinct par ses feux qui entouraient le petit corps de Joubert. Une grosse colonne de toute arme montait la grande route et le Monte-Baldo, et par une sorte d'escalier tournant allait s'emparer du plateau pour l'accabler. Trois autres corps, tous d'infanterie, avaient gravi les hauteurs supérieures et allaient en descendre, comme par les gradins d'un amphithéâtre. Un quatrième corps, sous Lusignan, circulait sur le côté et devait se placer derrière Joubert, lui fermer sa retraite vers Vérone. Enfin, pour compléter le cadre de ce spectacle de terreur, on voyait sur l'autre côté de l'Adige un autre corps, dont les boulets venant par intervalles semblaient dire à Joubert : « Tu n'échapperas pas. »

Une chose cependant était claire, c'est que l'immense infanterie qui descendait des hauteurs sur le plateau n'avait point d'artillerie, et que l'énorme armée qui montait vers Joubert par cette sorte d'escalier tournant et qui faisait monter ses canons avec peine, était elle-même sous le feu de nos canons, de la vive et rapide artillerie française. Cela rassurait Bonaparte. Mais voilà que ces intrépides Barbares tuent les chevaux qui traînaient nos canons, arrivent sur les pièces et les enlèvent. Cinquante grenadiers de la 14ᵉ demi-brigade s'élancent, s'attellent aux canons et les ramènent à nous.

Masséna arrivait (il était temps) et ses quatre brigades. Avec Bonaparte, il prend la 32ᵉ, rallie ceux qui avaient plié, renverse l'ennemi et vient se placer à côté de la 14ᵉ entamée, qui résistait valeureusement. Mais, à ce moment, les grenadiers de l'ennemi étaient parvenus à hisser leur artillerie sur le plateau. De l'autre côté, Lusignan (avec sa colonne) apparaissait derrière Joubert, déjà battait des mains et croyait l'avoir pris. Bonaparte défend qu'on s'en occupe et dit résolument : « Ceux-ci sont à nous. »

Sa gauche était couverte par Masséna et la 32°. Une batterie est dirigée vers l'ennemi, qui n'avait pas encore eu le temps de mettre ses canons en place. Nos cavaliers impétueux, Leclerc et Lassalle les chargent; Joubert, qui charge aussi, a son cheval tué, continue de combattre un fusil à la main. Tous les ennemis qui ont monté, grenadiers, cavaliers avec leur artillerie sont précipités pêle-mêle dans l'escalier tournant. D'autre part, l'infanterie autrichienne, venue d'en haut et descendue déjà sur le plateau, perd tout espoir et fuit en désordre aux montagnes. Restait le corps de Lusignan, qui derrière lui rencontra nos réserves par les routes de Vérone, mit bas les armes, nous donna quatre mille prisonniers.

Bonaparte laisse Joubert poursuivre la déroute et avec la division Masséna, qui depuis vingt-quatre heures marchait ou combattait, il se met encore en route pour marcher toute la nuit, voulant poursuivre Provera, lieutenant d'Alvinzi, en faisant quatorze lieues jusqu'à Mantoue. Exploit peu difficile pour Bonaparte qui était à cheval, mais cruel, exterminateur pour ces braves gens qui allaient à pied sans repos. C'étaient nos Pyrénéens, nos Gascons, Provençaux, dont cette division était composée, qui avaient déjà fait cela après Bassano, marchant cent heures sans s'arrêter, puis combattant et gagnant des victoires, non par le bras seulement, mais avec leurs jambes d'acier et leur infatigable cœur.

Hélas! qu'est-elle devenue cette élite admirable? Il en a épuisé les restes en deux folies célèbres : l'Égypte, où il les délaissa, et Saint-Domingue, où il les exposa à une mort certaine, sous ce climat dévorateur, pour les faire échouer dans un crime, la vaine tentative de refaire l'esclavage.

La bataille de Rivoli fut une grande et terrible bataille qui nous donna treize mille prisonniers et non pas, comme Arcole, une série de petits combats. C'est la lutte définitive entre nous et les tribus du Nord, qui montrèrent un courage égal, ayant contre elles cette pente escarpée et luttant sans pouvoir se servir de leur artillerie.

Elle eut pour complément la ruine des dix mille hommes que Provera menait à Mantoue. Provera, traqué comme un gibier sauvage, cerné de tous côtés, est forcé de se rendre. Dès lors tout est fini. Le grand projet manqué. Wurmser essaya vainement d'échapper pour se rendre à Rome, à Naples, essayer la croisade catholique. Il disait qu'il avait encore pour un an de vivres. Bonaparte ne s'y trompait pas. Il le savait aux abois, et que Mantoue était plein de cadavres; trente mille hommes y étaient morts. Sa lettre, qu'il écrivit au moment même au Directoire, ne fait nulle mention des circonstances romanesques[1], des générosités héroïques qu'il ajouta

---

1. Voy. les récits divers et successifs qu'il a donnés de tout cela plus tard.

plus tard dans une autre relation. Loin de là, il se montra assez rude, dédaigneux, pour ce vieux et héroïque Wurmser, comme s'il lui gardait rancune de l'avoir arrêté si longtemps. Wurmser, à la sortie, avait demandé à le saluer. Mais Bonaparte était déjà parti et n'avait laissé à sa place qu'un de ses lieutenants.

On pouvait dire que Rome avait succombé dans Mantoue. Mais cette cour était si haineuse que, faisant sonner partout le tocsin, lançant dans les campagnes ses moines avec le crucifix, elle essaya deux fois par des hordes de paysans d'arrêter les vainqueurs de Wurmser, d'Alvinzi. Les Romagnes, disait le cardinal Rusca, seront une Vendée. Au contraire, Bonaparte venait fort modéré et dans une disposition toute politique. A Faenza, il dit qu'il ménageait cette ville par respect pour le pape. Il parla en italien aux prisonniers et les renvoya libres, en jurant qu'il n'était pas venu pour détruire la religion, mais au contraire *pour la religion* et le peuple. Les prêtres, loin de perdre à son arrivée, y gagnèrent. Il fit nourrir dans les couvents ceux d'entre eux qui étaient sans ressources, et tous ceux qui rentrèrent en France devinrent de chauds prédicateurs de Bonaparte et ses panégyristes enthousiastes.

Il ne voulait que faire un peu peur au Saint-Siège, le sauver et, en cela, il était en accord admirable avec la violente réaction qui en France portait au

Corps législatif un monde de royalistes fanatiques, des assassins du Midi, tel chef de bande qu'on eût dû fusiller aussi bien que Charette. Tout ce monde lui écrivait de France et de Paris : « Osez! » Il hésitait pourtant, craignant de trop se démasquer. Pour gagner du temps, il eut une idée saugrenue ; c'était que le Directoire donnât à l'Espagne la ville de Rome, en laissant tout le reste au pape avec son pouvoir spirituel. Et, en même temps, pour amuser les philosophes, il leur envoyait un joujou, la noire Madone de Lorette, qu'on mit à la Bibliothèque.

A trois marches de Rome, à Tolentino, il s'arrête contre les promesses qu'il avait faites tant de fois à l'armée de la mener à Rome. Il bâcle son traité avec celle-ci en vingt-quatre heures, sans consulter le Directoire, qui avait dit, il est vrai vaguement, qu'il s'en rapportait à lui. Il se garde d'attendre l'intercession des puissances catholiques, voulant que le pape ne sût gré du traité qu'à lui. Le pape en fut quitte pour promettre encore quelques millions quelques tableaux ; et ces millions devaient être acquittés partie en pierreries, en vieux bijoux, sorte de bric-à-brac de valeur incertaine. Nulle mention des belles conditions auxquelles tenait le Directoire : 1° que le pape permît au clergé de faire le *serment civique*, c'est-à-dire de jurer qu'il sera bon citoyen ; 2° suppression de l'*Inquisition romaine* et fermeture des fours ou caves où les condamnés étaient brûlés vifs. C'est ainsi qu'autrefois Gélon imposa aux Carthaginois vaincus de ne plus brûler de victimes humaines[1].

Bonaparte ne fit nulle mention de la grande condition à laquelle tenait le salut de l'Italie : *la vente des biens ecclésiastiques.* Dans sa correspondance, ses lettres aux fonctionnaires Haller, Collot, montrent combien timidement il touchait cette question. Tout cela a été caché ou mutilé par les historiens, qui passent vite ici, ne voulant pas se mettre mal avec les prêtres. Mais une belle lettre de Bologne[2] indique très bien que des quatre provinces qu'on avait prises au pape, Bonaparte ne garda que la Romagne et le port d'Ancône, *rendant au pape trois provinces,* celles d'Urbin, de la Marche et de Pérouse.

Les Bolonais, craignant sans doute Bonaparte, le ménagent dans cette lettre et disent qu'on doute qu'un tel traité soit son ouvrage.

Au reste, l'opinion de l'Italie lui importait bien moins que celle de l'armée française. Dans une lettre qu'il écrit à Joubert pour la faire circuler sans doute, il appelle Rome *cette prêtraille.* Tout ce qu'il voulait c'était de tirer de cette prêtraille ce qu'il eut en

---

[1]. Ces caves ont existé jusqu'à Léon XII. M. de Sanctis, consulteur du Saint-Office, réfugié à Turin, a assuré devant des témoins très graves et très croyables que ce pape, sans réprouver ces exécutions, déclara, vers 1830, qu'il entendait que désormais elles ne se fissent plus à huis clos, mais devant tout le monde, sur les places publiques, au Champ de Flore, où furent brûlés jadis Jordano Bruno et tant d'autres. Dès lors on recula devant l'horreur qu'aurait excitée ce spectacle, et l'on dut recourir à des moyens plus doux ou du moins plus mystérieux.

[2]. Insérée dans *le Moniteur* du 21 mars 97.

effet, un beau certificat du pape, la lettre où Pie VI l'appelle *son cher fils*. Titre important en France, dans la violente réaction où les royalistes travaillaient puissamment leurs élections anti-républicaines.

Dans ce moment tumultueux, la guerre civile était à craindre avant qu'on eût terminé la guerre étrangère. C'est ce qu'objectaient les deux directeurs militaires, passionnés pour la paix, Carnot et Letourneur. Ils suivaient dans ce sens le mouvement général et faisaient bon marché de la question de Rome. Au contraire, les deux avocats Rewbell, La Révellière-Lepeaux, voulaient la victoire du principe et celle de la Révolution.

Barras flottait dans cette tempête, et penchait dans ce dernier sens, comme on le vit quand Bonaparte acheta la paix en sacrifiant la république de Venise. Mais tout son entourage, sa cour, ses femmes, l'adorée M^me Tallien, l'adroite Joséphine ne le laissaient pas libre. Elles pesèrent du côté de la réaction, du côté de Rome et de Bonaparte. Barras céda l'ascendant aux amis de la paix et à Carnot; mais il ne lui pardonna jamais sa propre faiblesse. Il le haït à mort, et une fois s'emporta contre lui en termes si extravagants qu'on put croire qu'il perdait l'esprit.

Ce qui prouve pourtant pour Barras, c'est que les plus sages amis de Carnot même étaient d'opinion contraire à la sienne. Le plus ancien de tous, Prieur (de la Côte-d'Or) lui reprochait d'être trop scrupuleux contre les rétrogrades. Et l'Américain Monroë lui disait : « La France, loin de céder aucune de ses conquêtes, doit partout planter son drapeau. C'est celui de la liberté[1]. »

1. *Mémoires de Carnot*, II, 133

## CHAPITRE IV

Campagne du Tyrol (mars-avril 97). — Bonaparte sauve l'Autriche à Léoben.

Le traité de Tolentino finissait assez tristement la campagne d'Italie. Pour un argent (promis), on avait oublié la question de principe ; tant de promesses faites d'abolir sinon la papauté, au moins l'Inquisition.

Pour compenser l'effet de ce triste traité, on envoya et l'on fit circuler en France vingt mille prisonniers ; on chargea Augereau de porter les drapeaux à Paris. La figure populaire du héros de Castiglione, cette figure d'un enfant loustic du faubourg Saint-Marceau, devait rassurer les patriotes sur les intentions réelles de Bonaparte, et répondre de sa sincérité républicaine. Mais pourrait-il tenir ce qu'il avait promis depuis un an, de passer les Alpes et d'aller à Vienne ? Il en avait une excuse bien légitime dans la saison. Comment se risquer, lorsque l'hiver durait encore, un hiver assez rigoureux ?

Ses partisans, et les journaux, stylés par ses frères

et par Joséphine, n'en parlaient qu'avec terreur. Les journalistes sans nouvelles, pour réveiller, exciter l'intérêt (je dis ceci d'après mon père, qui alors imprimait les journaux) avaient un sûr moyen : c'était un accident, une blessure supposée de Bonaparte, ou une chute de cheval, etc. Il devenait l'unique, l'irréparable Bonaparte. Tant d'hommes héroïques, et déjà célèbres, disparaissaient. Lui seul restait en scène.

Cependant, on avait bien vu, dans la seule armée d'Italie, que s'il lui arrivait un malheur, il ne manquerait pas d'hommes qui pussent au besoin succéder. Lui-même, dans ce long entr'acte de plusieurs mois qu'il passa en été au centre de l'Italie, quel lieutenant s'était-il donné? Masséna. — Augereau, s'il avait le même courage, n'avait ni la tête ni la solidité de Masséna. Mais il avait eu ce grand moment, cette belle fortune, de relever Bonaparte (défaillant?) avant Castiglione.

Enfin il y avait un jeune homme qui lui inspirait la plus grande confiance. C'était Joubert, esprit cultivé, tête sereine dans les plus grands périls, général et soldat. C'était un homme grand, délicat, qui n'avait pas la base carrée de Masséna. Mais il s'était lui-même fortifié. Vrai héros de la volonté. Plus tard, on le considéra comme le successeur éventuel de Bonaparte. Lui-même l'estimait tellement qu'en lui confiant, pour le passage des Alpes, sa droite, qui devait traverser le Tyrol insurgé, il écrit[1] : « Si

---

1. *Correspondance* 13 mars 97.

notre division du Tyrol est battue, refoulée sur le Mincio, même jusqu'à Mantoue, Joubert commandera Mantoue, la Lombardie, et tout ce qui est entre l'Oglio et l'Adige. » C'était se remettre à lui pour la retraite possible, la ressource dernière, en cas de malheur.

Il croyait à ce jeune héros plus encore qu'au froid et ferme Kilmaine, qu'il avait laissé au poste de Vérone, pour lui surveiller l'Italie.

Bonaparte suivait, par la nécessité des lieux, la méthode tant reprochée par lui aux Autrichiens, de marcher divisé sur trois routes à la fois. Il avait à sa droite (Joubert et dix-neuf mille hommes), à sa gauche Masséna et sa divison (dix ou douze mille hommes). Lui au centre (ayant quarante mille hommes), il marchait avec Bernadotte et les renforts qui lui venaient du Rhin.

Joubert n'eut pas de bonheur. Avançant rapidement par Botzen et Brixen, il battit plusieurs fois les généraux autrichiens, mais il n'en fut pas moins entouré par l'océan tumultuaire et fanatique de l'insurrection du Tyrol. Difficile épreuve de se trouver dans la tempête étourdissante d'un grand peuple, véritable élément qu'on peut repousser, mais qu'on ne voit par moments céder sur un point que pour le retrouver à côté comme une vague pourtout présente, partout furieuse, aboyante. Par bonheur, Joubert avait d'admirables généraux de cavalerie, Dumas, l'hercule nègre, qui répéta sur un pont le trait d'Horatius Coclès, et l'intrépide Delmas, grand soldat et grand caractère, le seul qui fut ferme au sacre, et qui osa tenir tête en face à Bonaparte et par un mot terrible flétrir sa lâcheté pour Rome.

Il était naturel que le nouveau général autrichien, l'archiduc Charles, vînt se jeter dans l'insurrection tyrolienne, qui eût ajouté à son armée une grande force populaire. Mais on ne le lui permit pas. Il eut l'ordre de disputer le centre, le passage du fleuve, puis de défendre à l'est la route de Carinthie, celle de Trieste et de Vienne. Même avant d'avoir reçu ses renforts, il se présenta devant la grande armée de Bonaparte pour l'empêcher de passer le Tagliamento. Il y fut indécis, il fit trop ou trop peu. Il opposa une faible résistance, combattit juste assez pour éprouver une petite défaite, et perdre cinq cents hommes. Il n'empêcha point le passage.

Masséna, pour son compte, avait passé à un autre endroit. Il avait pris alors la droite de Bonaparte qui marchait par les vallées centrales intermédiaires (entre Joubert et Masséna). Ce dernier courait dans les neiges par la route la plus élevée vers Tarwis, point stratégique important, décisif, recommandé à l'archiduc. Masséna y courait si vite, qu'il y était depuis deux jours quand Bonaparte lui donna l'ordre d'y aller. Bonaparte lui-même, étant au centre, avec ses quarante mille hommes, était hors du péril, ayant sur les hauteurs un tel homme à sa droite.

Pour employer une image grossière, mais expressive, qu'on se figure un chasseur d'ours qui d'abord avait eu un compagnon à gauche, mais il a perdu en chemin ce compagnon (Joubert). Heureusement il a à droite, aux crêtes des montagnes, un autre compagnon, un chien colossal et terrible des Alpes, qui cherche l'ours et qui va l'étrangler

Ce chien des Alpes est Masséna qui, après sa course foudroyante, était déjà assis à Tarwis, attendait. L'archiduc arriva, montra un grand courage, et s'exposa en vain. Ses soldats de recrues, mêlés (contre l'usage autrichien) de toute nation et de toute langue, n'avaient pas la cohésion ordinaire de leurs armées qui marchent par tribus. Ils furent battus, et le pis, c'est qu'un commandant autrichien Baïolich, qui n'en sut rien, se précipita là, suivi et poursuivi par la division Augereau (alors Guyeux). Il la fuit, et, dans une gorge affreuse, il se trouve nez à nez avec Masséna. En tête, en queue, c'est l'ennemi. Il est pressé, serré des deux côtés. Infanterie, cavalerie, artillerie et bagages, tout est amoncelé, et monte l'un sur l'autre. L'archiduc vit en vain en échapper les restes. Ce qui en sauva un assez grand nombre, c'est que beaucoup étaient des gens du pays, des montagnards, fort lestes à se dérober par les précipices. On n'en prit ou tua que trois mille ! N'importe ! la campagne était réellement terminée.

« Léger combat », dit Bonaparte, avec une envie visible d'atténuer ce succès décisif. De même ailleurs, il fait cette remarque malveillante : « Que la division Masséna (si vaillante et qui lui gagna tant de batailles)

*commence à se servir* de la baïonnette. » Il veut ridiculement faire croire que, jusque-là, elle aimait mieux tirer, et *combattait de loin*.

Cependant sa jalousie, qui voudrait amoindrir les succès de Masséna, ne s'accorde pas avec le besoin qu'il a de faire valoir à Paris cette campagne pour son avantage personnel et pour émerveiller par l'audace de sa tentative de passer les Alpes en cette saison[1]. « Le combat de Tarwis s'est livré au-dessus des nuages sur une sommité qui domine l'Allemagne et la Dalmatie. Il y avait trois pieds de neige. »

Cette guerre que Bonaparte faisait à travers une saison si rude sur ces hautes montagnes, cette guerre exposée ainsi et habilement exagérée en poétiques images, faisait grelotter Paris, le remplissait d'étonnement, d'admiration, de craintes pour Bonaparte. Il risquait peu. Car aux divisions victorieuses de Masséna et Guyeux (Augereau), il put réunir celle de Sérurier. Celle de Joubert manquait seule, interceptée, assiégée par les Tyroliens. Bonaparte ne savait pas même où il était. Car il écrit le 5 avril à Dombrowski : « Qu'il ait, s'il est possible, des nouvelles de Joubert, et marche à sa rencontre. » Ce qui est singulier, c'est qu'en ce même jour (5 avril), où il dit n'avoir pas de nouvelles de Joubert, il en donne à Paris, et raconte les avantages qu'il a remportés [2].

1. 25 mars, *Correspondance*, p. 542.
2. *Correspondance*, p. 95, 602.

Le 1ᵉʳ avril, Masséna, vainqueur à Klagenfurth, y faisait entrer Bonaparte, et le 5, battait à Newmarkt l'archiduc en personne. Ce prince avait choisi une position superbe, l'avait hérissée de canons. Il avait autour de lui son élite, ses huit bataillons de grenadiers. Avec cela, il fut obligé de faire retraite devant la seule division de Masséna.

La Carinthie, ménagée et rassurée par Bonaparte, ne s'était pas soulevée comme le Tyrol. C'est un pays, dit-il lui-même, agricole et pacifique. On ne connaît pas assez ces contrées, si peu allemandes, mais slavo-italiennes, qui se lient avec le territoire vénitien.

Au 22 mars, Bernadotte, envoyé à Trieste et aux fameuses mines d'Idria, y trouva du minerai pour plusieurs millions, qui, avec les contributions qu'il levait, permirent à Bonaparte d'envoyer de l'argent aux armées du Rhin. Elles allaient enfin s'ébranler, ces armées nécessiteuses, et si longtemps paralysées. Leurs retards portaient au comble les espérances de Bonaparte et le mettaient dans une véritable fureur d'ambition. Il écrit le 5 mars une lettre hardie, terriblement compromettante, où il se dévoile cyniquement.

L'ancien gouvernement de Venise, qui pour bien moins exécuta Carmargnola, eût regardé cette lettre comme indice d'une prochaine usurpation, et se fût défait à coup sûr d'un homme qui désormais, sans masque, courait droit à la tyrannie.

Il écrit audacieusement : « Si le prince Charles

commande les deux armées du Rhin et d'Italie, il faut nécessairement qu'il y ait chez nous *unité de commandement*[1]. » C'est-à-dire que Bonaparte, à la tête de toutes nos armées, commande Moreau et le général Hoche ! A qui ose-t-il écrire cette lettre ? A quelqu'un qui, à coup sûr, ne la montra pas au Directoire, au bon Carnot qui, ayant répondu tant de fois du désintéressement patriotique de Bonaparte, dut rougir de se voir démentir par une telle lettre, et sans doute la mit dans sa poche.

Cependant, ce qu'il craignait allait se faire, et on allait le précéder en Allemagne. Le gouvernement, par un suprême effort, avait mis les deux grandes armées du Rhin en état de le passer au 18 avril. C'était une élite superbe, héroïque, et, pour la discipline, bien supérieure à l'armée d'Italie. C'était Kléber, Desaix, Championnet, trois noms aimés du peuple autant que du soldat ; c'étaient aussi les braves, le grenadier Lefebvre, le hardi cavalier Richepanse, le jeune et vaillant Ney, qui devait tant grandir.

Bonaparte frémissait de les mettre en partage de la gloire qu'il poursuivait et touchait presque : celle de porter à l'Autriche le dernier coup et d'assurer la paix. Il écrit le 16 avril une lettre enragée ; oubliant sa dissimulation habituelle, il en vient aux basses injures avec ces grandes armées et ces grands hommes. Il leur reproche de ne pas avoir fait ce

---

1. *Correspondance*, I, 547.

qu'il craignait le plus, ce qu'il voudrait bien croire désormais impossible. Voilà cette lettre insultante (16 avril, p. 637) : « Je me suis précipité en Allemagne pour dégager les armées du Rhin. J'ai passé les Alpes, par trois pieds de neige, où personne n'avait passé. Il faut que ces armées n'aient point de sang dans les veines. Je m'en retournerai en Italie. Elles seront accablées. »

Masséna, parti de Léoben le 18 avril au matin, avait pris la route de Vienne. Bonaparte espérait terrifier la cour de l'Empereur, et prévenir le Directoire pour la conclusion de la paix. Peu auparavant, il avait écrit à l'archiduc une lettre philanthropique sur les malheurs de la guerre, où il disait : « Si j'avais le bonheur de sauver la vie à un seul homme, j'en serais plus fier que de toute la vaine gloire des batailles. » Cette lettre, si singulière pour un tel *prodigueur* d'hommes, était assez bien combinée pour faire pleurer le public à Paris.

A Léoben, il traite seul avec Bellegarde, envoyé de l'Empereur ; et il écrit au Directoire : « J'ai signé. Que voulez-vous ? Je n'ai plus que vingt mille hommes. Voilà la Hongrie qui se lève. J'ai appelé votre envoyé Clarke, qui n'est point venu pendant dix jours. » Et il ajoute : « Vous m'aviez donné pleins pouvoirs sur les opérations diplomatiques, et, dans la situation, les préliminaires de paix étaient une opération militaire. » Que signifie cet audacieux galimatias ? Probablement le Directoire, en envoyant son homme, Clarke, qui le trahit et eut soin de ne pas arriver à temps, avait écrit à Bonaparte qu'au reste, l'envoi de Clarke ne pouvait lui porter ombrage ; que *c'était à lui qu'on se fiait;* ou telle autre parole obscure dont il profite effrontément.

Il était sûr qu'en présence de la joie publique, devant Paris enivré de la paix, on n'oserait pas le démentir. Cependant, cette chose énorme, qu'un général se fût substitué au Directoire et eût stipulé pour la république, comment serait-elle reçue ? Carnot seul, avec Letourneur qui était son double, l'accepta. Mais Barras en fut indigné, ainsi que Rewbell et La Révellière-Lepeaux.

Bonaparte était inquiet. Il imagina une chose qui dérouta tout le monde et montre admirablement la profondeur de son astuce. Il envoya le traité par Masséna !

Quoi ! celui pour qui ses bulletins sont si avares de louanges, il lui accorde ce triomphe !

Il en avait besoin. Voulant présenter son traité (ainsi qu'il avait fait pour celui du Piémont) comme l'œuvre commune des généraux, de l'armée, il plaçait cet acte scabreux sous la protection du chef le plus illustre de l'armée, le plus renommé à Paris.

En voyant la simplicité héroïque de Masséna, « l'enfant de la victoire », on n'oserait pas soupçonner sous la candeur de l'enfant l'astucieuse ambition de Bonaparte.

# CHAPITRE V

Bonaparte dupé par l'Autriche, qui lui fait perdre six mois (avril-octobre 97).

Bonaparte était si impatient qu'au lieu d'écrire d'abord au Directoire, à Paris, qu'il venait de signer la paix, contre toute convenance, il l'écrivit d'abord à Hoche qui entrait à Francfort, afin de l'arrêter et de lui fermer la campagne. Pour excuser un peu cette précipitation inconcevable, il prétend dans sa lettre aux Directeurs qu'on l'avait averti seulement du mouvement de Hoche, *et non celui de Moreau* : « J'ai cru la campagne perdue, que nous serions battus les uns après les autres, et j'ai conclu la paix[1]. »

Étrange assertion, injurieuse pour Hoche, comme si ce grand nom faisait présager des défaites!

Injurieuse pour la partie militaire du Directoire, qui, impatiente de tout brusquer et de tout remettre

---

1. *Correspondance*, 31 avril, t. II, p. 12.

à Bonaparte, lui aurait caché qu'avec l'armée de Hoche partait celle de Moreau.

Tout cela paraissait louche. Et mille bruits circulaient, on le voit par ses lettres mêmes : « On avait dit d'abord qu'il était battu au Tyrol[1]. » Et, en effet, son lieutenant Joubert y avait été assiégé, sans pouvoir donner de ses nouvelles. Au 18 mai, il écrit encore à Bernadotte : « Il n'est pas question que je quitte l'armée ; c'est un conte sans fondement, etc. » C'est qu'en effet le Directoire s'apercevait de sa conduite double. Il se mettait tellement à l'aise avec le gouvernement, qu'il ne lui donna pas même avis de sa convention (19 mai 97) avec le Piémont, et pour calmer Barras, La Révellière-Lepeaux, Rewbell, il dit : « Ce roi est peu de chose, et ce royaume ne pourra continuer. »

Mais avec tout cela comment destituer Bonaparte, après une telle campagne, malgré Carnot et Letourneur, qui, avec tout le public, étaient charmés de la paix, faite n'importe comment? La majorité du Directoire s'y fût perdue certainement, et cela au moment dangereux du grand mouvement électoral.

Les frères de Bonaparte, fort actifs, et tous leurs journalistes, s'extasiaient, ossianisaient sur cette merveille inouïe des Alpes franchies en plein hiver, malgré la grande insurrection, les carabines tyroliennes. « Hélas! on le tuera, disait-on, et c'est pour cela qu'on l'a envoyé dans cette expédition terrible. »

---

1. *Correspondance*, 30 avril.

Joséphine en pleurait, et le public se prenait fort à cette donnée romanesque, rebattue, d'un héros exposé par les traîtres aux plus grands dangers. Plus tard, ce fut l'Égypte, où l'on crut que le Directoire voulait le faire périr. Moi-même, j'ai entendu ce conte, qu'on répétait toujours dans ma première enfance.

En mars, on passe très bien les Alpes. Et, sauf les hauts plateaux de l'Engadine, les Alpes orientales ont de la neige alors plutôt que de la glace.

Bonaparte, qui se plaignait toujours d'être abandonné, avait reçu un renfort admirable de quinze mille hommes choisis dans les armées du Rhin. Venise armait, il est vrai, ses paysans, ses Esclavons. Ces Barbares, en tuant cent Français dans Vérone, effrayèrent au contraire les Italiens et les firent incliner vers le parti français. Bonaparte tenait une conduite double : d'une part, recommandant à son lieutenant Kilmaine de ne donner ni conseils ni secours aux patriotes italiens; et d'autre part, leur envoyant un de ses officiers pour les pousser à la révolte; l'intelligent et rusé Landrieux, que lui-même désavoua bientôt. Au reste, il ne savait, ni lui, ni la partie pacifique du Directoire, ce qu'on ferait. Au 1er février, il proposait encore, pour garder Mantoue, de rendre plutôt Milan aux Autrichiens ! Milan ! la cité la plus républicaine peut-être de toute l'Italie !

Plus tard, à Léoben, lorsque l'Autriche, si affaiblie, ayant perdu en un an cinq armées, recevait du prince Charles le conseil de traiter, quand Masséna laissé à lui-même[1], voyait presque Vienne déjà, ne demandait qu'à avancer, à ce moment, Bonaparte signe, et, par une précipitation singulière, rend à l'Autriche les cinq provinces qu'il lui a déjà prises.

Que lui donne l'Autriche, en échange ? Rien. Elle traînera, ajournera les ratifications.

Comment ! lui qui faisait si grand mépris des Italiens et surtout de Venise, il est si impressionné de leur insurrection qu'il se décide à céder tout, à rendre cinq provinces des Alpes ! S'il s'agissait d'un homme moins hasardeux, on dirait que la tête lui a tourné, qu'en voyant l'agitation de ces grandes foules derrière lui, il s'est cru enfermé, perdu dans les montagnes, et qu'il a lâché tout brusquement et sans garantie.

Qu'il ait été si crédule, si facile à tromper, cela semble étonnant, impossible. Je crois bien que son impatience et le désir d'arrêter Hoche qui allait entrer vainqueur en pleine Allemagne, put l'aveugler ; mais je crois aussi que la grande élection royaliste qui se faisait alors, et qui semblait donner la France à ce parti, dut faire impression sur lui. Ce qui est sûr, c'est que les modérés durent lui écrire le mot qu'on attribuait au pacifique Carnot : « Voulez-vous donc opprimer l'Empereur ? » Joséphine, directement liée avec les royalistes, alors triomphants par l'élection, dut aussi lui écrire que, « s'il s'obstinait à prendre

---

1. Non sans cavalerie, comme disait Bonaparte, mais avec Dumas, les célèbres cavaliers du Rhin.

Vienne, il se fermerait Paris même et se brouillerait pour jamais avec tous les honnêtes gens ».

A ce moment douteux chacun regardait l'avenir.

Moreau, entrant en Allemagne, prit un fourgon autrichien qui contenait les lettres et les avis que le traître Pichegru donnait à l'ennemi. Il les fit déchiffrer. Mais quelqu'un (sa femme sans doute, une Bretonne royaliste) lui dit qu'il serait peu chevaleresque, peu gentilhomme, de livrer Pichegru, son ancien général. Et alors ces papiers furent déchiffrés si lentement qu'ils ne servirent à rien.

Bonaparte avait presque les mêmes ménagements. Ainsi, il arrête (au 1er juin) Entraigues, un agent confidentiel des émigrés, que, d'après les lois d'alors, il pouvait fusiller. Il ne l'envoie point à Paris; il le garde. Il le traite fort bien, tellement que cet agent, dont le parti triomphait alors au Corps législatif, fait l'insolent. Bonaparte ne le pressait guère pour en tirer quelque chose, et lui demanda d'abord le moins important, certain mémoire qu'il a fait sur la Prusse[1]. Ce n'est qu'au mois de juillet que, mécontent des royalistes, il presse un peu plus Entraigues, l'accuse, livre une lettre qu'il a écrite à un des chefs royalistes de Paris, Barbé-Marbois. Enfin, ce n'est qu'en octobre qu'il remet au Directoire vainqueur tous les papiers d'Entraigues, c'est-à-dire après la Révolution de Fructidor, où le Directoire eût pu si utilement employer ces papiers. Lenteur extraordinaire, si étran-

---

1. *Correspondance*, t. III, p. 235.

gement calculée, qu'elle ressemble à la trahison.

Il se croyait très fort, s'imaginant tromper les deux partis. Mais très visiblement il inclinait à droite et pour le parti du passé[1].

Il fut bien étonné, lorsqu'en gardant tant de ménagements pour tout le parti rétrograde, en tenant à Milan près de lui le dangereux Entraigues qui avait leur secret, il voit ce parti même l'attaquer aux Cinq-Cents, au sujet de Venise, par le député Dumolard. Il s'étonne, s'indigne, s'aperçoit que les rétrogrades (royalistes, Autrichiens) se sont joués de lui, ne lui savent aucun gré de sa modération pour le pape et l'Empereur. Et sa fureur l'emporte jusqu'à cet aveu ridicule. Il dit précisément ce que nous disons : « Qu'à Léoben, il a sauvé Vienne et l'existence de la maison d'Autriche[2]. »

M. Lanfrey a fort bien résumé ces incroyables variations, de mars en octobre 97, tous ces marchandages d'États, de peuples. Venise, offerte par Carnot, et, d'autre part, Milan dans une autre combinaison, arrivent tour à tour. Mais c'est dans la *Correspondance* de Bonaparte, c'est de lui-même qu'il faut apprendre les détails de sa perfidie. Non seulement il laisse nos envoyés français s'engager, promettre

---

[1]. Causant avec M<sup>me</sup> de Rémusat sur sa campagne d'Italie, il dit : « A l'aide de mes ordres du jour, je soutenais le système révolutionnaire; d'autre part, je ménageais en secret les émigrés, je leur permettais de concevoir quelque espérance..... Je devins important et redoutable, et le Directoire, que j'inquiétais, ne pouvait cependant motiver aucun acte d'accusation. (*Mém.*, t. I, p. 272).

[2]. *Correspondance*, t. III, p 205.

en son nom ; mais, lui-même, il écrit aux Vénitiens comme à un peuple ami et allié, protégé de la France, pour leur soutirer leurs vaisseaux par lesquels il saisit dans l'Adriatique les îles vénitiennes. De proche en proche, il se rend maître des ressources de tout genre qu'offrait leur port, même du bois de construction. Pendant ce temps, dans ses lettres à Paris, il écrit mille injures contre les Italiens, et, pour faire plus d'impression, il met par deux fois dans ses lettres des petits stylets vénitiens, qui, dit-il, ont servi aux assassinats de Vérone.

Pour retrouver un spectacle semblable dans l'histoire, il faut remonter jusqu'aux légations de Machiavel, aux perfidies de César Borgia.

# LIVRE III

FRANCE (1796-1797). — JUSQU'EN FRUCTIDOR

## CHAPITRE PREMIER

De la seconde réaction qui mène en Fructidor.

C'est au traité de Léoben que les dissentiments du Directoire, jusque-là assez bien cachés, apparaissent enfin et commencent la période de lutte qui ne finit qu'en Fructidor.

A Léoben, nous voyons la minorité du Directoire, Carnot et Letourneur, se ranger du côté de Bonaparte et de la paix avec l'Autriche; d'autre part, la majorité, Barras, Rewbell, La Révellière, lutter, puis céder à regret, ayant contre eux les amis de la paix, c'est-à-dire tout le monde. Le parti royaliste, ayant déjà ce traité, prit son élan vainqueur pour les élections qui suivirent.

Pendant quatre-vingts ans, les royalistes ont constamment plaidé contre la République. Constamment les bonapartistes, même les indifférents et gens d'affaires, ont jugé que les traités de Cherasco, de Léoben, étaient deux très bonnes affaires, c'est-à-dire ont adopté l'avis de Bonaparte et de Carnot contre la majorité du Directoire.

Celle-ci, si violemment attaquée, ne s'est point défendue.

Rewbell n'a rien écrit, que je sache.

Barras n'avait écrit que des pièces détachées, qu'il avait confiées à son ami Rousselin de Saint-Albin, et dont celui-ci a fait les *Mémoires de Barras*. Ces *Mémoires*, qui peut-être seraient sa justification pour bien des faits, existent encore, et attendent leur publication[1].

Enfin, grâce à Dieu, au bout de près d'un siècle, nous pouvons lire les *Mémoires*, excellents et visiblement véridiques, de La Révellière-Lepeaux, le meilleur et le plus ferme républicain de ces temps-là.

Il a écrit ces *Mémoires* fort tard, vers la fin de sa vie, avec une fermeté de justice admirable. Il ne conteste en rien les grandes qualités de Carnot. Il dit qu'aux premiers temps Carnot plaça de très fermes républicains. Il ne lui fait d'autre reproche que l'entraînement aveugle pour le parti qui faillit l'emporter en 97, et qui semblait alors avoir pour lui la majorité de la France.

Pour moi, toujours nourri dans une haute et affectueuse estime de ces deux illustres familles, Carnot,

---

1. Ils ont été publiés dans ces derniers temps par M. Albert Duruy. — A. M.

La Révellière-Lepeaux; de plus, ayant longuement
étudié pour ma *Révolution* les *Mémoires* successifs
que les Carnot ont publiés, je ne me doutais guère
de ce qu'était au fond ce grand procès. Des lueurs
indirectes, mais très vives, m'en vinrent dès la
publication officielle de la *Correspondance* de Bonaparte. Dans ses lettres, on voit très bien ce que Carnot ne cache pas[1], que Bonaparte eut pour auteur
de sa fortune et protecteur bien moins Barras que
Carnot. C'est-à-dire que, dans ces traités célèbres
où Bonaparte fit grâce au Piémont, à l'Autriche
(96-97), il eut pour appui au Directoire Carnot,
vrai dictateur aux affaires militaires et par suite
dans celles de la diplomatie. En cela, et en tout
(soit générosité, soit entraînement d'amitié et de
société) Carnot protégea le parti du passé, ceux
qu'il croyait les faibles, et que lui-même, au Comité
de salut public, il regrettait d'avoir persécutés.

Par exemple, nos lois contre les émigrés étaient
toujours sévères. Et quoique toute la France fût
déjà pleine d'émigrés rentrés, quelques-uns furent
encore l'objet de la rigueur des lois. Beaucoup
d'entre eux, jadis réfugiés à Coblentz, l'avaient
quitté, et occupaient Turin, le Piémont, ce royaume
qui, par mariage, se trouvait uni aux Bourbons.
Les tantes de Louis XVI y étaient encore. Quand
Bonaparte vainqueur approcha de Turin, grande
panique. L'héritier du royaume alla supplier Bonaparte. Et nul doute aussi qu'à Paris la société

---

1. *Réponse à Bailleul.*

la plus distinguée ne suppliât Carnot de ne pas enlever cruellement aux émigrés leur dernier asile. Sans doute sa famille ne fut pas la dernière à désirer et à demander cela. Les lettres de Bonaparte où il se recommande à M^me Carnot montrent assez qu'elle comptait beaucoup près de son mari, dont l'âme tendre, passionnée, était toujours douloureusement affectée du déplorable souvenir de tant de signatures données de confiance à Robespierre et au terrible Comité. Indépendamment de ceci, son frère, Carnot-Feulins, son collègue Letourneur, tous deux officiers du génie, devaient lui rappeler ce noble corps, dont une partie était restée en France et l'autre partie avait émigré (exemple, Phélippeaux, plus tard célèbre à Saint-Jean-d'Acre). M^me Carnot, certainement, par bon cœur et sensibilité, devait le faire ressouvenir que des nobles, comme le duc d'Aumont, seigneur de son village, avaient toujours protégé sa famille, et lui-même aux écoles, qu'enfin ils avaient été les premiers promoteurs de son avancement et de sa fortune.

Pourquoi enlever avec Turin le dernier asile aux émigrés ? Le traité d'ailleurs était excellent, il livrait tant de places et permettait de lever l'argent dont on avait besoin. En bonne guerre aussi, il y avait grand avantage à se débarrasser d'un de ses ennemis, le Piémont avant d'attaquer le grand ennemi, l'Autriche. Ainsi le traité fut approuvé de la société et du grand public à Paris, du parti rétrograde, des femmes pieuses, des femmes sensibles.

Ainsi d'avril 96, du traité avec le Piémont partit une seconde réaction dont on ne parle guère. La réaction thermidorienne avait fini à proprement parler en Vendémiaire, une autre succéda.

On gardait avec horreur le souvenir des jacqueries de Prairial, et fort peu celui de l'insurrection de Messieurs (royalistes et boursiers) de Vendémiaire. Cette prise d'armes de jeunes bourgeois et de gens bien vêtus n'avait pas produit grand effroi. Et les vaincus excitèrent plutôt l'intérêt. L'affaire de Quiberon, et nos officiers de marine, amenés là par les Anglais, fusillés par les nôtres, avaient laissé trop de regrets. Les insurgés de Vendémiaire en profitèrent. On dit : « Assez de morts! » On rechercha très peu. Les contumaces se promenaient partout dans les rues, aux théâtres, aux églises.

On les vit tous, comme aux marches de Saint-Roch, sous l'aimable figure de Lacretelle et autres jeunes gens de la bourse et du journalisme, légers et un peu vains, au total assez doux. Et cette opinion indulgente s'étendit, s'affermit au point qu'on ne crut jamais les récits véridiques de Fréron qui, depuis Vendémiaire, envoyé par la Convention en Provence, avait recueilli tant de preuves des massacres et assassinats faits par les royalistes du Midi. Leur vainqueur à Paris, Bonaparte, ne leur fit non plus aucun mal. Il intervint même pour Menou, qui les avait tant ménagés.

# CHAPITRE II

Élan mystique de la réaction. — Saint-Martin. — Le salut par les femmes.

Ainsi le parti royaliste, vaincu en Vendée et ailleurs, réussit, s'étendit, surtout par les larmes et l'attendrissement.

C'était le secret de ce parti pleureur. Même en ses plus grandes violences, il voulait être plaint et prétendait exciter la pitié.

En 93, il pleurait sur Louis XVI et Marie-Antoinette. De Londres, il inondait l'Europe de gravures pathétiques qui retraçaient l'événement. Puis ce fut Quiberon et tous ses émigrés. Après ce fut Charette, dont on vendait partout le portrait, les reliques.

Une chose à remarquer dans ce grand déluge de pleurs qu'on versait sur l'Ancien-Régime, c'est que ces larmes étaient fort indistinctes. On ne se souvenait plus que ce monde, qu'on pleurait d'ensemble, tant qu'il avait vécu, était étrangement divisé, composé d'éléments hostiles entre eux. On ne se souvenait plus des haines de la noblesse de cour, ni de celle-ci pour les parlementaires. Ces mêmes officiers de marine, aujourd'hui regrettés, c'étaient eux qui par leur arrogance de favoris (à Versailles et près de la Reine), avaient plus que personne provoqué la Révolution.

Chose curieuse! le présent révolutionnaire apparaissait hétérogène, comme un monde de ruines. Et l'Ancien-Régime, déjà un peu reculé dans le passé, ne montrait plus au souvenir ses contrastes, ses incohérences; tout cela avait pâli en six ans, et l'on n'y voyait qu'un monde d'harmonies. Tel est l'effet du temps : il se plaît à parer ce qui n'existe plus.

Ajoutez la pitié et ses émotions pour des misères réelles. Tant de gens errant par l'Europe, même en France, et non sans danger, rapportant leurs misères, mendiant, en guenilles, à la porte de leurs châteaux. Cela touchait, bien naturellement. La France, victorieuse, avait presque oublié que ces mêmes hommes avaient été chercher les armées étrangères, les avaient amenées, aidées, et furieusement combattu contre nous.

N'importe ! si eux-mêmes étaient coupables, leurs familles ne l'étaient pas. Les femmes, les enfants d'émigrés intéressaient tout le monde. Les belles du nouveau régime, les charmantes maîtresses des nouveaux enrichis avaient bon cœur, se faisaient une fête de recevoir, de traiter ces familles, modestes et douces alors, qui paraissaient avoir tout oublié. Elles ne gardaient de l'Ancien-Régime que leurs bonnes manières, leur fine langue, toujours exempte des néologismes grossiers de l'époque, leurs façons distinguées sans orgueil, et flatteuses sans servilité. L'esprit de ce monde-là, peu étendu, avait la grâce qui manquait tout à fait à la société nouvelle et reposait du chaos qui avait précédé. Le théâtre du temps, ses petits opéras, ses pièces souvent larmoyantes, s'associaient parfaitement à cette disposition.

Un théâtre qui à peine se rouvrait à moitié n'en avait que plus d'attrait mystérieux. A ceux qui se figurent que Bonaparte a rouvert les églises, Grégoire a fort bien dit et montré par les chiffres qu'en 1800, il y en avait quarante mille de rendues au culte. La Révolution, sauf le grave moment de novembre 93, ne les ferma jamais entièrement. Et après ce novembre et les fêtes de la Raison, Robespierre, qui venait de guillotiner la Commune et les apôtres du nouveau culte, sans restaurer l'ancien, lui donna en quelque sorte une protection tacite. Vers sa fête de l'Être suprême, les églises catholiques se rouvrirent à petit bruit, et même *non pas à petit bruit* : à Saint-André-des-Arts et à Saint-Jacques, on chantait l'office tout haut, si haut, que M. Daunou, alors prisonnier, entendait et pouvait suivre la messe de sa prison, assez lointaine (Port-Libre ou Port-Royal, aujourd'hui la Maternité.)

Ces chants gothiques, qui réveillaient tant de souvenirs d'enfance et de famille, d'un temps d'autant plus cher qu'il semblait disparu à jamais, auraient-ils quelque écho dans la littérature? Rien, certes, alors, ne l'indiquait. M. de Maistre n'avait pas publié ses théories barbares, heureusement pour son parti; il aurait gâté tout. Chateaubriand, tout plein de dissonances hasardées et grotesques, alors aurait fait rire. Il fallait au monde dévot, pour lui donner l'élan, quelque chose d'original, d'aimable pour la Révolution puissante, qu'on devait ménager encore, de doux comme un chant à voix basse, dont on pût dire également : « J'entends, je n'entends pas. »

Cette sourdine était habilement gardée dans un livre anonyme imprimé à Lyon, écrit à Strasbourg (l'*Homme du désir*). Ce livre, paru en 1790, fut pendant six ans englouti par la tempête du temps.

L'auteur, Saint-Martin, petit gentilhomme, ancien officier d'environ cinquante ans, se présenta, comme élève, à la grande École normale ouverte à la fin de 94. Dans cette école, douze cents élèves, la plupart hommes faits, venaient étudier pour devenir maîtres à leur tour. Ils pouvaient demander des éclaircissements au professeur, même lui faire des objections.

On avait commis l'imprudence de confier l'*enseignement de la philosophie* au faible et indécis Garat, c'est-à-dire la défense de la libre raison et des principes de la liberté, disons mieux, l'épée même de la Révolution, à la faible main d'une femme, moins qu'une femme, un eunuque.

Saint-Martin, dans une douceur extrême et bien

calculée, s'appuie contre Garat du dix-huitième siècle, du *sens moral*, reconnu par Rousseau contre Helvétius.

Puis, tout à coup, il ouvre une thèse mystique, biblique, qui sera celle de Bonald : « Pour faire la première langue, il fallut déjà une langue...... » Il n'ajoute pas une langue dictée par Dieu, ou *inspirée* de Dieu. Mais plus tard, dans la brochure où il parle de cette dispute, il rappelle à Garat que son maître Bacon reconnaît, comme source de la science, non seulement la liberté, *mais aussi l'illumination*.

Le mot est dit, le fossé est franchi. Ce prétendu élève, introduit dans l'école de la libre raison, se démasque et avoue sa maîtresse, *l'illumination*.

*L'Homme du désir* fut écrit pour une dame fort pieuse, chez qui Saint-Martin s'établit un seul mois. Apprenant que son père était malade (à Amboise), il se sépara et partit. Même, après la mort de son père, il ne revit plus jamais la dame. Ainsi, il emporta son inspiration tout entière, et ne s'engouffra pas dans le mysticisme allemand. Il fut, à sa manière, français et révolutionnaire.

Il écarte vigoureusement les anges et visions de Swedenborg, ses trois sens, allégoriques, symboliques. Il dit : « Ne disons pas à l'homme : *Croyez en nous*, mais : *Croyez en vous*[1]. »

Il est chrétien, puisqu'il croit à la chute de l'homme et à la nécessité de remonter. Mais pour remonter,

---

1. *L'Homme du désir*, ch. CLXXXVII, p. 167.

il n'indique ni la Bible, ni les miracles, *mais l'âme uniquement*[1].

Il ajoute audacieusement : « Vous ferez les mêmes œuvres que le Réparateur, et même *de plus grandes*. » Car il n'agissait que par sa puissance, et depuis qu'il est remonté vers son Père, vous pouvez agir par sa puissance, et par celle de l'Esprit (du Saint-Esprit). — Il reconnaît trois âges, trois lois, dont la troisième sera la plus grande (c'est la doctrine de Joachim de Flores, vers 1200[2]).

Dans ses *Considérations sur la Révolution*, 1796, il prend parti pour la Révolution, et surtout contre le clergé. La Providence se mêle visiblement de la Révolution, qui ira à son terme. N'avons-nous pas vu les opprimés reprendre leurs droits, usurpés sur eux par l'injustice ? L'époque actuelle est la crise de toutes les puissances humaines, qui expirent et se débattent contre une puissance neuve, naturelle et vive. C'est une guerre sacrée, quoique le mot *religion* soit effacé.

« L'homme a été fait pour être la prière de la Terre. » Il doit secourir Dieu en s'unissant à son action. Son plus beau droit (p. 79), c'est d'exposer la douleur de la terre à l'éternelle Sagesse, dont l'œil trop pur ne les apercevrait pas ; c'est d'émouvoir le cœur de cette Providence et d'en faire descendre le baume régénérateur. »

Ce qui revient à dire : « Dieu est trop pur pour

---

1. *Considérations*, p. 11.
2. *L'Homme du désir*. ch. CXLVII, p. 219.

nos honteuses misères, et les secourir. Il faut l'homme lui aide. »

Dieu souffre de ne pas être aidé [1].

« Nous pouvons faire, pour le Sauveur, que le séjour du tombeau lui soit moins amer!... »

L'âme tendre de Saint-Martin le mène loin dans cette voie étrange. C'est Dieu qui prie la créature humaine et veut entrer en elle. Il adresse à Dieu ces paroles : « Tu sollicites l'entrée dans le cœur humain, comme si c'était toi qui eusses besoin de lui. »

Ces livres originaux, si doux et si hardis, dévots et révolutionnaires, où l'auteur met si haut l'action et le pouvoir de l'homme, où il montre Dieu même, pour l'œuvre du salut, ayant besoin de l'homme, et celui-ci comme collaborateur de Dieu, cette doctrine, dis-je, qui portait au sein du mysticisme l'esprit hardi du dix-huitième siècle, avaient certes une vive originalité, qui ne fut dans aucun des esprits analogues du Moyen-âge.

Cette mendicité sublime où le Ciel prie la Terre de se laisser sauver, tout cela était trop haut, trop fin aussi, pour devenir populaire.

Une seule chose pouvait avoir ce caractère, c'est que Saint-Martin, par lui-même, en un point très profond, sympathise et s'accorde avec les tendances du temps.

Ce cœur humain à la porte duquel Dieu lui-même

---

1. *L'Homme du désir*, ch. LXXXIX.

supplie pour entrer, c'est surtout celui de la femme. C'est elle qui, enfantant l'homme, le met dans la voie de régénération. Voilà pourquoi ses cuisantes douleurs sont alors suivies de la joie la plus pure[1].

Ainsi, en toute femme s'ouvre le grand mystère chrétien. L'homme, dit-il crûment, ne fait qu'attacher l'homme à la voie du péché, dont la femme le retire. Ainsi elle est le vrai sauveur.

C'est la voie logique où devait arriver le christianisme, où Marie remplace Jésus, où l'homme disparaît, où le dernier mystère, c'est le céleste hymen de la femme et de Dieu.

Cette spiritualité mettait trop en lumière son côté féminin, scabreux. Les beaux livres de Saint-Martin furent peu réimprimés. Ce n'étaient pas des livres de lecture, mais bien plutôt des textes pour les conversations dévotes, des textes que deux cœurs attendris pouvaient plutôt ensemble méditer, savourer.

Cette action occulte et pénétrante, si peu remarquée (tandis que les livres barbares et criards de De Maistre qui vinrent après, étaient prônés partout) n'en fut que plus profonde. Ce fut comme un liquide qui, s'infiltrant par endosmose, va percer des couches épaisses ; elles en reçoivent l'influence, mais ne le connaissent

---

1. « Homme, lorsque tu formes l'enveloppe de ta postérité, tu attaches l'homme à l'homme de péché. Aussi, quel retour amer pour toi, quel vide ! — Femme, lorsque tu donnes le jour à ton fils, tu attaches l'homme à la voie de régénération. Voilà pourquoi tes douleurs les plus cuisantes sont suivies de la joie la plus pure. Homme, tu pleures en arrivant au monde, parce que ta régénération ne peut se faire sans expiation. » (*L'Homme du désir*, ch. CLXV, p. 249.)

même pas. Et cela, en grande douceur, et même en grand silence. Des hommes envenimés, furieux, dont la fureur avait peu d'action, sentirent le mot de l'Évangile : « Heureux les doux ! car ils *posséderont la terre !* » Ainsi se renoua l'habile et cauteleuse tradition. Ce ne fut pas grand'chose, et l'on n'y sentit rien. Sans faire bruit, ni se manifester hors d'un monde discret, la dévotion nouvelle, comme une tache d'huile, descendit.

Les côtés révolutionnaires par lesquels Saint-Martin semble accepter beaucoup d'idées nouvelles étaient le passeport par lequel des femmes tendres, adroites et passionnées obtenaient grâce pour les idées chrétiennes et trouvaient moyen d'en parler. Dès que les hommes un peu rudes du temps semblaient étonnés et scandalisés, elles demandaient grâce, passaient, alléguaient leurs vieilles habitudes d'enfance, de famille, d'éducation. Et alors on se taisait, on craignait de les contrister.

Pour un but si noble et si saint, elles ne craignaient rien, s'aventuraient, apprenaient les chemins des ministères et du Luxembourg même. Telles, sous la protection de leurs amis (fournisseurs ou banquiers), pour des affaires de charité, d'humanité, risquaient même d'aller chez Barras, où la Tallien et Joséphine les écoutaient avec bonté. Rewbell était bourru, et La Réveillière inflexible dans son philosophisme. Le plus facile était Carnot, homme de cœur dont le tempérament sanguin était sensible aux femmes. Pour mille objets d'humanité, congés, réforme, retour de leurs enfants, les mères s'adressaient à lui. Il en fut bien plus entouré lorsque l'on fit la faute de confier aux Directeurs une charge bien délicate, la radiation de la liste des émigrés. Ainsi, des hommes politiques qu'on aurait dû réserver tout entiers aux intérêts généraux furent sans cesse assourdis, énervés d'affaires individuelles, des plus touchantes plaintes des mères, sœurs, épouses et filles, en rapport continuel avec ces intéressantes personnes. Elles venaient là, suppliantes, pour jurer le civisme et les bonnes dispositions des émigrés. Une atmosphère d'Ancien-Régime enveloppa le Directoire. Les classes distinguées d'autrefois, avec leurs sentiments, leurs idées religieuses, s'y montraient sous un jour aimable de nature et d'humanité.

## CHAPITRE III

### Le jardin Geneviève et la théorie des égaux (1796).

J'ai vu beaucoup de gens regretter le Directoire, moins encore pour ses plaisirs, qui sont de bien d'autres époques, que pour une chose qui fut tout à fait propre à celle-ci : une vive sensibilité en bien, en mal, un singulier charme de vie, vibrant de mille émotions, toutes excitées du fond du fond, et d'étranges abîmes que nul âge n'avait sondés.

Cela n'arrivait pas toujours à la forme littéraire, mais d'autant plus stimulait l'agitation passionnée et l'électricité du temps.

De grands artistes, des peintres ont du moins, par des traits touchants, marqué le passage d'un siècle à l'autre; Greuze et Prudhon ont noté en traits admirables et la défaillance nerveuse du siècle qui finit et le sourire délicat du nouveau, mais si vite éteint dans les larmes.

Greuze, martyr toute sa vie de la pauvreté et d'une

société fausse, a peint, non en grands tableaux, mais surtout en ébauches, en portraits fort attendrissants, des enfants, des filles du peuple. Il nous donne l'état trop souvent faible, maladif, où les victimes de la faim ou des fatalités du vice arrivaient de bonne heure, avec je ne sais quel charme de ces bouquets, trop tôt fanés qui offrent souvent une étrange féerie de mort prochaine que la vie n'eût jamais atteinte.

Greuze était si évidemment une victime de l'Ancien-Régime, qu'il traversa respecté les temps de la Terreur. Il était octogénaire, mais vécut assez pour voir le charmant génie qui inaugura l'âge nouveau.

Prudhon, du même pays que Greuze, fils de la gracieuse Saône et élève de Lyon, toujours misérable comme Greuze, refusa d'être Italien et de faire fortune à Rome sous l'abri de Canova. Il s'y fût amolli, fondu. A tout prix, il fut Français, et trouva son génie, la beauté dans le mouvement. Revenu, et mourant de faim, il eut, par Bernardin de Saint-Pierre et les Didot, à faire les délicieuses gravures de *l'Art d'aimer*, et celle de *Daphnis et Chloé*. Enfin une gravure populaire de haute importance[1].

Minerve, la raison éternelle, occupe le fond dans une grande majesté, et sous son puissant regard s'unissent trois personnes ou trois principes : *Liberté, Égalité, Fraternité*.

---

1. *Le calendrier de l'an III.* Biblioth. nationale; Héning, 95-96.

La Liberté, forte et sombre, cuirassée, occupe le centre. A sa gauche une jeune femme, charmante, mère visiblement, aux belles mamelles émues, c'est la Fraternité, féconde d'amour et de tout bien.

A droite (c'est le coup de génie), l'Égalité se présente timidement, pauvre petite fille du peuple, pas bien nourrie, un peu maigre. Si fine est-elle, et si touchante, qu'à la voir tout s'attendrit. Elle approche. Que veut-elle si naïvement ? Visiblement, c'est d'être accueillie, adoptée. Grand Dieu, qui ne le fera pas ? qui n'ouvrira ses bras, son cœur à l'orpheline ? L'égoïsme est impossible devant elle. Il n'y a plus ni riche ni pauvre. Tous sont prêts à partager.

Elle voudrait monter aussi. Mais tous désirent qu'elle monte. Divin rayon d'amour, de bonté à la fois ! on sent l'étroit rapport de l'amour et de la pitié.

Prudhon a reproduit cent fois ce motif charmant sous différents noms, avec la même expression, le même sens. Sans l'expliquer, ni même sans s'en rendre bien compte à lui-même, il indique le nom qu'on peut donner au siècle en sa plus générale tendance : *Le désir, la recherche de l'Égalité.*

Partout durent naître ces désirs. Mais peut-être d'abord à Lyon, l'École de Prudhon et de Greuze; Lyon centre d'industries délicates qui chômèrent, comme je l'ai dit, bien avant 89, quand la mode (et la reine) préférèrent aux arts de Lyon les dentelles et les blancs tissus de Malines et des Flandres, Lyon agonisa tout à coup. Son industrie, non de manufactures, mais de familles, excita dans sa détresse une pitié violente, qui se tourna aisément en fureur révolutionnaire. De là, Chalier, l'Italien, le Piémontais, furieux de sensibilité.

Il était négociant. D'autres, plus riches que lui, Bertrand entre autres, maire de Lyon, commencèrent alors ces rêves de l'Égalité absolue, qui peut-être avaient été en germe mystique chez les Vaudois, les Pauvres de Lyon. Cette théorie, c'était : *partager tout.*

Chassé par les royalistes, Bertrand alla à Paris, où il trouva Chaumette, procureur de la Commune, et son employé Babeuf. J'ai dit dans mon précédent volume que leurs idées, assez modérées, s'arrêtaient d'abord au partage des communaux (voy. le premier livre de Babeuf, publié en 89), puis le partage de biens nationaux, qu'on donnerait aux ouvriers. Babeuf, même après la mort de Chaumette, ne va pas plus loin, et se déclare défenseur de la propriété. En janvier 95, il ne réclame rien de la Convention que ce qu'elle a voté elle-même, et ce que les biens nationaux permettaient d'accorder : des terres aux soldats revenus de la guerre, des secours aux infirmes, des travaux aux nécessiteux[1].

C'est vraisemblablement dans la prison du Plessis, rue Saint-Jacques, où il était renfermé avec le Lyon-

---

1. *Journal de Babeuf*, nivôse (21 décembre au 19 janvier 95).

nais Bertrand et beaucoup de patriotes, qu'il étendit son horizon, et adopta le grand rêve du *partage universel*.

Nulle part plus qu'en prison n'existe, ne fermente la Liberté idéale. Au petit jardin de la Force, les prisonniers avaient érigé un autel à la Liberté[1].

En prison dominent les rêves. Ceux des prisonniers se réduisaient à deux :

1° La mort du grand tyran, c'est-à-dire de l'ancienne religion. Saint-Simon, Thomas Payne la rêvaient (*l'Age de Raison*);

2° La naissance d'un nouveau monde, plus libre (Thomas Payne, *Justice agraire*). Plusieurs ne restaient pas dans les limites modérées de Payne. En raison de leurs misères et des murs qui les entouraient, ils se donnaient libre carrière, un espace illimité, tout ce que peut embrasser l'halètement du soupir : *le paradis des égaux* sur la terre.

Ce violent soupir pour le peuple, pour que le peuple travailleur puisse enfin boire et manger, n'est pas une chose nouvelle; il semble, au quatorzième siècle, bien exprimé chez les Hussites par ce mot : « La coupe au peuple! » Il a inspiré les fantaisies humanitaires, bizarrement exagérées, de Rabelais, de Fourier, leur gloutonnerie gigantesque pour la multitude affamée. Les économistes, dans leur religion de la terre et du travail de la terre,

---

1. *Mémoires* de Vilatte, p. 211.

n'eurent pas autre chose en vue. Et M. Turgot même, dans sa fameuse parole sur *le travail, première propriété et la plus sacrée de toutes*, n'est pas bien loin de Thomas Payne.

Ce mysticisme égalitaire, rêvé vers 95, aux prisons, où les plus riches se plaisaient à partager, fut comme un soleil dans la nuit. De jeunes enthousiastes l'adoptèrent bien volontiers, comme le musicien Buonarroti, petit-neveu de Michel-Ange. Des âmes religieuses s'en éprirent, telles que les théophilanthropes, dont la secte commençait alors. D'autres, des philosophes, comme le bon Sylvain Maréchal qui se croyait athée, et qui vit une lumière quasi divine dans le bonheur de tous.

Cet élan d'humanité prit une nouvelle force quand les prisons s'ouvrirent et que les patriotes de toutes nuances, dont on avait fermé les clubs (entre autres celui du Panthéon), s'assemblèrent au printemps de 96, dans un jardin abandonné et qui semblait mystérieux.

C'est celui de l'abbaye Sainte-Geneviève, sous les murs de Philippe-Auguste, bâtis en 1200, près de la tour Clovis, où se voit encore la place de la chaire d'Abailard..

Dans ce lieu singulier, qui, je ne sais pourquoi, fut ainsi le berceau des plus grandes révolutions, les disciples de Robespierre, ceux de Chaumette et de la Commune, — disons mieux, Babeuf et Duplay, — jusque-là divisés, se rapprochèrent et se donnèrent la main.

# CHAPITRE IV

Coalition des égaux et des terroristes. — Arrestation, 19 mai.
Les exécutions de Grenelle.

J'ai dit combien les deux grandes écoles de la Révolution, celle des Jacobins, de Robespierre, celle de Chaumette et de la Commune avaient été violemment hostiles (en 93), jusqu'à ce que Robespierre, en 94, guillotinant Chaumette, établit à Paris une Commune purement jacobine.

J'ai parlé aussi, en 90, de l'origine des Jacobins (ou Amis de la Constitution), origine toute bourgeoise; j'en ai montré le premier type dans une réunion bourgeoise de Rouen. Ce parti, de forme sévère, affecta toujours une décence, un décorum, dont ne se piquaient nullement les réunions (ouvertes aux dernières classes du peuple) qui se faisaient autour de la Commune et de son procureur Chaumette. Les Jacobins furent souvent infidèles à leurs formes décentes, mais nullement leur chef Robespierre qui, pour l'habit et pour la tenue, offrit toujours le type de la propreté un peu sèche de la bourgeoisie de 89.

Il en fut de même au point de vue religieux. Robespierre, dans son culte de l'Être suprême, s'en tint strictement à Rousseau, au *Vicaire savoyard* et par là tenta d'inoculer à la Révolution un mélange de christianisme. Au contraire, le parti de Chaumette, de son employé Babeuf et de la Commune, essaya en novembre 93 d'inaugurer le culte de la Raison. Au club des Cordeliers, même éloignement du christianisme ; seulement on attestait contre lui moins la Raison que la Nature. La tradition de Diderot y dominait, autant que celle de Rousseau aux Jacobins.

Ce que craignait le plus Robespierre, c'était que ces partis différents, des *indulgents* (Danton, Desmoulins, Phelippeaux) et de la *Commune* (Chaumette et Babeuf) ne se réunissent. Il frappa les uns et les autres au printemps de 94. Mais, après la mort même de leurs chefs, ils se rapprochèrent. Babeuf, disciple de Chaumette, dans son livre de *Carrier*, si violent contre Robespierre, invoque contre lui les *indulgents*. Ainsi en 94, et peut-être en 95, Babeuf, les Chaumettistes, restaient les ennemis des Jacobins et du parti de Robespierre.

Ce divorce aurait peut-être subsisté à jamais, si le Directoire ne les eût maladroitement réunis dans les mêmes prisons. Leur tempérament était autre. Les communistes étaient fort loin des tendances serrées, strictement citoyennes, des robespierristes ou

Jacobins, dont l'évangile politique était le *Contrat social* et la constitution de 93, le gouvernement de la Terreur.

Robespierre, plus sage que les siens, avait simplement présenté cette constitution (idéal d'avenir), mais l'avait toujours ajournée, pensant avec raison qu'une constitution qui amenait au vote tant de paysans (non propriétaires et valets ruraux) pourrait fort bien donner l'avantage aux royalistes et supprimer la République.

Aussi, après la Convention, la nouvelle Assemblée, composée pour les deux tiers de la Convention elle-même, jugeant de ce danger comme avait jugé Robespierre, vota la mort pour qui proposait *la royauté*, — ou l'établissement de cette *constitution de* 93, qui, par la démagogie rurale, eût ramené la royauté.

On ne comprend pas bien pourquoi les robespierristes, oubliant la prudence de Robespierre, voulaient cette constitution (c'est-à-dire, faire voter ces millions de paysans royalistes, catholiques, poussés par le clergé, qui certainement eussent voté contre eux).

Dans leur fanatisme étourdi, ces jacobins, ivres de l'idéal, voulaient tenter la grande expérience d'appeler leurs ennemis au vote, c'est-à-dire de leur mettre aux mains un poignard contre la République, en leur disant : « La France votre mère vous donne un instrument de mort; pouvez-vous l'employer contre elle ? »

Grande poésie! mais parfaitement folle. Elle alla au cœur de Babeuf. Il ne douta pas que ces paysans à qui la République allait donner la terre, ne fussent convertis tout à coup, et métamorphosés en hommes, en excellents républicains.

Il croyait voir que la propriété, alors si volatile, vendue à si vil prix, divisée, puis vendue de nouveau par les agioteurs, n'existait presque pas et n'était plus qu'un jeu de hasard et de bourse[1]. Il fallait, disait-il, que l'État intervînt et finît ce jeu, en distribuant la terre de France aux paysans qui l'avaient défendue. Mais comment l'État ferait-il cette révolution sans revenir aux moyens de terreur ? Là triomphaient les robespierristes. Ils firent avouer à Babeuf, jusque-là ennemi du sang, que Robespierre avait raison dans ses sévérités contre les *indulgents* et la vague philanthropie de Chaumette.

Ainsi, Babeuf, dans cet entraînement sauvage de logique, se laissa mener loin, loua son ennemi Robes-

---

1. Une image hideuse, mais qui peut faire bien comprendre ! Quand, sous les tropiques, tombe un grand animal, par exemple un éléphant, on ne tarde pas à voir les noires légions de fourmis et autres insectes qui s'en emparent, le dissèquent et rendent cette masse énorme à la circulation générale. Tout en engraissant les insectes, la masse ne passe pas moins à l'air, à la terre, aux éléments qui vont la rendre utile.

Quoique la propriété dans cette opération de démembrement et de transmigration laissât souvent une part forte aux insectes, je veux dire aux spéculateurs, il faut pourtant reconnaître qu'en grande majorité elle tomba aux mains utiles des familles rurales, qui avaient à la terre un double droit. D'abord en la défendant contre l'étranger, elles l'avaient achetée de leur sang. Ensuite, par leur travail immense, persévérant, elles la tiraient de l'état de stérilité où l'avaient laissée les grands propriétaires (voy. A. Young, sur les Turenne), ou la négligence des petits nobliaux (A. Young, sur les Chateaubriand). C'est précisément ce qui arriva.

pierre, renia son maître Chaumette, avoua que la mort de Chaumette était juste !

A ce moment, qui fut comme sa chute, il fut frappé.

Arrêté, convaincu d'être avec les terroristes, et dans les mêmes complots.

Dans ses prisons, il avait été enfermé avec eux; il avait vu Duplay, l'hôte de Robespierre, et d'autres. Il les avait trouvés d'excellents citoyens. Il avait vu à Arras un certain Germain, officier de vingt-deux ans, plein d'esprit, de talent, d'éloquence. Et, à Paris, dans une de ses fuites, il avait été caché dans l'église déserte de l'Assomption par le patriote Darthé, vaillant et impitoyable compagnon de Lebon dans sa mission du Nord, qui fit couler à flots le sang, mais qui paralysa les menées des royalistes et fit avorter leur entente avec les Autrichiens et sauva la France peut-être.

L'assemblée du jardin Geneviève, ce pêle-mêle de communistes et de terroristes, fut saisie le 10 mai 96, le jour même du combat de Lodi. Bonne nouvelle pour Bonaparte, qui dès lors trama, dit-il lui-même, contre le Directoire, et jugea que, dans les paniques qu'excitaient de telles nouvelles, la France inquiète pouvait tôt ou tard se jeter dans les bras du parti militaire.

Le ministère de la police venait d'être créé. Cette jeune police, selon l'usage de toutes les polices, avait été ravie de faire son entrée par une belle découverte, ce grand coup de surprise qui faisait dire : « Que serait devenu Paris, la France, si la police n'eût veillé ? »

On ne discuta rien. On crut. Et l'effet fut si assommant pour Paris que, dix ans après, dans mon enfance, on s'en souvenait encore. C'est un Prairial gigantesque qu'on avait craint, une Babel immense. Chacun crut avoir un gouffre sous ses pieds. Au moment où la loi créait des millions de propriétaires, la propriété, ce semble, ne pouvait que se rassurer. Ce fut tout le contraire. Ces nouveaux propriétaires, qui, en grand nombre, étaient hier des jacobins, furent plus effrayés que les autres, s'accrochèrent, du cœur et des mains, à leur propriété nouvelle. Et dans leur terrible effroi des théories de partage que l'on prêtait à Babeuf, se tinrent fermes à côté du gouvernement.

Babeuf fut tout à coup si délaissé, si solitaire, un tel objet de terreur, qu'on n'avait guère à craindre.

Ainsi, Paris, à cinquante lieues de la Vendée, ne s'était pas ému de ces torrents de sang, de ces affreux combats. Le récit trop véridique de Fréron, ces terribles procès-verbaux des crimes royalistes du Midi avaient fait peu d'impression ! Et cette panique de Babeuf, ce partage impossible, avait saisi d'horreur et fait frissonner tout le monde !

Quand la police fut créée, on la donna d'abord à Merlin, le célèbre jurisconsulte de la Convention. Mais bientôt on représenta aux Directeurs que la police, mise ainsi dans les mains odieuses qui avaient écrit la *loi des suspects*, aurait trop l'air d'un instrument de tyrannie. Et l'on présenta à Carnot un tout petit homme, fort doux et fin (malgré son nom grotesque), Cochon de Lapparent. Cet homme avait une bonne réputation de modéré ; mais cette modération inclinait tellement à droite, du côté royaliste, que ce parti presque vainqueur, en Fructidor, et qui croyait changer les ministres, eût gardé Cochon de Lapparent. Sa nomination à la police, un ministère de si haute confiance, encouragea les royalistes.

Un jour, un militaire, nommé Grisel, annonce qu'il a à révéler un grand secret. Cochon était trop fin pour accepter la commission suspecte de transmettre la révélation. Il l'adressa au Directoire même, à Carnot et à trois autres Directeurs. Il s'agissait d'un complot jacobin. On le cacha au seul Barras, qu'on suspectait parce qu'il avait gardé des relations avec le faubourg Saint-Antoine. La révélation était celle-ci : que le club du Panthéon, qu'on venait de fermer, s'assemblait maintenant au jardin Geneviève, avec ses deux nuances : robespierriste et chaumettiste. Duplay avec Babeuf, Bertrand, etc. Cette révélation aurait paru peu importante, si Grisel ne l'avait ornée des noms de patriotes qui, dans leurs journaux, faisaient la guerre au Directoire, les grands noms d'Antonelle et de Robert Lindet.

Avec cette addition, cela prit fort. Les Directeurs y virent l'occasion de se débarrasser une bonne fois de ces noms respectés de gens qui auraient pu être

leurs successeurs, ils crurent au grand complot,
monstrueux, qui mettait ensemble les nuances les
plus diverses. C'était tout un poème. Le 10 mai, on
en prend plusieurs et leurs papiers. Mais ces papiers
n'apprennent rien. Rien que des rêves vagues, des
révolutions en projet. Quel dommage! voilà le grand
poème par terre.

Paris, dans ce moment, subissait une grande crise
financière. Aux assignats, décrédités au dernier point,
on substitua les mandats. Opération mal faite qui ne
profita qu'aux agioteurs. Le gouvernement fut ravi
de voir l'attention violemment détournée vers Babeuf
et par l'épouvantail terrible de ce partage universel
dont on parlait sans cesse, et dont on frémissait. Le
Corps législatif s'était montré si crédule à ces bruits
terribles, que, dès le premier jour et sans information,
il chassa de Paris une masse de gens, nullement
compromis, mais qui, par leur situation malheureuse,
pouvaient être tentés de se compromettre : les fonctionnaires destitués, les militaires hors de service, et
les ex-conventionnels.

Cette mesure était extrêmement favorable aux
royalistes, dont on chassait les ennemis. Si le procès
durait, si l'ombre fantastique du partage universel et
de l'abolition de la propriété occupait quelques mois
la France, et l'obscurcissait de ténèbres en quelque
sorte, on pouvait croire que l'élection prochaine d'un
tiers de l'Assemblée serait toute pour les royalistes
et pour les prétendus amis de l'ordre. Sous prétexte

qu'un député, Drouet, se trouvait dans les accusés, on chargea du procès un tribunal exceptionnel, une haute cour, hors de Paris, à Vendôme, et qui mit une année pour instruire le procès de Babeuf, c'est-à-dire le fit traîner jusqu'aux élections.

On prétendait (à tort peut-être) que Carnot avait dit un mot fâcheux : « Avec les royalistes, il suffit de montrer l'épée ; avec les jacobins, il faut frapper et l'enfoncer. »

Ce mot était le meilleur certificat que les royalistes pussent avoir pour les élections, comme amis de l'ordre auquel toute la France aspirait. Comment croire que Carnot n'ait pas lu le terrible *Mémoire* de Fréron, et toutes les preuves qu'il donne des massacres royalistes du Midi? comment croire que ces drames atroces n'étaient pas parvenus à ses oreilles? N'importe. On tenait à prouver à lui, au Directoire que les jacobins massacrés étaient les massacreurs, et que c'étaient eux seuls qu'il fallait frapper.

C'est ce que fit l'ingénieuse police du temps. Pendant que Babeuf enfermé ne bougeait, restait là comme un épouvantail utile aux élections royalistes de l'année suivante, beaucoup de jacobins, de babouvistes, étaient libres, impatients d'agir, et prêts, par leurs étourderies, à se perdre, à servir merveilleusement les projets de la police.

On sut que les impatients des faubourgs espéraient l'assistance de quelques soldats mécontents du camp de Grenelle. Et la police y prépara visiblement ce qu'on appelle *une souricière*.

La Révellière, alors président du Directoire, n'en fut pas averti[1]. Cochon dit la chose à son patron Carnot. Car celui-ci, le matin même, avertit paternellement un enfant qui l'intéressait, le jeune Lepelletier Saint-Fargeau, de ne pas aller à cette échauffourée.

La Révellière était à Paris, quoi qu'en dise Carnot, et ne pouvait même s'absenter; car, comme président, il devait à toute heure donner des signatures. Mais Cochon garda le secret pour Carnot, voulant que seul il eût la gloire d'avoir défendu l'ordre et sauvé la société.

Tout était préparé. La colonne insurgée, voyant le Luxembourg bien gardé et en armes, passa devant, se dirigea vers Grenelle. Les soldats ne bougèrent. Alors quelques insurgés des plus crédules, fort mal armés, se laissèrent conduire à la tente d'un officier qui, disait-on, était des leurs, le colonel Malo. Celui-ci, pour faire croire que tout cela n'était pas préparé, attendait armé jusqu'aux dents, mais en chemise, comme un homme surpris qui n'a pas le temps de s'habiller. Au moment, il s'élance, tel quel, saute à cheval, et le sabre à la main les poursuit, fait tirer sur eux. On en couche par terre un grand nombre; plusieurs se jettent dans la Seine et se noient. Le reste est fait prisonnier (28-29 août 96).

Dans ce coup de filet on prit ce qu'on trouvait. Ils étaient cent trente-deux de toute nuance. Plusieurs,

---

1. Voy. ses *Mémoires* en août 96.

disait-on, étaient royalistes. Et, pour augmenter la confusion, on prétendait qu'un directeur, Barras, les avait lui-même encouragés.

Ce qu'on avait prévu arriva; c'est qu'en cette nuit de contradictions, Paris reçut à la tête un violent coup électrique de peur et de fureur; cette population, plus douce que celle de bien des grandes villes, est sujette à ces accès nerveux. Les uns sont des ouvriers qui tremblent que le travail n'arrête; les autres des marchands inquiets de leurs billets et de la fin du mois; les autres des propriétaires craintifs, et moins encore peut-être pour la vie que pour la chère propriété.

Le Directoire, généralement humain, fut poussé certainement par la panique, par ce tourbillon de colère. La peur est impatiente, elle lui enjoignait de sévir sur-le-champ. Et alors il fit une chose insensée et inexplicable. Les gens pris à Grenelle furent jugés sur-le-champ par une commission militaire, tandis que Babeuf et ceux qu'on disait être les chefs du mouvement restèrent presque un an à Vendôme, devant la haute cour, attendant leur jugement.

On était si pressé, qu'à ces cent trente-deux accusés on ne voulait donner qu'un défenseur. Camus, au Corps législatif, empêcha cette barbarie.

La commission, qui siégeait au Temple, sur quarante-deux, en adjugea d'abord treize à la mort, qui furent fusillés à Grenelle. Puis en septembre, octobre, il y eut encore trois exécutions, de quatre, de neuf, de six, dans les neuf il y avait trois anciens députés de la Montagne, il y avait ce riche et généreux Bertrand, de Lyon, qui fut peut-être le principal apôtre du grand partage universel.

Ainsi, de mai en octobre, les exécutions continuèrent, sans que l'on s'avisât que la confrontation de ces accusés de Paris avec ceux de Vendôme était indispensable pour l'un et pour l'autre procès.

On les gardait comme un épouvantail, utile avant l'élection. Dans le jeune Darthé, obstiné au silence, on avait la menace du terrorisme sanguinaire. Babeuf parlait, prouvait qu'il n'avait fait qu'écrire, mais orgueilleusement menaçait d'un peuple immense, qui, disait-il, le suivait, était avec lui.

## CHAPITRE V

*Les modérés et indécis, Carnot, etc. — Indulgence
pour le grand complot royaliste (1797).*

Il ne faudrait pas croire que ces sévérités excessives de la justice militaire fussent un acte du gouvernement, le fait du Directoire. Les Directeurs étaient fort modérés, la plupart philanthropes. Ce fut plutôt le fait sauvage de l'étourdissement, de la panique générale.

L'air du temps n'était nullement à la cruauté. Plus d'opinion tranchée et violemment fanatique. Il n'y avait réellement que deux grands partis fort excités l'un contre l'autre, les acquéreurs de biens nationaux qui étaient ou qui se croyaient patriotes, et les royalistes rentrés, qui réclamaient avec fureur pour des biens que beaucoup d'entre eux n'avaient eus jamais. J'ai connu un de ces furieux aristocrates, hardi, très capable de tout pour le triomphe de la noblesse : c'était un garçon serrurier.

Ce qui dominait réellement dans l'immense majorité, c'étaient les indécis, les neutres, souvent de très bonne foi. Garat conte qu'en Fructidor, Suard passant par la Suisse[1], M. Necker lui montra le projet de son dernier ouvrage où, dans un même volume, il exposait deux plans, le premier d'une république, le second d'une monarchie, *toutes deux également bonnes*, également libres, disait-il, et soumises aux lois éternelles du véritable ordre social. Necker lui-même était ravi de cette idée et s'écriait : *Le bel âge pour écrire que soixante-dix ans!*

Plusieurs, même des jeunes alors, avaient soixante-dix ans. Après 93, et surtout, après l'horrible émotion de Prairial, beaucoup restèrent nerveux et indécis. Même des natures honnêtes et élevées gardèrent des impressions qui les faussaient et les faisaient varier. Boissy d'Anglas garda toujours la vision du jour épouvantable où le monstre hurlant à mille têtes, le pâle spectre de la faim, approcha de ses yeux la tête sanglante de Féraud. Ces souvenirs, sans le rendre traître à la République, lui faisaient malgré lui descendre certaine pente vers la monarchie.

Cet homme honnête, et justement considéré pour sa loyauté, était fort prudent, hésitant comme on l'était dans les familles protestantes. Membre de la Convention, il se montra fort variable lors du procès de Louis XVI, se cacha, et revint siéger en 94 dans le centre. Il loua Robespierre, qui alors rassurait le

---

[1]. Garat, *Mémoires de Suard*, t. II, *sub fine*.

centre contre la Montagne. Sous le Directoire, président des Cinq-Cents, et au premier rang dans la considération publique, ses souvenirs de Prairial le faisaient quelquefois faiblir. Ainsi, en 96, lorsque les républicains de la Drôme essayaient de résister aux royalistes, d'arrêter leurs progrès sur le Rhône, une malheureuse idée d'équilibre égara Boissy, et il obtint que le général Willot fût appelé de Marseille en Ardèche. Ce Willot était depuis longtemps accusé par l'armée d'Italie comme un traître et un royaliste, ami et protecteur des assassins du Midi.

Cette bévue de Boissy d'Anglas, si funeste, et ses tendances instinctives pour le royalisme modéré, tel que, jeune, il l'avait exposé dans son *Éloge de Malesherbes*, ne peuvent le faire confondre avec les traîtres que contenait l'Assemblée, un Dandré, par exemple, distributeur connu de l'or anglais, que Wickam envoyait de Bâle. Mais il est très probable que Boissy, comme une infinité de députés, et, en général, les Français fatigués par la Révolution, comme MM. Necker, Garat, etc., croyait que la république et la monarchie tempérée se valaient et pouvaient être des gouvernements également libres. On revenait à Montesquieu, et aux idées si fausses qu'il a données sur la constitution anglaise.

Dans cet état flottant, on pouvait présumer que beaucoup d'hommes, jusque-là partisans assez sincères de la constitution républicaine de l'an III (qui faisait électeur tout propriétaire, *et même tout locataire* d'un fort petit loyer), n'étaient pas loin de penser à la monarchie constitutionnelle ou à une république monarchique. Le modéré Thibaudeau, qu'on appelait *la barre de fer* pour sa fixité à défendre la constitution de l'an III, n'en fut pas moins des premiers à mollir pour le Consulat, ainsi que Doulcet de Pontécoulant, l'ancien protecteur de Bonaparte, et avec lui une infinité d'autres.

Même des royalistes zélés et invétérés, comme les avocats Siméon, Portalis, comme Barbé-Marbois, intendant de Saint-Domingue, consciencieux et sévère travailleur, mêlaient à leur royalisme des aspirations libérales qu'ils ne laissèrent échapper qu'à la fin de leur vie, quand triompha le royalisme.

L'indécision existait au Directoire même. Barras, occupé de plaisirs, avait des relations de parti avec les jacobins des faubourgs, des relations de plaisir avec les royalistes, les agioteurs, toutes sortes de gens. Rewbell, excellent Directeur, entrait dans beaucoup de détails, faisait beaucoup d'affaires et bien. La Révellière, longtemps caché sous la Terreur, avait pris des habitudes de solitude et d'étude scientifique qui allaient peu avec le gouvernement.

Carnot et Letourneur, les deux ingénieurs, s'occupaient seuls de la guerre, et par occasion de la diplomatie. Honnêtes gens, mais trop liés à l'esprit de l'Ancien-Régime par le corps du génie auquel ils appartenaient, et encore plus par leur éducation aristocratique et monarchique, qui se réveillait en eux avec une force d'autant plus grande qu'elle avait été durement comprimée, cachée sous la Terreur.

Les Carnot, comme les Bonaparte, étaient d'une famille de notaires établis depuis plusieurs générations à Nolay, près Autun, dans cette partie sévère de la Bourgogne qui ressemble si peu à l'autre. Là, beaucoup de dévotion, de pèlerinages, d'ermitages. La sœur aînée de Carnot, supérieure d'un hôpital, semble avoir été une sainte.

Carnot reçut son éducation des prêtres à Autun, où passa aussi Bonaparte avant Brienne. Carnot resta plus longtemps que Bonaparte sous la discipline ecclésiastique, ne la quitta qu'à dix-sept ans, pour être envoyé à Paris.

Une chose assez curieuse, c'est que de même que les Bonaparte mettaient leur orgueil à être petits-neveux d'un saint du Moyen-âge, d'un capucin célèbre, les Carnot étaient parents (si le mot ne trompe pas) du père Hilarion Carnot, historien de l'ordre de Saint-François et de plusieurs livres mystiques.

Le père de Carnot[1] eut dix-huit enfants. Fort estimé, il était juge de la plupart des seigneuries des environs. Cela devait lui donner une grande autorité dans le pays, mais aussi devait le tenir fort dépendant de tous ces personnages. Il faut une grande force de caractère pour se garder soi-même dans cette position.

Telle était la situation d'une bonne partie des députés de nos assemblées. Beaucoup étaient clients

---

1. *Mémoires*, t. I, p. 64.

et gens d'affaires des seigneurs, du clergé. Cela créait des habitudes invariablement liées aux souvenirs de l'Ancien-Régime, dont ces légistes exerçaient seuls en toute chose le pouvoir réel, l'action.

Carnot, envoyé à Paris pour étudier, ne tomba pas dans le dévergondage d'esprit et de lectures où nous avons vu Bonaparte.

Il n'avait pas un Marœuf pour le protéger. Son protecteur naturel aurait été le duc d'Aumont, seigneur de son village et qui, sous Louis XV, était premier gentilhomme de la chambre du roi. Cette grande maison, riche de tant de seigneuries, avait à Paris, pour administrateur et principal agent, une dame fort entendue et sage (M$^{me}$ Delorme). Tout naturellement elle s'intéressa au jeune Carnot, laissé seul sur le pavé d'une telle ville, dans une pension qui préparait aux examens de jeunes officiers. Rien ne fut plus heureux que ce patronage pour le jeune Bourguignon, fort sensible, qui eût pu tomber dans mille écarts. Ce jeune mathématicien était poète, même auteur érotique ; on lui attribue, non sans vraisemblance, neuf volumes imprimés de correspondance amoureuse.

Carnot avait bon cœur. Loin de cacher ou d'oublier le rapport de clientèle où sa famille était à l'égard du duc d'Aumont, il saisit plus tard l'occasion de rendre à cette famille un service signalé.

Mais sa vive reconnaissance était pour sa Minerve, cette dame prudente qui, à Paris, l'avait si bien gardé. Il l'invitait souvent à sa table au Luxembourg¹. Et peut-être était-ce pour elle et quelques autres amis de même opinion, qu'il avait, dans ces dîners, l'attention d'avoir, certains jours, des plats maigres pour ne pas les contrarier².

La maternité adoptive, ce lien délicat qu'on n'a jamais encore suffisamment décrit, analysé, n'en a pas moins une grande force. Et M^me Delorme, alors âgée, prudente et expérimentée, put agir indirectement pour son parti plus qu'on ne supposait. Elle avait pour auxiliaire le sentiment de Carnot même, qui croyait que les royalistes seraient patients, éviteraient toute violence, comptant sur les élections.

C'était bien leur vrai jeu. Et ils l'auraient joué, si l'Angleterre, pressée, ne les avait peut-être forcés d'agir trop tôt, sans attendre.

Ils s'adressèrent à ce pantin Malo qui, en chemise, avait sabré les babouvistes. Malo saisit aussi cette chance d'avancement, fit bonne mine aux royalistes, les attira, et les fit arrêter chez lui. La chose était publique, et le ministre Cochon ne put faire autrement que de lui laisser son cours (janvier 97).

Mais Cochon trouva là bien plus qu'il ne voulait trouver. Indépendamment des dépositions de l'abbé Brottier et autres, qui présentaient les choses comme des projets sans conséquence, un certain épicier Dunan, qui réellement s'appelait Duverne de Presle, eut peur, avoua tout, donna au Directoire l'idée

---

1. Nous dit M. Carnot le fils, t. I, p. 84.
2. *Mémoires*, t. II.

complète de l'affaire, expliqua sans détour le plan concerté avec les Anglais. On avait décidé depuis deux ans qu'on ne ferait plus d'entreprises partielles, plus de tentatives de détails toujours avortées, mais un complot d'ensemble, suivi sur le même plan. La déroute des chefs vendéens y servait plutôt que d'y nuire. Ces forces, indisciplinables jusque-là, devaient désormais se plier à l'unité de vues, d'efforts.

Ce plan répondait parfaitement à la parole de Burke, longtemps incomprise de Pitt : « On ne viendra jamais à bout de la France que par la France. »

Dunan disait : « C'est par la constitution même que nous trouverons les moyens de ruiner la constitution. Pour cela il faut s'emparer des élections, forcer les royalistes d'aller aux assemblées primaires en se concertant dans leur choix, faire voter dans le même sens les indifférents qui veulent moins tel gouvernement que l'ordre et le respect de la propriété.

« Les compagnies royalistes que l'on armera sous les couleurs républicaines n'auront pour but ostensible que de s'opposer à tout ce qui peut gêner *la liberté* d'élection. Avec ce mot, on se rendra maître des assemblées primaires. L'agent anglais en Suisse, M. Wickam, fournira les fonds nécessaires.

« Nous avons eu le plan de descente en Irlande, et le rapport de Carnot sur ce plan. Dès le mois de juin 96, des membres du Corps législatif se sont offerts au roi, mais ils voulaient ne lui donner que le pouvoir exécutif sans changer la constitution même.

« Si l'on publie mon rapport, ajoute Dunan, les royalistes vont rentrer en terre, mais d'autres proposeront, à Londres, d'appuyer les jacobins qui, ramenant la Terreur, feront d'autant plus désirer le roi. »

Cette dernière menace, un peu vaine, mais habile, semble avoir pétrifié le Directoire. Babeuf et Darthé vivaient encore à Vendôme, à la date des élections, pour paralyser le gouvernement. Les conspirateurs royalistes, condamnés à mort, furent graciés pour ainsi dire, n'eurent que des peines d'une douceur étrange ; au même moment l'on innocentait les contumaces de Vendémiaire qui, depuis plus de dix-huit mois, se promenaient, se montraient, piaffaient dans Paris.

Cochon restait à la police. Il avait prouvé sa sûreté, sa fidélité, en saisissant en une année les deux complots, en sens inverse des jacobins et des royalistes. Cela semble avoir tranquillisé le Directoire, qui parut dès lors endormi.

Au 30 décembre, dans sa situation flottante, il ne se montra pas moins à l'Europe dans une scène vraiment triomphale, pour recevoir les drapeaux d'Arcole qu'envoyait Bonaparte. Les ambassadeurs d'Espagne et des États-Unis, ceux de Sardaigne et de Tunis assistaient à cette scène. Le président était Barras. Mais le vrai roi, en quelque sorte, était Carnot, ce protecteur constant, zélé de Bonaparte, qui en tout l'avait assisté, qui, à ce moment même, détachait de l'armée du Rhin vingt mille hommes d'élite pour l'aider dans l'expédition du Tyrol. Carnot et Bonaparte étaient en ce momeut l'unique objet de l'attention. Le premier, dirigeant une guerre heureuse et si doux au dedans, indulgent pour les royalistes, était au comble de la faveur publique.

On regardait les Alpes neigeuses, on calculait les chances de cette expédition romanesque, improbable.

Les royalistes en quatre mois, jusqu'en mai, avaient bien le temps de machiner l'élection, de préparer, monter leur coup.

## CHAPITRE VI

Crise suprême de l'Angleterre. — Révolte de la flotte (mai 97).

Il est constant que depuis Léoben et la nouvelle élection d'un tiers (deux cent cinquante députés), le Directoire se trouva effroyablement pauvre, dépourvu de tout moyen d'action. Les contes qu'on faisait de Barras et de sa folle cour en étaient le prétexte. Mais, en réalité, il y avait un projet fixe, formé, avoué, d'*affamer* le gouvernement, en lui ôtant tout maniement de fonds. La loi passa aux Cinq-Cents, et elle aurait passé aux Anciens sans Dupont de Nemours, un royaliste, mais enfin un Français, qui trouva monstrueux de désarmer l'État dans un moment si grave. Eh bien, malgré le refus des Anciens, les commis de la Trésorerie, rois absolus et traîtres royalistes, s'assirent solidement sur la caisse, même après Fructidor, et firent manquer l'expédition d'Irlande, la séparant habilement, donnant de l'argent pour Humbert et pour douze cents hommes, mais refusant l'argent des douze mille hommes qui, avec Saladin, allaient rejoindre Humbert.

Cette royauté des bureaux, qui, déjà sous Carnot avait longuement retardé le passage du Rhin en mai, tint la France désarmée au moment où un événement unique ouvrait l'Angleterre à ses ennemis.

Je ne suis pas l'ennemi de ce grand peuple, et j'ai souvent remercié le ciel de ce que cette ruche immense de travail, d'industrie, n'avait pas été bouleversée par la barbare expédition que préparait notre tyran en 1805. Cependant, en voyant la guerre d'argent que Pitt, croisant les bras et sans bouger, nous faisait par nos traîtres en 97, on ne peut s'empêcher de regretter que cette honte alors n'ait pas fini.

Un événement terrible eut lieu en mai 97, qui semblait la fin de la fin, et comme le jugement dernier pour la nouvelle Carthage. On eut, une nuit, sur la côte et jusque dans la Tamise, un spectacle terrible, et bien plus effrayant que toutes les visions apocalyptiques d'Ézéchiel. Les trois immenses flottes qui gardaient l'Angleterre, celles de Portsmouth, Plymouth, et une autre encore dans le Nord, ces citadelles flottantes de la Grande-Bretagne, obscures la nuit, muettes comme des corps de naufragés, tout à coup prennent voix, s'illuminent bizarrement par des torches mouvantes... Qu'est-ce ceci? C'est une éruption, et bien autre que celles de l'Etna... La flotte est révoltée. Ce qui faisait jusqu'ici la défense, la sécurité, c'est maintenant le péril. Quel péril ? Un enfer déchaîné. Et un enfer bizarre et tout artificiel.

La nature n'aurait jamais fait cette tourbe, cette écume épouvantable, — un peuple de maudits. L'homme seul pouvait faire un tel monstre. L'Angleterre, en déclamant fort contre la Terreur française, avait fait sur la mer un 93 permanent. Malgré toutes les phrases qu'on a dites sur la *presse* des matelots, il est sûr que les habitudes effroyables de la traite des nègres (surtout depuis cent ans, depuis le traité de l'Assiento) avaient créé, même pour les blancs, une férocité indicible. A peine les côtes de Guinée purent-elles jamais offrir de scènes plus barbares et plus démoniaques que ce qu'on voyait chaque nuit dans les ruelles qui mènent à la Tamise. Des hommes à moitié ivres, qu'on prenait n'importe comment, au filet, au *lazzo*, et qu'on traînait presque étranglés jusqu'à la barque fatale, où, meurtris et sanglants sous les gourdins, on les précipitait, ne bougeant plus et comme morts. De là, avec d'autres sévices, traînés au vaisseau noir, où on les précipitait à fond de cale, sans air et sans lumière, dans un tartare immonde. Quelques vieux romans de ce temps ont peint cela, mais non jusqu'au bout, grâce à Dieu. Au reste, les figures de damnés qu'on a encore, même de grands marins anglais, font un parfait contraste avec les figures grossières, mais calmes, empreintes de bonhomie, de ceux de la Hollande. Comparez Nelson et Ruyter.

Ce n'était pas une petite affaire que de tenir ces enfers bien fermés, et ces foules furieuses qui, si elles n'étaient enchaînées, restaient toujours sous l'effroi de terribles supplices, ne travaillant, ne manœuvrant que sous la gueule des pistolets. Horrible effort d'entasser dans ces cales tant de désespoirs, de blasphèmes, la fureur de tant de damnés.

Ce chaos de victimes, d'hommes inexpérimentés, étaient certainement moins utile que n'auraient pu l'être des équipages formés et résolus. Mais dans l'éblouissement où était Pitt, et sans doute aussi dans son indifférence hautaine pour la nature humaine, tout cela lui resta fermé. Il empila avec fureur des hommes, de la matière vivante, dans ces cachots flottants. Cachots, parfois sépulcres. Vivants ou morts, on ne distinguait guère. De cette chambre, élue on sait comment, il obtint tout d'abord soixante, quatre-vingt mille matelots ! On s'effraya. Alors, il exigea cent mille. Puis, sans précautions, d'une main froide et au hasard, sans s'inquiéter si son enfer pourrait contenir tout cela, il en engouffra cent dix mille.

Alors, les ténèbres flambèrent. La mer s'illumina. Un formidable cri s'éleva, et tout d'abord s'inscrivit sur les pavillons : *La République flottante*. Hélas ! ce mot de république, tant oublié depuis Cromwell, et dans tous les temps plats de la maison de Hanovre, qui peut alors bien savoir ce que c'est? Chose rare et singulière, fort peu anglaise : *Ils perdirent le respect*, ils mirent leurs officiers aux fers. Maintenant qu'allaient-ils faire? Remonter la Tamise? On le croyait, on construisait des batteries pour les arrêter au passage. Et s'ils passaient, qu'auraient-ils fait, ces diables égarés, demi-fous? Ils auraient fort bien pu brûler Londres, comme au temps du Complot papiste. La Banque défaillit de frayeur, et la Bourse tomba à cinquante pour cent. C'est justement l'excès d'effroi qui soutint Pitt. Ses adversaires votèrent pour lui et lui accordèrent tout. La Banque fut dispensée de payer, sinon en billets. Les créanciers de l'État furent très braves à force de peur, firent tout ce qu'on voulait, agirent comme un seul homme. On attrapa, on désarma la foule, lui accordant toutes ses demandes, comme paye et comme nourriture. Force pardons surtout. Puis on pendit les chefs et tout rentra dans le devoir (juin 97).

Dans cette terrible aventure qui, il est vrai, dura peu, Pitt eut ce grand bonheur que le gouvernement français n'existait pas, pour ainsi dire, était paralytique. Cette leçon ne fut pas perdue. Par des moyens désespérés, et surtout par un déluge immense, épouvantable, d'or, d'argent, on prépara, on hâta, à Paris, en France, la grande trahison royaliste. Pendant que, de l'Est, du Midi, Pichegru venait avec les Francs-Comtois et les Lyonnais; de la Vendée, de la Bretagne, qui paraissaient dormir, vinrent les brigands, les amis de Charette, avec leurs ceintures pleines d'or.

Les Autrichiens eussent aimé mieux peut-être que le mouvement n'eût lieu que quand la mauvaise saison allait rendre la guerre impossible. Mais les Anglais étaient pressés, après cette grande panique ; ils voulaient se remettre le cœur par le naufrage de la France.

## CHAPITRE VII

La fausse élection de 97. — Mort de Babeuf (26 ma

L'indulgence excessive des procès royalistes, les fusillades atroces des procès jacobins, montrèrent suffisamment au parti monarchique qu'il pouvait tout oser, et que, quoi qu'il osât, on ne punirait que ses adversaires.

Cela commença par des farces, des amusements de jeunes gens, qui, la nuit, abattaient les arbres de liberté. Puis ils trouvèrent plus gai d'en prévenir l'autorité insolemment. Alors, on osa davantage; on s'amusa, la nuit, à arrêter les diligences. Histoire de rire. Mais quand elles étaient chargées de l'argent des impositions, on le prenait. Histoire de rire. D'ailleurs, n'était-ce pas l'argent du roi? Des fonctionnaires mal appris qui réprouvaient ces choses furent poignardés. On s'amusait aussi à tirer des coups de fusil aux acquéreurs de biens nationaux. Ceux qui tirent sont pris, jugés, absous. Les tribunaux ont peur, et les acquéreurs patriotes sont traités comme des bêtes fauves.

Un courageux juge de paix osait commencer des poursuites contre les royalistes. Mais c'est lui que l'on met en jugement.

Partout les prêtres réfractaires prêchent le meurtre, les vengeances. Ils organisent deux petites Vendées, au Vivarais et aux Alpes-Maritimes, et guident les bandes sauvages des Barbets.

La guerre civile est imminente. C'est alors que Boissy d'Anglas, toujours sous son impression de Prairial, et craignant une jacquerie jacobine, obtint pour son département, l'Ardèche, qu'on y fît venir de Marseille le général Willot accusé justement comme traître par l'armée d'Italie ; il arrive, pour porter secours aux royalistes triomphants. Le long du Rhône, grâce à lui, ils eussent massacré à leur aise les républicains. Heureusement, la Drôme, un département vigoureux, coupa l'horrible chaîne qui, de Marseille, allait s'étendre à Lyon.

Que faisait donc le Directoire? A toute tentative pour remettre un peu d'ordre, on lui criait : « Laissez agir la liberté! c'est la lance d'Achille. Elle guérit les maux qu'elle fait. » De sorte que La Révellière et la majorité républicaine du Directoire étant paralysés par les journaux, le grand public, muets comme de simples comparses, pouvaient tout au plus dire des choses purement théoriques : « Les principes *permettent...*, ou : *ne permettent pas.* »

*Vive la liberté!* disaient les royalistes, et ils poussaient à l'élection les masses de leurs paysans d'hier, bêtes brutes, qui avaient hâte de retomber à quatre pattes. Ailleurs, si les patriotes quelque part étaient forts, les royalistes prenaient les poignards et les pistolets. A Mortagne, deux républicains sont tués, et beaucoup sont blessés. Dans vingt-six départements, les assassinats furent si nombreux qu'un agent des royalistes et des Autrichiens, qui faisait leur correspondance à Strasbourg, la baronne de Reich, s'en alarma, trouvant qu'il était absurde de jeter le masque si tôt.

Quoi! dira-t-on, la masse ne s'opposait à rien. Elle était donc bien refroidie! La France est donc bien versatile? — Non, la grande majorité était toujours pour la Révolution, mais peu à peu s'était mise à l'écart, reculée sur le second plan. Tel avait été jacobin et craignait des vengeances. Tel avait acheté des biens nationaux; dans l'inquiet souci de sa propriété nouvelle, ne voulait rien autre que (s'il pouvait) être oublié. Tout au contraire, les royalistes apportaient aux élections des passions furieuses, la haine et la vengeance, l'âpreté du chasseur et sa férocité. Les Compagnons de Jésus avaient partout reparu, à Lyon, dans le Midi. Les tribunaux n'osaient rien; les gendarmes avaient peur et ne voulaient rien voir. Aussi, les royalistes, agents électoraux le jour, la nuit changeaient de rôle, et souvent forçaient les maisons, étendaient la terreur par d'horribles sévices de chauffeurs qu'on racontait partout et qui, longtemps après, dans mon enfance, terrifiaient encore les campagnes. Voilà sous quelle pression se fit l'élection du nouveau tiers.

Pendant l'élection, que disaient, à Paris, les sages et gens d'affaires, les gens paisibles, etc.? « On a signé à Léoben; voici enfin la paix. Mais les préliminaires ne sont pas encore complétés tout à fait. Ne troublons rien, et laissons aller doucement l'élection. Nous pourrions gâter la grande affaire. Carnot et Bonaparte ne sont pas maladroits. Qui le croirait? Ce Bonaparte est l'ange de la paix; il est si passionné pour elle, qu'il a rendu cinq provinces des Alpes à l'Empereur. — Et Venise? — Qu'importe! Ne soufflons mot, nous empêcherions tout. »

Dans cette joie publique, il y avait bien encore un certain trouble-fête, du côté de Vendôme. Babeuf, Darthé vivaient. Partout aux familles timides, aux femmes, on rappelait que Darthé, c'était Lebon même, une terreur plus sauvage que celle de Robespierre. Et, aux inquiétudes de la propriété, on présentait Babeuf, l'abîme immense du grand partage qui ruinerait tout, anciens, nouveaux propriétaires, et les mettrait tous en chemise.

Vaines alarmes qui, au premier moment, avaient pu avoir leur vraisemblance, comme tentation de pillage, comme une dangereuse étincelle, un incendie peut-être dans les classes nécessiteuses; mais en 97, après l'horreur générale qui avait accueilli Babeuf, elles apparaissaient dans leur réalité : rien qu'un fort bon secours pour l'élection royaliste.

Enfin ils ont vaincu, ces royalistes, les voilà installés. Pourquoi un sacrifice humain? On n'avait rien trouvé contre Babeuf que ses rêves, de vaines paperasses, qu'il avait, il est vrai, rendues plus sérieuses par son orgueil, des menaces insensées.

N'importe! on fit pour ces faux députés, ce tiers si mal élu qui arrivait et venait à peine de s'asseoir, une chose agréable, et agréable aussi à beaucoup de propriétaires, agioteurs et autres dont les titres ne valaient guère, de leur ôter ce poids de la poitrine, de leur dire : « Respirez... L'avenir est maintenant paisible et sans nuage. Ne craignez rien. Babeuf est tué. »

Il avait été condamné à mort avec Darthé. Ils firent comme ceux de Prairial. Ils se poignardèrent, mais ne purent que se blesser horriblement, et furent guillotinés le lendemain (26 mai 97).

# CHAPITRE VIII

Insolence des royalistes. — Persécution de Louvet qui dénonce leurs complots, et meurt.

Ce tiers, si mal élu par la fraude et le crime, se caractérisa suffisamment en ramenant un homme couvert de sang, que l'Assemblée jusque-là avait repoussé comme chef des royalistes assassins du Midi. Puis le long Pichegru apparaît, triste énigme sans trait, sans caractère, être douteux, à qui le Directoire venait de retirer le commandement. Ancien enfant de chœur, puis sergent et gradé par le prince de Condé. Crapuleux d'habitudes avec des mœurs étranges fort rares aujourd'hui, il n'était pas moins très ostensiblement dévot. Dès qu'il entre, on se lève ; le nouveau tiers le salue président ; les deux autres tiers suivent, approuvent sans difficulté.

Dès lors la trahison préside l'Assemblée. Et on l'introduit même dans le gouvernement. Un directeur sortant, on le remplace par Barthélemy, l'agent du roi (comme Barbé-Marbois l'avoue en 1818). Carnot l'accueille, rend visite à Pichegru. Dès lors le Prétendant siège, avec Barthélemy, dans le Directoire même.

On ne se gêne plus. Imbert-Colomès se plaint qu'on ose lui reprocher de correspondre avec Louis XVIII. Au Rhin, au Rhône, en Bretagne, des racoleurs de l'ancien régiment Royal-Allemand recrutent publiquement pour le roi.

On a vu que, pour ôter toute force au Directoire, tout moyen d'action, les Cinq-Cents complotaient de lui enlever tout maniement des fonds publics. Moyen sûr de paralyser l'action gouvernementale, de suspendre l'administration.

Cependant les dévots, l'ardent Camille Jordan, voulaient armer les prêtres du grand moyen d'insurrection, en leur rendant leurs cloches et les laissant sonner à volonté la guerre civile.

A la fin de juillet (30 messidor), les Cinq-Cents préparaient un projet encore plus dangereux. Sous le prétexte d'un mouvement terroriste qui n'existait pas, ils voulaient réorganiser la *garde nationale*, mais bien plus dangereuse qu'en Vendémiaire. C'eût été une garde nationale triée, nommée dans l'aristocratie par les assemblées électorales. Ce fut Pichegru qui, au 2 thermidor (20 juillet), en présenta le plan. S'il passait, Pichegru, les Clichyens, avaient une armée.

Tout était couvert d'ombre. Bonaparte tout en menaçant les royalistes et en faisant passer une partie des papiers d'Entraigues qui concernaient Pichegru, gardait lui-même Entraigues, au lieu de l'envoyer au Directoire, qui l'eût interrogé. Moreau, avec sa grande armée du Rhin, tout opposée à celles d'Italie et de Sambre-et-Meuse, restait muet, obscur. C'était comme un gros nuage sombre que l'on voyait à l'est. Cette armée, si pure en ses grands chefs, Desaix, Championnet, n'en était pas moins fortement travaillée, surtout en ses officiers inférieurs. On avait près d'elle à Strasbourg un homme très agréable, un ange, Fauche-Borel, aimable et de figure charmante, qui, l'autre année, avait séduit Pichegru. Il était à Strasbourg, tout cousu d'*or anglais* qui lui venait de Bâle. Sa correspondance avec les Allemands se faisait par des pâtés de foie gras qu'envoyait le curé de Strasbourg. Fauche avait apporté de Suisse nombre de montres d'or qu'il vendait à crédit ou gratis à nos officiers. Arrêté, par l'argent, l'eau-de-vie, il se fit en réalité le roi de la prison et des soldats qui le gardaient.

Moreau s'en doutait-il ? Peut-être. Régulier dans ses mœurs, il dépendait de M<sup>me</sup> Moreau, qui le menait à la ruine. J'ai dit qu'ayant trouvé dans un fourgon allemand les lettres de Pichegru à l'ennemi, il n'en dit mot et voulut d'abord les faire déchiffrer. Cela prit plusieurs mois.

Les partis monarchistes, des Bonaparte et des Bourbons, et puis des bonapartistes encore, ayant eu le dessus pendant quatre-vingts ans, ayant eu l'argent et les places, le temps pour corrompre l'opinion, l'oubli est venu à la longue, et l'on n'a plus l'idée de l'état d'insolence où arrivèrent les royalistes, les émigrés, chouans dans cet été de 97. On peut dire que la République victorieuse fit amende honorable, et que la chouannerie vaincue, changeant les rôles, semblait lui imposer de demander pardon.

Comment cela ?

Non seulement par ces fausses élections du tiers de l'Assemblée, par la prédominance du nouveau tiers, vainqueur, sur les deux anciens tiers humiliés. Mais surtout par le pied que les royalistes avaient dans le gouvernement, par la mollesse de Carnot, la trahison de Barthélemy et de Cochon, de la police même du Directoire.

Un ami de Carnot le loue d'avoir accordé deux mille congés à des jeunes gens dont leurs familles disaient avoir besoin. Eh bien, sans la forme expresse de congés, les administrations par toute la France donnaient des congés provisoires, en déclarant tel ou tel *mis en réquisition* pour un service public. Même les parents d'émigrés furent déclarés par l'Assemblée capables d'être *requis* pour les emplois. Ces jeunes gens, souvent un peu mieux éduqués, cravatés, à mains blanches, furent préférés, de sorte que toute l'administration se trouva peu à peu changée et recrutée parmi les ennemis de la Révolution.

L'armée même, plus à l'abri de ce mélange, n'en eut pas moins dans les armes savantes, dans les places d'état-major, des militaires suspects, des

Clarke et des Mathieu Dumas, des Lavalette, etc. Nous avons vu la trahison de Clarke et son adresse pour arriver trop tard, de sorte que Bonaparte à lui seul conclût Léoben.

Nous avons vu à la marine les Villaret-Joyeuse et ceux qui, par des lenteurs et des manœuvres calculées, firent échouer Hoche en Irlande. (Voyez La Révellière, en 96.)

La trésorerie fit avorter de même l'expédition d'Humbert en 98. Cette administration était une des forteresses du royalisme, et telle elle resta. Barbé-Marbois, sous Napoléon, la retrouva la même. Telle je l'ai vue sous la Restauration. Personnel identique, admirable de majestueuse insolence, de mépris du public, et, sous prétexte de vigilance, de bonne économie, trouvant moyen d'empêcher tout. Vraies torpilles qui, aux moments critiques, savaient bien désarmer l'État.

Ces superbes commis, sortis pour la plupart du monde de l'émigration, en étaient la copie fidèle, et se faisaient honneur de la représenter sur le pavé de Paris au boulevard, au Palais-Royal, où ils faisaient la guerre aux journaux patriotes. La presse était-elle libre ? Oui, en droit, légalement. Mais en fait ? Beaucoup moins. Les journalistes républicains n'ayant pas les subventions anglaises qui, de Pitt à Wickam, et enfin ici à Dandré et autres arrivaient tous les jours, étaient dans une grande infériorité financière. De plus, le Directoire, toujours sous son épouvantail du parti de Babeuf, rognait les ailes aux patriotes. On le vit par Fréron. Quand il eut publié son premier Mémoire sur les crimes des royalistes et les massacres du Midi, il ne put pas imprimer le second. Comment cela, je ne sais. Mais je crois que même son ami Barras l'en détourna, obtint cela de lui, disant : « N'ajoutons pas le feu au feu !... Laissons périr ces déplorables souvenirs !... Paris est gai, s'amuse. A quoi bon l'attrister ? »

Ainsi l'indifférence de Barras, occupé de plaisir, l'indulgence de Carnot, la trahison muette de Barthélemy, tout imposait silence aux patriotes, encourageait les royalistes.

« Paris s'amuse ! » disait-on. Et, en effet, le soir, que de bruit au Palais-Royal !

Chaque soir, une scène infâme s'y passait, sous les yeux de la police indifférente.

Quelle scène ? Une scène de chasse, un cruel hallali ! Même dans la rue Saint-Honoré, et dans les deux rues sales qui entourent le Palais-Royal, on entendait des cris sauvages. « Qu'est-ce ? — Rien du tout. » Et les cris, les risées redoublaient. « Ce n'est rien. C'est Louvet ; sa Lodoïska, qu'on siffle. »

Louvet était haï, et non sans cause. Son journal, *la Sentinelle*, est le seul vrai tableau du temps, le seul témoin fidèle de la terreur qu'exerçait alors l'insolence royaliste.

On a trop oublié cet homme, si hardi et si généreux, et si sincère républicain, qui défendit en Prairial les Montagnards, ses proscripteurs. On ne sait pas bien même tout ce qu'il a produit. Outre

*Faublas*, trop fidèle peinture des mœurs d'avant 89, il a fait un roman très beau, quoique oublié, sur le *Divorce* et sa nécessité. Les aventures de sa proscription, ce récit si touchant, eussent dû lui ramener les partis. Ce fut tout le contraire. Il avait découvert la place vulnérable où l'on pouvait lui lanciner le cœur. Sans fortune, il vivait, avec sa femme, d'une librairie qu'il tenait aux Galeries de bois. On s'acharna sur elle (hélas! alors une ruine après tant de malheurs!) tous les soirs, on l'accablait de huées; on lui jetait à la face les scabreux épisodes des romans de Louvet. On disputait, on ouvrait des gageures : « Elle a rougi! elle a pâli! » Et si l'infortunée fuyait, on triomphait : « Je vous dis qu'elle se trouve mal... Va donc, Louvet, elle se meurt! » — Alors Louvet, un petit blondin pâle, et, pour comble, myope, sortait parmi la foule, montrait le poing, défiait... De là un colossal éclat de rire.

Dans ces Galeries (de bois alors, et de cuivre aujourd'hui), nul moyen d'échapper aux regards. Chaque boutique a deux façades, et, par derrière, on voyait tout, la femme demi-morte, et le désespoir du mari; ses pleurs surtout! ses pleurs! quel régal pour la meute des *incroyables*, qui se roulaient de rire : « Pleure! pleure! Louvet!... Et tu as bien raison. Comme elle est pâle! elle en mourra! »

Son journal nous a donné ces scènes abominables d'une femme honnie et déchirée à mort : le tourniquet du pilori antique et l'outrage de l'exposition s'y retrouvaient avec les sifflets, et, pour ainsi parler, les crachats au visage, enfin l'aveu, friand aux insulteurs, que l'outrage a mordu, et la honte de la défaillance sous ces regards féroces et impudiques. Louvet en fut poignardé à la lettre. Il prédit dans sa *Sentinelle* le coup que le parti montait contre le Directoire. Il prédit, et mourut huit jours avant l'événement.

Prenez à la Bibliothèque la collection Hennin et autres, vous verrez là dans les gravures du temps des types tels que ni Dante, ni Michel-Ange, dans leur *Enfer*, leurs *Jugements derniers*, n'ont jamais pu atteindre. Le chat furieux, désespéré, les a donnés peut-être dans ces réjouissances atroces où, dans un sac de fer, à la Saint-Jean, on suspendait une douzaine de chats hurlants, miaulant sur un brasier. Grimaces épouvantables que purent représenter les chouans, duellistes enragés, ou chauffeurs de 97, dans leurs épouvantables rires.

## CHAPITRE IX

#### Le Directoire s'affranchit de Carnot.

Les royalistes trépignaient sur la France. Vaincus en Vendée, et partout, dans les armées de l'ennemi, ils n'en étaient pas moins agressifs, insultants à Lyon et à Marseille. A Paris, provoquants sous les Galeries de bois, et au nouveau Coblentz. Les amis de Charette, amnistiés par Hoche, les soldats gentilshommes de Lusignan, graciés par les nôtres en Italie, ayant quitté à peine l'uniforme autrichien, ici étaient comblés des dames, et, sur les chaises du boulevard des Italiens, étalaient leurs grâces en vainqueurs[1].

Les historiens qui nous rapportent les adresses menaçantes, venues des armées, ont l'air de croire que toute cette tempête fut suscitée par Bonaparte (courroucé de l'ingratitude des royalistes). Mais des

---

1. Voy. Boily et C. Vernet; Bibl. nationale.

adresses non moins fortes, encore plus menaçantes, venaient du Nord et des soldats de Hoche, de l'armée de Sambre-et-Meuse. Des adresses si révolutionnaires n'étaient nullement dans la politique de Bonaparte, qui, un moment fâché avec les rétrogrades, leur revint, les servit si bien à Campo-Formio.

D'ailleurs, ce mouvement de l'armée contre les royalistes avait commencé bien avant. Barbé-Marbois[1], exact pour les dates, nous donne ici un fait que je crois vrai : c'est que cette armée d'Italie, furieuse après Léoben contre la réaction qui lui arrachait sa proie des dents, prévoyait que la réaction, après cet avantage, serait d'autant plus forte pour la prochaine élection; elle aurait voulu que l'élection fût remise.

L'armée, ce grand muet du dix-neuvième siècle, n'était pas telle encore à cette époque. L'autorité elle-même souvent l'excitait à parler, en correspondant avec elle paternellement. Le Directoire écrivait quelquefois à un simple officier après un beau fait d'armes (par exemple à Rampon, avril 96).

Ignorait-elle, cette armée d'Italie, ce qui se passait à la maison? Fille du Rhône et des Pyrénées, pouvait-elle ne pas savoir que, tout le long du Rhône, on assassinait ses parents, qu'on allait à la chasse des acquéreurs de biens nationaux? Et qui faisait ces meurtres? De jeunes réfractaires, qui, par pro-

---

1. Barbé-Marbois, t. I, *Introduction*, p. xviii.

tection, trouvaient moyen d'éluder la réquisition, aimant mieux cette guerre commode de tuer sur les grandes routes.

La mère écrivait au soldat : « Reviens ! la guerre n'est plus en Italie; elle est ici... Reviens, et défends-nous. Ici, on ne dort plus. Chaque nuit, on entend le chauffeur qui ricane et frappe au volet. »

Le jour, ces brigands gentilshommes étaient facétieux, excellents escrimeurs, adroits à jouer de la pointe. Très poliment, ils demandaient : « Vous crèverai-je l'œil droit ou l'œil gauche[1] ? »

A Paris, tout cela était nié. « Des assassinats ! disait le bon Camille Jordan, il y a eu très peu, fort peu d'assassinats. » — Carnot dit quelque part qu'il y a eu en tout deux assassinats. « Et je le sais, dit-il, parfaitement; car l'un a eu lieu dans mon département, la Côte-d'Or, et l'autre dans le Nord, où est née ma femme. » — Assertion contre laquelle cent mille familles sont prêtes à protester.

Ce qui prouve combien les meurtres furent nombreux, c'est que cette Assemblée, telle quelle, en fut effrayée elle-même et crut les arrêter en fixant une amende pour toute commune où l'on aurait assassiné.

Ces guet-apens, ces meurtres frappaient surtout les populations dispersées, solitaires, de nos paysans du Midi qui avaient acheté des biens natio-

---

1. C'est ce qui arriva à un de mes amis.

naux. On le sentait peu à Paris, mais beaucoup à l'armée d'Italie, où le soldat était fils ou frère, parent des victimes, ou du moins connaissait celles de sa commune. De là une irritation extrême contre le Directoire, qui remédiait peu à ces maux, et spécialement contre Carnot, déjà haï pour le traité de Léoben, et suspecté surtout pour sa faiblesse envers les royalistes.

Cette disposition des armées n'éclata en plein que dans l'été de 97. Et, au printemps, nul n'eût su voir encore comment s'ébranlerait la toute-puissance de Carnot. Outre son mérite réel, son travail, son activité, son maniement déjà ancien des affaires, des bureaux, il avait une chose qui l'ancrait dans le public, et que lui-même explique longuement : le fort lien qui l'unissait à Bonaparte[1]. Non seulement, il dit qu'il fut l'artisan de sa fortune, plus que Barras, et réclame en partie comme siens les traités de Bonaparte avec le Piémont et l'Autriche. Mais il accuse la majorité du Directoire (La Révellière, Barras, Rewbell), le fameux trio, « tremblant pour son autorité, d'avoir toujours voulu se débarrasser du général. Bonaparte leur fut toujours odieux, dit-il, et ils ne perdirent jamais de vue le projet de le faire périr ».

Ces paroles étranges (tant répétées plus tard) expliquent bien la situation, la puissance incroyable que ces deux hommes se prêtaient l'un à l'autre.

---

1. Carnot, *Réponse à Bailleul*, p. 37, etc.

Carnot, par lequel Bonaparte se croyait sûr d'être approuvé de tout, tirait lui-même une force énorme des grands succès de l'heureux général d'Italie. Quand Masséna apporta, à Paris, le traité de Léoben, sans attaquer Bonaparte comme eût fait sans doute Augereau, Masséna ne put déguiser à la majorité du Directoire combien ce traité, si agréable aux Parisiens et à la grande société, l'avait été peu à l'armée, qu'il arrêtait au fort de ses victoires. Là commença entre La Révellière et Masséna cette estime, cette amitié fidèle qui continua jusqu'à la mort.

La Révellière vit là de près ce qu'on ne voyait pas de loin, que l'armée était mécontente, que l'empressement de Carnot à accepter le traité et à le faire subir à ses collègues par la force et la tyrannie du haut public, était le sujet de graves accusations.

Sa sagacité s'éveilla. Il comprit que c'était le moment faible de Bonaparte et de Carnot, et il dit à Rewbell : « Unissons-nous !... sinon, nous périssons. Si nous avons Barras aussi, nous serons la majorité. »

Le moment était court. Il fallait le saisir. Le grand enchanteur Bonaparte, affaibli devant l'armée par Léoben, mais relevé par les folles attaques des royalistes, ne pouvait pas tarder à reprendre sa fascination. La Révellière, grandi, fortifié d'un élan de civisme, osa proposer aux deux autres la chose qui devait le plus déplaire à Bonaparte et à Carnot : *de nommer Hoche ministre de la guerre.*

Carnot a toujours dit avec raison que, le premier, il avait protégé Hoche. Mais Hoche l'a toujours cru son ennemi, pensant que sa prison lui était venue non de la haine seule de Saint-Just, mais de la liberté qu'il avait prise de vaincre malgré le fameux Comité, et contre les plans de Carnot. Leur antipathie mutuelle n'était un mystère pour personne. Aussi, ce choix (impossible d'après la trop grande jeunesse de Hoche) n'en était pas moins significatif. Il disait aux armées, à tous, que la majorité du Directoire s'était affranchie de la royauté de Carnot.

C'est ce qui donna un si terrible effet aux adresses anti-royalistes de l'armée d'Italie et de l'armée de Sambre-et-Meuse.

Ayant fait cette chose de grand courage, les Directeurs se hasardèrent à faire un pas de plus.

La police était dans les mains de Cochon, l'homme de Carnot. C'est-à-dire que le Directoire ne savait que par lui sa vraie situation, l'état de sûreté ou de péril où il était, et, en réalité, vivait dans les ténèbres.

A ce Cochon, qui pour les royalistes avait peu de secrets, ils substituèrent Sotin, un homme à eux, sûr et fidèle, et dès lors, comme éveillés en sursaut, ils virent avec terreur que déjà ils étaient enveloppés dans un filet, avec un abîme dessous.

## CHAPITRE X

Les royalistes appellent la Vendée à Paris. — Le Directoire appelle Hoche, les escadrons de Sambre-et-Meuse.

Le Directoire, ouvrant les yeux, et regardant par le milieu fidèle de sa nouvelle police, avait vu ce que le précédent ministre Cochon se serait bien gardé de lui montrer.

Il avait cru n'avoir à craindre qu'une seconde édition de Vendémiaire, une révolte bourgeoise où les fils d'agioteurs, les commis de la Trésorerie, etc., viendraient escarmoucher aux marches de Saint-Roch, applaudis de leurs belles, des gracieux balcons de la rue Honoré.

Le nouveau ministre Sotin, mieux informé, enlevant les toits des maisons (comme dans le roman de Le Sage), montra aux Directeurs surpris un tableau d'intérieur qu'ils ne devinaient point, et leur dit tout d'un mot : « La Vendée est ici. »

Ce secret a été fort bien gardé des royalistes, si

bien que, longtemps même après la victoire du parti, le sage Barbé-Marbois ne le dit pas. Et nous n'en saurions rien si Delarue, qui avait plus de cœur, d'emportement que de cervelle, n'eût tenu à rendre justice aux zélés dont la tentative malheureuse fut déjouée en Fructidor. Ainsi, tandis qu'à lire le récit si bien calculé de Barbé-Marbois, on doit croire que le Directoire fut l'agresseur, on voit à plein par une simple note, que donne franchement Delarue, on voit, dis-je, que le Directoire avait en face une armée inconnue, et d'autant plus insaisissable.

D'abord des jeunes gens de bonne mine étaient venus de l'Est, des centres de l'émigration, et ne se cachaient guère : le duc de Rivière et le très charmant Polignac, fils adoré de la tant adorée! qui, douze années, régna sur la reine de France.

Puis, venait de l'Ouest de grands propriétaires, les La Trémouille et autres retournés dans leurs fiefs. Gens bien venus partout, et qui, chez Madame de Staël, écoutaient, se mêlaient à la société.

La Vendée, comme je l'ai dit ailleurs, s'était fort décrassée de ses héros barbares. La noble Vendée, par M. de Chatillon, avait accusé l'autre, celle des paysans et des prêtres, d'avoir fort indigné par ses excès. Stofflet, le garde-chasse, ne put avoir la croix de Saint-Louis.

Frotté, au Bocage normand, avait fait une autre Vendée, semi-féodale, flattant l'orgueil des bas Normands, par son ordre, approuvé du roi. Les biographes disent que Frotté était alors à Édimbourg. Je n'en crois rien. Je pense avec Delarue qu'il était à Paris, au moins pour le moment, ne voulant pas manquer une telle occasion, d'un succès si certain, où tout le monde croyait aux récompenses.

Mais à part ces groupes et ces bandes, il y avait, si l'on peut dire, une Vendée égrenée, et fort libre, de toute arme, tout rang, des cavaliers démontés de Charette, des sangliers de Cadoudal qui, quittant la Chesnaye, marchant surtout la nuit, étaient arrivés ici sans fusil, mai avec de très bons pistolets de fabrique anglaise.

On ne peut pas douter non plus que des assassins du Midi, attirés par les grosses distributions d'argent que Dandré et autres agents de l'Angleterre faisaient aux Vendéens, ne soient venus toucher leur part. Parmi ces gentilhommes de grande route, qui avaient l'habitude des choses atroces, il y en avait qui agissaient pour leur compte, par fureur personnelle et d'un cœur très envenimé. Dans les hommes et femmes de feu Charette, et parmi les agents, les espions de Puisaye, il y avait des âmes diaboliques. On peut en juger par la fureur qu'ils eurent de crever les yeux des chevaux du général Hoche, sur lequel ils tirèrent plusieurs fois, ayant tenté aussi trois fois de l'empoisonner.

Cette diversité du parti royaliste rendait l'unité impossible et la direction difficile. Il n'y avait pas à espérer que ces beaux Polignac, quoique venant tout droit de chez le roi, fussent obéis ni des clans de Frotté, de cette sauvagerie domestique, encore bien moins de ces honnêtes gens du coin des bois qui, depuis tant d'années, vivaient de proie, souvent de vols, parfois de meurtres.

Pichegru devait être épouvanté de ces étranges auxiliaires qui venaient, disaient-ils, se joindre à sa future garde nationale. C'était une armée de voleurs qui arrivait au secours de l'armée des banquiers. Cela donnait lieu à penser.

Carnot caressait fort le parti royaliste, et recevait chez lui ses amis de cette opinion dans son jardin du petit Luxembourg, sous les fenêtres de ses collègues et de La Révellière-Lepeaux, qui logeait au-dessus : « Lui et les siens, dit celui-ci, nous étourdissaient de chants catholiques, chantaient la messe et vêpres[1]. » Mais malgré toutes ces avances aux royalistes, Carnot avait refusé de se lier à eux. Comme régicide, il ne croyait pouvoir rien espérer de bon d'un parti où il voyait tant de fanatiques et de fous. Il avait même hâte que les modérés (royalistes ou non) fussent armés le plus tôt possible et formassent une garde nationale contre ces hommes peu sûrs. C'est ce qui produisit cette scène curieuse que Thiers a reproduite d'après La Révellière-Lepeaux, qui lui-même parla à Carnot. Celui-ci, grand de taille et de son ascendant ordinaire, fut étonné de voir le petit homme contrefait l'interroger de bas en haut, et lui dire avec fermeté :

« Carnot, as-tu jamais entendu faire une proposition

---

[1]. La Révellière, *Mémoires*, t. II, p. 65.

qui tendît à diminuer les attributions des Conseils, à augmenter les nôtres, à compromettre la constitution? — Non », répondit-il avec embarras.

« Nous as-tu jamais entendus, en matière de finances ou autre, faire une proposition qui ne fût pas conforme à l'intérêt public? — Non.

« Quant à ce qui t'est personnel, nous as-tu jamais entendus ou bien diminuer ton mérite, ou nier tes services?

« Depuis que tu t'es séparé de nous, as-tu pu nous accuser de manquer d'égards pour ta personne?

« Ton avis a-t-il été moins écouté quand il nous a paru utile et sincèrement proposé?...

« Pour moi, dit La Révellière, quoique tu aies appartenu à une faction qui m'a persécuté, moi et ma famille, t'ai-je jamais montré la moindre haine? — Non, non », répondit Carnot.

« Eh bien, comment peux-tu te détacher de nous, et te rattacher à une faction qui t'abuse, qui veut se servir de toi pour perdre la République et qui te déshonorera en te perdant? »

Rewbell, Barras firent même violence à leur haine pour se rapprocher de lui.

Il resta froid et renouvela sèchement sa proposition, de mettre en délibération la garde nationale.

Les Directeurs levèrent la séance et restèrent convaincus qu'il les trahissait.

Le Directoire n'avait de force, à Paris, qu'une garde

de deux cent cinquante cavaliers. Et l'Assemblée, outre sa garde de mille hommes, avait, ici, deux armées à son choix : la garde nationale, qu'elle organisait pour Pichegru, puis l'armée inconnue, ces bandes de Vendée, des verdets du Midi et des gens de l'émigration.

Barras prit un parti, et, sans prévenir ses collègues, il écrivit à Hoche la situation du Directoire, qui se trouvait avoir en tête une Assemblée, et, par-dessous, une armée de brigands. Ni force, ni argent. Bonaparte en a promis, n'envoie rien. Il favorise les adresses jacobines de l'armée, et, d'autre part, écrit à l'antijacobin Carnot qu'il est toujours avec lui. L'armée du Rhin, Moreau, se tait et garde un silence suspect. Le grand cœur de Hoche s'émeut. Et il envoie sa petite fortune. Puis, ce qu'il peut tirer de la caisse de l'armée. Puis, il monte à cheval et arrive à Paris, désirant montrer à ces braves leur vainqueur, l'homme de Quiberon.

La cavalerie de Sambre-et-Meuse, les escadrons invincibles de Richepanse le suivaient; ils franchirent même le cercle constitutionnel des douze lieues qu'on ne pouvait passer autour de la ville où était la représentation nationale.

Ce fut la tête de Méduse. L'Assemblée, d'abord épouvantée, s'irrite, se plaint au Directoire, qui dit que la chose n'a eu lieu que par erreur. Hoche, interrogé par Carnot avec sévérité, ne dit pas qui l'a appelé. Il ménage Barras et ne révèle rien, de peur de trop donner l'éveil aux royalistes.

Ceux-ci, insatiablement, revenaient là-dessus, voulaient mettre Hoche en jugement. Ce jeune homme, si fier et fort blessé du tour qu'on eût voulu donner à une affaire qui touchait l'honneur, la caisse de l'armée, tenait, disait-il, à être jugé.

Situation étrange, et singulièrement fausse. Les royalistes, avec leur armée de brigands, criaient : « La loi! la loi! » et pendant six semaines poursuivaient Hoche avec une terrible fureur. On le croyait tellement menacé, qu'on eut l'indigne idée qu'il se sauverait. Un Américain (vrai? ou faux?) lui offrit chez lui un asile. Il répondait à tout : « Je veux être jugé. »

# CHAPITRE XI

### Fructidor.

Les royalistes vainqueurs, ayant eu tant de temps pour faire leur apologie, ont eux-mêmes pris soin de prouver qu'ils étaient injustifiables.

1° Ils ont très bien montré que les phrases révolutionnaires qu'on taxait de fictions jacobines : *l'or de Pitt, les agents de Pitt*, etc., n'avaient rien d'inexact ni d'exagéré. La corruption fut pratiquée sur la plus grande échelle où on l'ait employée jamais. On n'avait jamais vu, par exemple, ces tentatives monstrueuses d'acheter des armées entières par des cadeaux de valeur, des montres, etc., distribués aux officiers et presque à chaque soldat[1]. Système de prodigalité folle où Pitt se précipita et où il ne fut sauvé à la fin que par trois miracles improbables, le miracle des faux assignats, la foi

---

1. Voir Fauche-Borel.

surhumaine des créanciers de l'État, enfin une surprise merveilleuse qui surgit à point pour faire une sagesse de cette furieuse folie : l'éruption des *Indes noires* qui sont dessous l'Angleterre et le torrent de richesses industrielles qu'elles donnèrent dès qu'elles furent touchées par la baguette de Watt.

2° Les royalistes ont montré que, dans le guet-apens qu'ils organisaient contre le Directoire, ils employaient, non seulement l'émigration et les bandes du Midi, les verdets de Job Aimé, mais les chouans, ce qui restait des brigands de Charette, gens ulcérés, envenimés par leurs récentes défaites. Que serait-il arrivé s'ils eussent désorganisé le corps de la gendarmerie, livré la France aux assassins? Mais c'est ce qui n'eut pas lieu. Carnot, quoique mou pour eux, s'effraya de cette proposition et la fit, heureusement, rejeter par les Anciens.

3° Ces gens, si peu scrupuleux, se montrèrent peu habiles, de vrais étourdis. Les forces ne leur manquaient pas. Ils avaient la première de toutes, la loi, les apparences de la loi. Ils avaient, par leur parlage hautain, assujetti l'Assemblée qui, quoique hostile (il y parut), leur obéissait. Ils avaient la force dans Paris, beaucoup de commis, et du commerce et des administrations, toutes pleines de royalistes. Ils avaient de vaillants hommes, des hommes d'exécution, endurcis à tout faire, et qui depuis plusieurs années vivaient, sur les routes, de pillage et de dépouilles, du poignard et du pistolet.

4° Leur but était simple, dit franchement Delarue[1] : c'était de surprendre le Directoire et de lui faire son procès.

Eh bien, ces gens peu scrupuleux, ayant tant d'argent, de force, de brigands à commandement, furent dupes de leurs manœuvres.

Certainement, au coin d'un bois, les Jean Chouan, les Cadoudal, avec leur très fine oreille, auraient entendu et compris. Mais ce qui les fit traîner, manquer le moment, c'est qu'ils ne marchaient pas seuls. Il leur fallait respecter des émigrés qui arrivaient d'auprès du roi, qui parlaient en son nom, — et, d'autre part, ménager la grosse masse bourgeoise, où ils étaient comme perdus, le peuple des battus de Vendémiaire que ménait un personnage hésitant et indécis, le long et flasque Pichegru.

On se piqua d'être fin. On rusa. On attendit.

Et pendant qu'on acceptait le secours de tant de brigands, de gens condamnés par la loi, on disait cauteleusement : « Laissons le Directoire se compromettre. Gardons la loi pour nous ! »

A force d'hésitation et d'hypocrisies maladroites, ils furent surpris. Et le pis, surpris par l'homme du monde qu'on aurait pu en juger le moins capable, un philosophe, homme d'étude, qu'on aurait cru peu agile et peu agissant d'esprit et de corps.

---

1. Delarue est ici l'auteur principal. Il ne dit pas hypocritement, comme Barbé-Marbois, que l'Assemblée attendait, fut surprise. Il dit que les meneurs Willot, Pichegru, avaient, dans la jeunesse et les chouans, douze ou quinze cents hommes tout prêts, et dix mille qui devaient les joindre au premier appel. (Delarue, p. 284.)

Ce fut un vrai phénomène, un miracle, comme si la lente, l'inoffensive tortue prenait un tigre au piège.

Ce philosophe, La Révellière, petit, lent et contrefait, allait chaque soir invariablement du Luxembourg au Jardin des Plantes, chez Thouin, le célèbre jardinier, s'informer des plantes nouvelles. On pouvait, sur le chemin, l'assassiner, l'insulter ; c'est ce que fit notre Malo, le sabreur ridicule ; il alla avec son sabre chez La Révellière, qui, froidement s'en moqua, le mit à la porte.

Ce fut cet homme d'une apparence tellement pacifique, qui, dans le trio, se montra le plus solide, même le plus audacieux. Rewbell fût parti volontiers, et Barras, selon la vieille pratique, ne voulait agir qu'avec le faubourg Saint-Antoine, ce qui aurait laissé beaucoup de choses au hasard, et des chances à une grande effusion du sang.

Ce moyen fut rejeté. Seulement, pour avertir au moins les patriotes, on inséra au : *Moniteur* que le Prétendant faisait ses malles, préparait ses équipages, allait revenir[1]. Le vieux maréchal de Broglie, l'Achille de l'émigration, l'avait annoncé sans détour à notre ministre à La Haye. Cette nouvelle échauffa les faubourgs, et même dans l'Assemblée, plusieurs, dit Delarue lui-même, se mirent avec le Directoire,

---

1. Mathieu Dumas dit ici, contre toute vraisemblance, que Kléber, alors à Passy, en présence d'une telle nouvelle, fut près de venir à Paris pour combattre le Directoire et défendre une Assemblée où triomphait le royalisme.

furent *dans son secret* (p. 292), c'est-à-dire, impatients de voir sauter le dernier tiers.

Hoche, sans revenir à Paris, agissait. Dans la sombre fête tragique qu'on faisait chaque année pour les morts du 10 août, il reçut de ses généraux beaucoup d'adresses menaçantes, et, lui-même, il souffla l'orage disant : « Ne les quittez pas encore, ces armes terribles ! » Beaucoup d'officiers eurent des permissions pour aller à Paris, entre autres Chérin, l'ami de Hoche, chef de son état-major, et le vaillant Lemoine, l'un des vainqueurs de Quiberon.

Que faisait, pendant ce temps, le patriote Bonaparte ? Il envoyait aussi les adresses jacobines de son armée. Mais il écrivait à Carnot, le modéré des modérés : « Je suis avec vous. » De plus, il dépêcha son aide de camp, Lavalette, pour tenir le même langage.

Il laissait à Paris Augereau, dont il désirait peu le retour et craignait la langue indiscrète. Cet homme du Pont-d'Arcole faisait ici légende, et, de plus, né aux faubourgs, dont il avait le ton, il devait les charmer. Le Directoire donna à Augereau le commandement de la division militaire et celui de sa garde personnelle à Chérin, l'homme de Hoche. Dès lors, les royalistes, jugeant qu'il n'y avait plus de temps à perdre, chargèrent le fougueux Vaublanc (contumace de Vendémiaire) de faire enfin le rapport sur la garde nationale.

Œuvre bien difficile. Il s'agissait de concilier les trois nuances royalistes, les furieux, émigrés, Vendéens, avec les hypocrites de Pichegru. Ajoutez les disputes sur les rangs et les places. En huit jours, on n'y parvint pas.

Sans doute, on tenait en arrière les Vendéens, qui eussent trop effrayé Paris[1]. On ne montrait que des gens plus habiles, Pichegru et Willot. Ces habiles furent des niais. Indécis, ne résolvant rien, ils firent de plus la faute de se tenir comme à la disposition de la police. Elle les trouva dans la même chambre, de sorte qu'on put les arrêter ensemble et, en même temps, les empêcher de donner aucun ordre.

Pendant ce temps, Augereau, avec deux mille hommes, saisissait le Carrousel, et deux ou trois autres mille prenaient le jardin. La garde de l'Assemblée fraternisa avec eux. Tous les murs de Paris étaient tapissés de la trahison de Pichegru, de ses rapports avec Entraigues et les gens du Prétendant. Les députés qui avaient nommé Pichegru président, et qui allaient lui donner la garde nationale, n'avaient, certes, pas à attendre que le peuple se mît pour eux.

Ils essayèrent de rentrer dans leur salle. En vain. La grande majorité des deux Conseils alla à l'Odéon et à l'École de Médecine où l'appelait le Directoire, et le remercia d'avoir sauvé la chose publique.

La minorité qui, généralement, était ce nouveau tiers si mal élu, et qui (on pouvait le dire) avait

---

1. M. de Barante, si peu exact, ne sait pas ou ne veut pas dire ce qu'a dit franchement Delarue trente ans plus tôt : « Que les Vendéens étaient à Paris. »

criminellement usurpé la représentation nationale, fut d'abord enfermée au Temple dans la tour de Louis XVI, en attendant son jugement.

Nulle enquête sur ces émigrés, ces Vendéens, qui, rompant leur ban, les traités auxquels ils devaient la vie, étaient venus ici pour recommencer la guerre civile.

On offrit à Barthélemy un passeport. Il n'en voulut pas, préféra Cayenne. Carnot se sauva avec peu de peine, resta plusieurs jours à Paris. Il crut qu'on voulait le tuer. « Pourquoi faire? dit La Révellière. Qu'est-ce que le Directoire y eût gagné? Rien que l'exécration. »

Le Directoire avait une crainte singulière, celle de vaincre trop, ce qui aurait pu créer un dictateur.

Il suspectait Barras, l'attention avec laquelle il avait toujours cultivé les faubourgs. On ne permit à ceux-ci d'approcher que deux jours après le succès, où quelques hommes en vinrent, conduits par l'ex-général Rossignol et furent sur-le-champ renvoyés.

D'autre part, si la brillante cavalerie de Sambre-et-Meuse, qui était à deux pas, fût arrivée, elle aurait fort bien pu proclamer dictateur le général Hoche.

La Révellière, par excès de prudence voulut n'opérer qu'avec peu de forces, n'avoir qu'une petite victoire, dont les ambitieux ne sauraient profiter. Delarue montre très bien qu'Augereau eut en tout cinq mille hommes, nombre minime pour s'emparer de Paris. Aussi, quand les royalistes virent le petit nombre des vainqueurs, ils allèrent s'offrir à Carnot réfugié chez un ami, lui dirent qu'avec lui ils étaient prêts à tomber sur Augereau et le Directoire[1]. La témérité vendéenne paraît assez dans cette offre d'attaquer l'homme d'Arcole. Carnot fut sage. Ces furieux qui, certes, n'avaient rien oublié, lui parurent plus dangereux pour lui que le Directoire même, et il aima mieux échapper.

Mais cette hésitation du Directoire, cette crainte de frapper trop, cette gaucherie d'allure qui, tout à la fois avançait, retirait la main, fut très fatale à l'acte même et lui ôta son grand effet à Paris.

Les deux Conseils, ravis d'être débarrassés de leur tyran, le nouveau tiers, et d'autant plus irrités qu'ils avaient par faiblesse subi honteusement son ascendant, se montrèrent aussi sévères et plus que le Directoire. Ils ordonnèrent une mesure inouïe : Que quarante-sept départements referaient leurs élections et que de nouveaux tribunaux arrêtant, punissant la Terreur royaliste, garantiraient pour tous la liberté.

La confiance de l'Assemblée pour les Directeurs était telle qu'on eût voulu les maintenir à leur poste dix ans. Ils répondirent par un Non magnanime, jurant qu'ils ne resteraient pas une heure en place au delà du terme fixé par la constitution.

Que ferait-on de ce coupable tiers qui avait usurpé la souveraineté nationale ? Sur les deux cent cin-

---

1. Voy. *Mémoires de Carnot.*

quante, on décida que cinquante seraient déportés, peine d'autant plus naturelle que les royalistes eux-mêmes venaient de l'infliger aux membres du Comité de salut public, qui (quels que fussent leurs actes) ont sauvé la France après tout. Quinze députés furent réellement déportés, et un seul journaliste. (Voy. Barbé-Marbois.)

La déportation était fort usitée depuis Choiseul, qui d'abord n'envoya que des colons, de très honnêtes gens. Peine fort inégale, selon qu'on est pauvre ou riche (exemple, Barbé-Marbois, qui la subit assez doucement). Enfin, peine trompeuse. Pichegru, en deux ans revenu, continua ses trahisons, guida les Russes contre nous, comme il avait naguère guidé les Autrichiens.

Les jacobins, dont naguère on avait fusillé cinquante dans la plaine de Grenelle, avaient bien droit de s'étonner, de s'indigner que cette abolition philanthropique de la peine de mort commençât par les royalistes.

Barras disait fort lestement : « Il faut au moins la tête de Pichegru. » Les députés connus qui avaient pris la charge infâme de distribuer l'or anglais (en remplissant d'abord leur poche) n'avaient guère moins de droit que le grand traître à une mort honteuse, à une exécution en Grève[1].

1. Ce qui excuse un peu La Révellière d'avoir, malgré Barras, Augereau, etc., épargné les royalistes, c'est qu'il était fort irrité contre eux, et les traita comme ses ennemis personnels. Leurs plaisanteries sur la théophilanthropie l'avaient exaspéré. Lui-même en fait l'aveu.

Cette philanthropie déplorable, qui crevait tellement les yeux à la justice et mettait de niveau avec des fautes légères les plus épouvantables crimes, eut son fruit naturel, la multiplication des traîtres. C'est surtout de ce jour que les frères Bonaparte, voyant la France indifférente, dégoûtée du bien et du mal, travaillèrent sans pudeur ni crainte à nous creuser l'abîme de Brumaire, la fosse qui contenait pour l'Europe et pour nous quinze ans de guerre atroce et la mort de trois millions d'hommes.

# CHAPITRE XII

*Conséquences de Fructidor. — La République éclate partout (fin de 97.)*

La plus belle surprise, je crois, que la France offre en son histoire, c'est celle qui eut lieu le lendemain de Fructidor.

Les plus grandes victoires du monde n'eurent jamais un tel effet.

L'attente de nos ennemis était immense en présence de l'élection de mai 97, où l'on put croire que la France avait voté contre elle-même, s'était reniée.

La mollesse du Directoire pour les conspirateurs royalistes qui avouaient, déclaraient leur entente avec les Anglais, semblait l'excès même de l'indifférence, et comme un évanouissement de la République.

Le brillant héros de la guerre, d'accord avec la partie dominante du Directoire, avait accordé la paix aux rois (Piémont, Pape, Autriche), et réellement fait la guerre aux peuples, en empêchant la vente des biens d'Église, qui seule pouvait assurer la révolution d'Italie.

Les habiles, le traître Pichegru et l'indifférent Moreau, tournaient leurs regards ailleurs, abandonnaient la République, qui s'abandonnait elle-même, ou bien la trahissaient.

Wickam à Bâle, Dandré à Paris, distribuaient les guinées à bureau ouvert. Sous ce honteux allèchement, les Vendéens étaient venus, croyant tenir la tête de la France moribonde, pendant qu'on la saignerait.

Tout cela au 17 fructidor. Au 18, tout est changé.

Les royalistes en une nuit ont été vaincus en France, en Europe et partout.

C'est là véritablement le beau de l'événement. Si peu d'efforts, si peu de force, et des résultats immenses! La grandeur morale a tout fait.

La Révellière a dit et écrit (avec l'autorité de son caractère) : « Comme président du Directoire, *j'ai signé seul tous les actes de cette nuit*. Et sans moi, le 18 fructidor n'eût pas été fait. » Ce qui ne le prouve pas moins, c'est la grande colère de Carnot qui s'en prend surtout à lui (colère effarée qui ne se connaît plus, le charge de mille injures, l'appelle puant, vipère, etc.). Les royalistes avouent que La Révellière n'eut d'hésitation que pour son collègue Barthélemy, dont la trahison ne fut connue qu'en 1818 par l'aveu de Barbé-Marbois.

Donc, ce fut ce philosophe valétudinaire, qu'on

croyait tout occupé de botanique et de théophilanthropie, qui prit la responsabilité, mena tout, sans verser le sang, et, fortement appuyé sur sa foi dans la République, signa, fit tout, découvrant pour ainsi dire sa poitrine aux poignards, lorsque vingt mille assassins peut-être, de l'Ouest et du Midi, étaient à Paris.

Ce fut comme dans une forêt où des malfaiteurs voient un homme endormi à terre. Profond sommeil. Ils approchent. Mais voilà que cet homme, éveillé, armé tout à coup, met flamberge au vent, fait luire et reluire comme un cercle de lueurs d'acier. Il n'a pas besoin de frapper. Avec respect on recule, et il est fort à l'aise dans ce cercle d'éclairs.

Quel cercle? Oh! c'est le plus sublime. Le moment sanglant de 93 avait étonné, fixé tous les regards à la terre. Ici, spectacle bizarre, c'est un philosophe, un philanthrope obstiné (obstiné jusqu'à la sottise d'épargner Pichegru lui-même) qui, contre Barras, Augereau et tous, exige impérieusement que le sang soit épargné. Et malgré cette clémence, admirablement imprudente, toute la terre se réveille et salue la République, autrement dit le Droit et la Raison.

Ce que nous prenions tout à l'heure pour les éclairs d'une épée, ce sont des âmes de peuples ressuscités au soleil de Fructidor, qui s'éveillent, scintillent de l'Etna au Zuyderzée. Tout le Rhin vinicole, contraire en tant de choses à l'Allemagne, est pour nous, se met avec nous. La Hollande si longtemps trahie par les Orange, qui l'étouffent sous l'Angleterre, se lance vaillamment à la mer, son natif élément. Enfin l'Italie, retardée par l'astuce de Bonaparte, prend l'essor. La vieille Rome (ayant vomi sa vieillesse, la papauté) entraîne dans la farandole des républiques italiennes la grande Naples, le vaillant Piémont. Qui dira quelle fut la jeunesse, l'élan naïf de l'Italie, quand sous les loyales mains de Championnet, de Joubert, elle se retrouva elle-même si unie de cœur à la France !

Ce qu'on peut croire accidentel, mais sur cette étroite planète il y a peu de choses accidentelles. Tout va d'ensemble par de secrètes harmonies. Les aurores boréales de notre pôle, au même temps, sont reproduites au pôle austral. Les cataclysmes volcaniques des Antilles se reproduisent à Java, au Japon. Eh bien, les Français répandus dans l'Inde, électrisant les musulmans de Tippoo et autres, essayèrent sous cet héroïque sultan de faire une république. On en a ri, ignorant combien de fois les musulmans ont adopté les formes républicaines. L'*égalité* sous un chef, c'est le vrai génie de l'Asie.

Qui fut consternée ? L'Angleterre. Après tant de dépenses inutiles, elle se crut ruinée, désespéra.

Pitt commença la descente mélancolique qui le conduisit à sa chute de 1801. Fox, croyant voir, dit-on, la fin de sa patrie, lisait l'essai de Hume *sur l'Art de bien mourir.*

# CHAPITRE XIII

Embarras du Directoire, qui signe Campo-Formio (octobre 97).

Cette gloire du Directoire qui éblouit l'Europe, qui força la voix même de nos plus furieux ennemis, n'empêchait pas les difficultés de la situation.

Jusque-là, la grande affaire qui absorbait tout, était la guerre, et le reste ne venait qu'après. Il fallut regarder enfin la République hors des bulletins des armées. La rentrée de nos ennemis, prêtres et nobles, facilitée par la mollesse de toutes les administrations, remplissait la France malade comme d'insectes mortels qui, en toutes choses, la troublaient. Même après Fructidor, ils firent sur plusieurs points, divers essais de guerre civile. Et, ce qui était peut-être pis, c'est que souvent, paisibles en apparence, s'infiltrant d'autant mieux à l'action générale pour la rendre fiévreuse, on les trouvait partout sans les reconnaître : Sieyès fit la proposition hardie et chimérique de chasser tout noble de France. Boulay (de la Meurthe) et Chénier firent décider qu'au moins on leur ôterait les droits civiques.

D'autre part, Sotin, le ministre zélé de Fructidor, entreprit de poursuivre et de déposer les prêtres qui refusaient le serment d'obéir aux lois. De là grande clameur! « Pauvres prêtres! dit-on; cruelle proscription! » A vrai dire, ce n'était que déporter la guerre civile.

Mille autres plaies restaient. On regarda en face un grand fléau du temps. Dans beaucoup de contrées, de vastes terres restaient désertes, stériles, sans que l'autorité locale s'informât si elles étaient (ou non) terres d'émigrés. La Révellière-Lepeaux voulait que cette enquête, cette détermination précise fût remise à des députés, commissaires moins craintifs que les autorités locales. On ne fit rien. Et cette proie immense fut réservée à la corruption arbitraire du Consulat et de l'Empire.

A la suite de la dépréciation des assignats et des mandats, une part énorme de la rente était aux mains de ceux qui l'avaient acquise à vil prix. On prit une mesure hardie : c'était de ne ne payer *en argent* que le tiers, et d'acquitter les deux autres tiers *en terres*, en biens nationaux. Quoi de plus juste qu'une telle opération? Mais les bureaux, qui à ce moment faisaient manquer l'expédition d'Irlande par des retards habilement calculés, firent de même manquer cette grande opération financière.

Elle devint en apparence une banqueroute. Les commis de la Trésorerie, excellents royalistes, agirent en cela mieux que n'aurait jamais fait Pichegru. L'avortement d'une si vaste combinaison mit dans mille autres choses un décousu, une vacillation, une paralysie extraordinaires. Partout la gêne. Des renvois infinis, de bureau en bureau. Partout des commis ventrus, luisants, hautains, pour dire : « Voilà la République ! voilà le Directoire ! — Il mange tout... Allez donc demander des restes aux grands festins du Luxembourg !... »

Le rentier revenait à sec et furieux. « Robespierre valait mieux, se disait-il. Car alors il n'y avait pas d'octroi. Ceux qui ne mouraient pas mangeaient. Le pain venait ici à prix réduit. »

A ces éléments troubles un autre élément plus trouble encore s'ajouta. La grande armée du Rhin, avec son général douteux et ses communications allemandes de foie gras et de montres suisses, etc., inspirait des craintes, trop fondées : on le voit maintenant par Fauche-Borel et les aveux de l'ennemi.

Augereau, à qui on donna cette armée, était, dit-on, conduit par un officier intrigant, ex-moine, grand brouillon, et peu sûr. On ôta à Augereau l'armée du Rhin, et l'on se décida bientôt à la dissoudre.

Qu'allait devenir cette foule d'excellents militaires, de moralité vacillante. Même le héros Desaix, sensible et d'un trop faible cœur, n'avait, dit-on, point censuré Moreau pour sa fidélité à un ami coupable. Lui-même, ayant besoin d'aimer et d'admirer, il court en Italie, se livre à Bonaparte. Kléber, sans l'imiter, reste à Paris, frondeur et ennuyé, tout prêt à la folie d'Égypte, où Bonaparte l'entraînera... La voilà dispersée, la grande armée du Rhin.

Ainsi partout le Directoire, vainqueur des royalistes, rayonnant de gloire sur l'Europe, avait pendant ce temps des pièges sous lui, je ne sais combien d'insectes, de fourmis (les bonapartistes, les semi-babouvistes) qui creusaient des souterrains tortueux sous ses pieds, lui effondraient de tous côtés le sol.

Mais le plus efficace à nuire fut le glorieux traître de Campio-Formio. Bonaparte, ici, fut bien plus que Cobentzel, le ministre dévoué de l'Autriche. Celle-ci terrifiée par Fructidor et le désastre de ses amis les royalistes, reprit courage quand elle vit en Bonaparte un homme double et conquis d'avance au parti rétrograde.

La France venait de renvoyer fièrement l'ambassadeur anglais Malmesbury et sa proposition perfide de faire la paix aux dépens de nos alliés. Mais l'Autriche n'avait pas à craindre une telle rebuffade, ayant Bonaparte pour elle. Il arrangeait toutes choses par deux crimes; il voulait que la France prît pour elle la république de Gênes, et livrât à l'Autriche la république de Venise, récemment élevée par nous, encouragée par nous, et qui venait de nous donner ses îles en retour de notre protection[1]. Proposition infâme, qui ne pouvait même être défendue par une apparence d'utilité. Barras, La Révellière, Rewbell en furent révoltés. Par ce beau traité de Campo-Formio nous laissions à l'Autriche tous les points de défense et d'attaque, la grande ligne militaire, la vraie porte de l'Italie pour y rentrer quand elle voudrait !

Cela était si fort que Cobentzel, voyant le traître et cette âme pourrie, crut en obtenir davantage, en

---

1. Suivons cela dans la *Correspondance officielle* :
Ce ne fut que le 12 juillet qu'il songea enfin à organiser militairement les villes d'Italie (qu'il avait dit souvent avoir organisées). Mais, un mois après, *le 16 août*, il déclare au ministre Talleyrand qu'il n'est déjà *plus temps* de commencer la guerre, que l'Empereur a refait son armée, — en d'autres termes que ces lourds Autrichiens ont été plus fins, l'ont joué.
Que signifie alors sa lettre du 3 septembre où il dit avoir menacé les Autrichiens de commencer la guerre *au 1ᵉʳ octobre*, si la paix n'est pas signée ? Il savait bien qu'alors tout serait impossible, et il n'écrit cette lettre ridicule que pour les badauds de Paris.
Dans sa *Correspondance*, on le voit *varier pour Venise* de minute en minute. M. Lanfrey, ici, est admirable. Aujourd'hui toutefois, avec le secours de la *Correspondance*, on peut mieux distinguer les aspects divers de la question. 1° Le vieux gouvernement de Venise, moins tyrannique qu'on ne l'a dit, sans doute était coupable envers nous comme allié sûr de l'Autriche. 2° Mais de quoi était coupable envers nous la nouvelle *Venise*, une république fondée par des Vénitiens, Français de cœur, et nos propres agents, sincères et loyaux, Lallement, Villetard, une république avec laquelle Bonaparte, le 16 mai, avait fait un traité, à qui, le 26 mai (pendant qu'il escamotait leur marine), il faisait des promesses admirables pour assurer leur liberté, et relever par eux l'Italie ? Il trompe encore les Vénitiens le 13 juin. Il avoue (19 septembre) que Venise est, de toute l'Italie, la ville la plus digne de la liberté. On est effrayé de voir combien, en disant ces paroles, il est détaché et de Venise et de l'Italie même. Sa mobile imagination le porte en Orient, en Grèce et dans l'Égypte (16 août). Il est ami d'Ali, l'affreux pacha de Janina. — Après Fructidor, quand le Directoire voulait très sincèrement les libertés de l'Italie, Bonaparte ne tarit pas d'injures contre elle, contre ce peuple mou, superstitieux, *pantalon* et lâche, etc. Il gronde âprement nos agents trop loyaux qui réclament pour les Vénitiens.

tirer encore le centre de l'Italie. Si l'Autriche ne l'eut, du moins, par les articles secrets de ce traité, elle se faisait donner de grands avantages tout près d'elle, par exemple une partie de la Bavière entre Salzbourg et le Tyrol; plus le vaste archevêché de Salzbourg (cet intéressant petit peuple qui a produit Mozart). L'Istrie, la Dalmatie, ces sujets de Venise, si belliqueux, par le traité sont donnés à l'Autriche.

Bonaparte se sentait bien secondé par le monde, la société de Paris, les belles dames, qui chaque soir affluaient au Directoire, les yeux moites, et disaient avec attendrissement : « Ah! de grâce donnez-nous la paix! »

Le héros y aidait de son mieux, énumérant les ressources de tout genre qu'il eût fallu pour faire la guerre. Puis l'hiver approchait. On ne pouvait que prévoir des désastres.

Tout cela à grand bruit. De sorte que, non seulement le Directoire, mais le Corps législatif, effrayé, reculait, et, si l'on eût persisté, eût refusé l'argent et les ressources nécessaires. Ajoutez que Bonaparte eût donné sa démission et préparé les défaites de son successeur.

La Révellière dit la chose à merveille, et montre que si le Directoire eût refusé de signer, il était perdu.

Voyant que par la coalition de tous les traîtres son traité allait réussir, Bonaparte, ce grand acteur, employa une machine qui lui réussissait toujours, une scène théâtrale. Il répandit la nouvelle que c'était lui qui, par un accès de colère, où il cassa à Cobentzel de précieuses porcelaines, l'aurait effrayé et forcé d'accepter enfin ce traité si désirable pour l'Autriche !

Son courtisan Berthier et son ours Monge (rude et plat, muselé) furent chargés de remettre le traité au Directoire. Et cette œuvre de nuit, ils l'apportèrent la nuit, bien tard, au sévère la Révellière, qui dépeint sans pitié la grâce flatteuse de Berthier et la servilité grossière de l'ours, maladroitement courbé de sa rude échine jusqu'à terre[1].

Dans la lettre d'excuses que Bonaparte adresse au Directoire, il y a une parole qui jure horriblement. C'est l'hommage qu'il rend à Hoche, qui venait de mourir. Cette mort est une des causes qui lui ont fait, dit-il, signer la paix. Toute sa vie, ce favori du sort, par son intrigue et son habileté, avait soufflé la chance au vrai héros[2]. Hoche ne fut pas heureux. Il eut, il est vrai, la sinistre palme de la Vendée, mais manqua Vendémiaire et manqua Fructidor. On hésitait toujours à employer un homme si fier. Les bureaux de la guerre, cet ennemi immuable et terrible, furent toujours contre lui, ainsi que tous les traîtres, la belle société depuis Quiberon.

Cet homme de vingt-huit ans dut regretter la vie. Il avait des projets immenses, non de guerre, mais

---

1. La Révellière, *Mémoires*, t. II, p. 275.
2. Dans une gravure curieuse de la collection Hennin (Bibl.), Bonaparte est présenté comme successeur de Hoche. La famille de celui-ci, en 1840, m'a dit qu'on croyait que les papiers de Hoche avaient été portés par ses lieutenants (Lefebvre ?) à Bonaparte.

plutôt de paix, la résurrection de deux peuples, les Irlandais et les Wallons. Pour ceux-ci, il eût fondé la république de Meuse, eût réveillé ce génie méconnu, le génie de la Meuse, de la Moselle et du Rhin vinicole, si différent de l'Allemagne[1].

Les guerres de la Révolution n'excluaient nullement la vraie fraternité humaine. Hoche, Marceau, furent aimés sur les deux rives. Leur tombe, toujours en Allemagne, y reste pour rappeler que, même dans la guerre, ils portèrent un esprit de paix.

---

1. Génie puissant et fort original. C'est de la Meuse, de Maseyck, près Liège, que sort en 1400 le grand révolutionnaire de la peinture, celui qui brisa le symbole, échappa aux écoles allemandes, Van Eyck. Je vois près de Cologne, sur les coteaux de Bonn, naître (bien loin du panthéisme alors) un héros, Beethoven. — Rhin et Moselle, associés dans le grand concert de leurs fédérations républicaines, eurent en lui leur grande voix.

# LIVRE IV

ANGLETERRE. — INDE. — ÉGYPTE (97-98).

## CHAPITRE PREMIER

#### L'organisation de l'Inde sous Cornwallis.

L'Angleterre, en 97, chassée de toute l'Europe, ayant perdu son unique alliée l'Autriche, était vaincue comme faction par son échec de Fructidor, où elle avait jeté des torrents d'or, d'argent, etc., l'Angleterre, dis-je, malgré quelques succès sur mer, paraissait au plus bas.

L'Angleterre ? Oui, mais non pas les Anglais, sauf la révolte de la flotte, alarme d'un instant, sauf la baisse de la rente, qui remonta bientôt, les événements de ce monde n'avaient aucune prise sur les Anglais et leur bien-être. Leurs nombreuses familles n'en dévoraient pas moins en pleine quiétude les monstrueux moutons, les bœufs, que Bakwell venait de créer. Les enfants innombrables que le père ne connaissait presque que par le millésime de leur naissance, n'inquiétaient guère. Le remède était tout trouvé. Du jour que ces babys avaient pris figure d'hommes, dès quinze ans, sans autre hésitation, on les jetait à la mer, non pas, comme autrefois, aux hasards de la mer, mais pour des offices de terre, pour la bureaucratie de l'Inde, où ils allaient s'essayer, griffonner.

Toute mère, aux prières du matin, pensait au grand Hastings, qui avait fait cet ordre admirable, mais beaucoup plus à la couronne, au bon roi Georges et à l'*ami du roi*, Cornwallis, qui venait de créer (dans sa vice-royauté) cette immense administration où tous trouvaient à s'employer. Administration si nombreuse qu'on calculait alors que l'empire de Russie, la septième partie de la terre habitable, avait moins de places à donner.

Georges III, l'un des meilleurs de ces Hanovriens, n'était pas un grand politique. Mais il avait compris, mieux qu'on n'eût attendu de sa tête fêlée, par son petit sens prosaïque de basse Allemagne, ce que d'autres plus fiers auraient moins deviné : « Que si cette proie de l'Inde engraissait les Anglais, homme à homme, l'Angleterre tiendrait la couronne quitte du reste, et qu'il ne verrait plus son carrosse mis en pièces, et lui-même tout prêt de s'embarquer pour le Hanovre. »

Après Hastings (le scélérat homme d'esprit qui avait trouvé la grande méthode de spoliation) il fallait pour l'appliquer un homme médiocre, qui suivrait pas à pas la chose avec bon sens. Cornwallis fut cet homme. Doux, honnête, plein de mérite, mais d'un mérite malheureux, aide de camp du roi, il n'était connu que par un grand revers. Comme il avait fait un voyage en Prusse chez Frédéric, on l'avait cru guerrier, et on lui avait donné contre les Américains et La Fayette une armée de neuf mille hommes avec laquelle il capitula (1780). Cela ne refroidit point le roi, et pour braver l'opposition, il récompensa Cornwallis, le fit lord-lieutenant de l'Inde, au moment où la nouvelle administration faisait un roi du vice-roi. Il y resta longtemps, et justifia parfaitement le choix du roi par cette médiocrité que Georges estimait plus que toute chose.

Il y manqua pourtant une fois : il lui advint un succès militaire. En 1789-90, il faisait la guerre à Tippoo, le grand chef musulman, très valeureux, de courage tigresque. Tippoo, par trois fois, affamant les Anglais, refusait de traiter, et les eût pris peut-être par la faim devant Seringapatam qu'ils assiégeaient, si Cornwallis n'eût appelé à son secours les Mahrattes, rivaux de Tippoo. Ils vinrent au nombre de trente mille et apportèrent des vivres. Puis, les Mahrattes partant, Cornwallis appela à son aide des tribus sauvages qui, en une fois, amenèrent quarante mille bœufs. Tippoo, abandonné, ayant mille cavaliers seulement, ne put défendre sa capitale Seringapatam. Il dut livrer la

moitié du royaume et pour otages ses jeunes fils.
Ils furent fort bien reçus, avec un accueil paternel,
par lord Cornwallis. S'il eût ruiné entièrement
Tippoo, il eût rendu trop forts les Mahrattes. Mais,
en même temps, on prit certain terrain qui plus
tard permettait aux Anglais de s'étendre indéfiniment. Cette conquête, faite à si bon marché, et
surtout par la politique, fit plus de bruit en Europe
que notre victoire de Jemmapes, qui eut lieu en
même temps. Les Anglais furent habiles à faire
ressortir et répandre leurs succès. Des gravures,
pas trop chères et demi-coloriées, que l'on rencontre encore, montrèrent partout la vaillante résistance de Tippoo, la scène infiniment touchante des
petits princes indiens amenés au vainqueur, enfin
le noble accueil qu'on fit à leur malheur et la
mansuétude du parfait gentleman Cornwallis.

Cornwallis eut encore, quand la guerre de la
Révolution éclata, le succès de prendre aux Français
Pondichéry, ce qui semblait fermer l'Inde à jamais
aux ennemis de l'Angleterre.

Il avait parfaitement justifié le choix et les vues
de la cour. Appliqué, sérieux, médiocre en tout,
mais solide, il avait fait la guerre malgré lui, mais
heureusement. Sa grande ambition était autre; il
se proposait bien plutôt d'être un sage administrateur, de porter enfin l'ordre dans ce monde indien,
si troublé par l'intrusion d'éléments étrangers.

L'ordre que concevait Cornwallis, comme instrument fidèle de la couronne et du ministère, était un ordre tout anglais. L'attache prodigieuse de l'Angleterre à ses institutions fait qu'elle veut les retrouver partout, et que partout elle en rapproche mille choses qui n'y ressemblent guère, mais dont elle ne veut pas voir la différence. Ainsi elle a assimilé l'Écosse à elle-même, la loi des clans à la loi féodale anglaise. Les lairds, juges militaires des clans, ont été assimilés aux lords, seigneurs propriétaires des fiefs. Ce qui n'était que fonction est devenu un héritage que les filles ont transporté comme dot aux grandes familles anglaises. Ainsi s'est consommée la ruine des clans au profit de la grande propriété féodale et de l'usurpation anglaise. Détruire partout la petite propriété au profit de la grande, telle fut la tendance de l'Angleterre chez elle-même. Combien plus à la fin du dix-huitième siècle où d'habiles gens montrèrent combien l'agriculture conduite en grand rapporte plus, a moins de non-valeurs qu'elle n'en a dans les petites propriétés ! Pitt poussa d'autant plus en ce sens, qu'il jugea que les petits, ne pouvant acheter ces grandes terres, mettraient leur argent dans la rente, c'est-à-dire dans ses mains. Il alla résolument dans ce système, non seulement par des impôts énormes sur les consommations qui atteignent surtout le grand nombre, mais même par des lois hardiment tyranniques, comme celle de 92, qui alloue les terres communales aux plus riches de la commune.

Cornwallis fit de même, dans l'Inde, une réforme qui semblait toute aristocratique. Il déclara que *toute terre appartenait aux gros propriétaires*, ou zémindars, et non aux paysans (ryots) qui la cultivaient depuis un temps immémorial. Ces zémindars, sous le gouvernement précédent du Mogol, étaient agents fiscaux, levaient l'impôt. Ils cumulaient tous les pouvoirs, étaient juges en même temps, de sorte que, s'ils avaient débat avec le paysan, ils jugeaient ce litige, étaient juges et parties. Cela était exorbitant. Ils pouvaient condamner, exproprier le paysan, faire cultiver la terre par un autre. L'État n'y perdait rien. Le zémindar, seul responsable, acquittait l'impôt tout de même.

Cependant le droit réclamait. Il y avait des Anglais (comme Francis, l'accusateur d'Hastings) qui soutenaient que la terre était primitivement, et de droit, au paysan qui depuis si longtemps la cultivait. Cornwallis crut prendre un moyen terme en maintenant que *la propriété était vraiment à l'aristocratie*, aux zémindars, mais que *ceux-ci ne seraient plus juges*, et que les différends entre eux et le cultivateur seraient jugés par des tribunaux de l'État, des juges qui viendraient d'Angleterre, et qui partant seraient impartiaux.

Là éclata, sous forme bizarre, le génie opposé des deux races, des deux sociétés, si différentes. Les formes de la procédure anglaise, si lentes et si verbeuses, compliquaient les moindres affaires, désespéraient les indigènes, exigeaient l'intervention constante des interprètes. Même avec eux, le juge et les parties ne se comprenaient pas. De là des retards incroyables et un encombrement immense. En deux années, et dans un seul district, le nombre des procès arriérés ne s'élevait pas à moins de trente mille.

N'espérant plus s'en tirer jamais, on prit un grand parti, ce fut de fermer en quelque sorte les tribunaux par des frais si énormes qu'on hésitait à s'en approcher. Le pauvre n'y venait pas, en étant empêché par les frais préalables. Et si le zémindar y venait, il était ruiné. Jadis, il était juge, et, par simple sentence, expropriait, pouvait chasser son paysan. Maintenant, il fallait de coûteuses formalités.

Sous le Mogol, il y avait de grands désordres. Pourtant le pays prospérait[1]. C'est alors que l'on fit ces monuments d'utilité publique, ces immenses bassins d'eau pluviale pour les irrigations. L'Inde restait féconde ; elle restait *Sita* la charmante, si bien chantée dans le *Ramayana*. Malgré l'exactitude, la probité de Cornwallis, déjà sous lui tout dépérit, et l'Inde dès lors s'achemina vers cet état de vétusté qu'elle présente aujourd'hui.

Cette misère s'explique surtout par l'administration la plus coûteuse qui fut jamais. Le système qu'on créa à Londres et que Cornwallis dut appliquer, fut de défendre le commerce aux employés, mais de les en dédommager par d'énormes traitements. On crut

---

1. Il y avait une grande diversité d'administration. Il paraîtrait qu'alors, dans les petits gouvernements indiens, les agents du prince s'arrangeaient directement avec les cultivateurs, soit homme par homme, soit village par village. (Mill et Wilson, t. V, p. 475.)

finir tous les abus, en appliquant cette maxime bizarre et méthodiste : « Plus on gagne, moins on désire. Donc les richesses moralisent. » D'après cela, pour faire une administration vertueuse, il fallait la gorger par des traitements monstrueux.

Ainsi le *Chief-justice*, nommé pour douze années, eut par an quinze cent mille de nos francs. Les autres emplois à proportion, dans l'administration de la justice, l'armée, l'Église. Par ce grossissement prodigieux des traitements, l'Inde, devenue un champ magnifique pour la corruption électorale, donna à la couronne, au ministère, une grande force (autant que l'Église établie, l'autre colonne de la royauté). Son administration se recruta dès lors dans des classes tout autres, moins actives et plus délicates que celles qui fondèrent cet empire. Classes plus honorables et décentes, se respectant davantage, mais infiniment moins actives, laborieuses, cédant plus au climat, amoureuses de longs loisirs. Classes enfin méthodistes, partant plus éloignées de leurs sujets indiens que n'avaient été jadis les compagnons de Clive. De là un bigotisme croissant, qui eut son résultat en 1857.

Toutes ces fautes, qui sans doute furent prescrites et imposées de Londres, ne peuvent empêcher de reconnaître les efforts méritants de Cornwallis.

Même malgré tous les reproches que l'on peut faire à l'administration anglaise, je doute qu'aucun peuple européen se fût mieux tiré d'une tâche si difficile. Les Italiens et les Français peut-être auraient par mariages pu créer une race qui, à la longue, aurait relevé l'Inde et se serait posée médiatrice et interprète entre l'Orient et l'Europe.

Les Anglais recrutés sans cesse, se succédant très vite, y forment un peuple de malades, sans avenir, qui ne produira rien que l'abâtardissement de leur belle race, jadis si forte.

Je crois, comme M. le docteur Bertillon (*Dict. de médecine*, article *Acclimatement*), que les conquêtes et colonies en pays tropicaux sont éphémères et vaines, de vrais cimetières pour l'Europe, et rien de plus.

Tous les peuples, l'un après l'autre, iront dans l'Hindoustan, et y mourront. L'Inde n'appartient qu'à l'Inde même.

J'avais soutenu toute ma vie, contre tous, que l'Italie aurait sa résurrection, sa renaissance. Cela s'est vérifié, et se vérifiera de même pour l'Inde. Elle existe en dessous, plus industrieuse[1] et moins

---

[1]. Les Anglais ne font guère difficulté de dire eux-mêmes qu'ils ont tué l'Inde. Le sage et humain Russel le crut, l'écrivit. Ils ont frappé ses produits de droits ou de prohibitions, découragé l'art indien. S'il subsiste, il le doit à l'estime singulière qu'en font les Orientaux sur les marchés de Java, de Bassora.

Ce fut un grand étonnement pour les maîtres même de l'Inde, lorsqu'en 1851 débarquèrent, éclatèrent au jour ces merveilles inattendues, lorsqu'un Anglais consciencieux, M. Royle, exhiba et expliqua toute cette féerie de l'Orient. Le jury, n'ayant rien à juger que « le progrès de quinze années », n'avait nul prix à donner à un art éternel, étranger à toute mode, plus ancien et plus nouveau que les nôtres (vieilles en naissant). En face des tissus anglais, l'antique mousseline reparut, éclipsa tout. La Compagnie, pour en avoir un spécimen d'Exposition, avait proposé un prix (bien modique) de 62 francs. Il fut gagné par le tisserand Hubioula, ouvrier de Golconde. Sa pièce passait par un petit anneau, et elle était si légère qu'il en aurait fallu

morte que ne fut l'Italie au dix-septième siècle. Entre les prétendants qui se disputeront l'héritage des Anglais, les indigènes interviendront, et grandiront

trois cents pieds pour peser deux livres. Vrai nuage, comme celui dont Bernardin de Saint-Pierre a habillé sa Virginie, comme ceux dans lesquels Aureng Zeb inhuma sa fille chérie au monument de marbre blanc qu'on admire à Aurengabad.

Malgré le méritant effort de M. Royle, et ceux même des Français qui se plaignirent d'être mieux traités que les Orientaux, l'Angleterre ne donna à ses pauvres sujets indiens de récompense qu'une parole : « Pour le charme de l'invention, la beauté, la distinction, la variété, le mélange, l'heureuse harmonie des couleurs, rien de comparable. Quelle leçon pour les fabricants de l'Europe ! »

L'art oriental est tout à la fois le plus brillant, le moins coûteux. Le bon marché de la main-d'œuvre est excessif, j'allais dire déplorable. L'ouvrier y vit de rien ; pour chaque jour, une poignée de riz lui suffit. Plus, la grande douceur du climat, l'air et la lumière admirables, nourriture éthérée qui se prend par les yeux. Une sobriété singulière, un milieu harmonique y rendent délicats tous les êtres. Les sens se développent, s'affinent.

Le ciel fait tout pour eux. Chaque jour, un quart d'heure avant le lever du soleil, un quart d'heure après son coucher, ils ont sa grâce souveraine, la très parfaite vision de la lumière. Elle est divine alors, avec des transfigurations singulières et d'intimes révélations, des gloires et des tendresses où s'abîme l'âme, perdue à l'océan sans bornes de la mystérieuse Amitié.

C'est dans cette infinie douceur que l'humble créature, faible, si peu nourrie et d'aspect misérable, voit d'avance et conçoit la merveille du châle indien. De même que le profond poète Valmiki, au creux de sa main, vit ramassé tout son poème, le *Râmayana* — ce poète du tissage, prévoit, commence pieusement le grand labeur qui parfois dure un siècle. Lui-même n'achèvera pas, mais son fils, son petit-fils continueront de la même âme, âme héréditaire, identique, aussi bien que la main, si fine, qui en suit toutes les pensées.

Cette main est unique dans les bijoux, étranges et délicieux, dans l'ornementation fantastique des meubles et des armes. Les derniers princes indiens, à cette Exposition, avaient noblement envoyé leurs propres armes, choses si personnelles, chéries, qu'ont portées les aïeux, et dont on ne se sépare guère. Sont-ce des choses ? Presque des personnes. Car l'âme antique y est, celle de l'artiste qui les fit, celle des princes (jadis si grands) qui les portèrent. Un de ces rajahs envoya bien plus encore, un lit, signé de lui (et son propre travail ?), un lit d'ivoire, sculpté et ciselé, de délicatesse infinie, meuble charmant d'un aspect virginal, plein d'amour, ce semble, et de songes.

Et ces choses de luxe, œuvres de rares artistes, révèlent moins encore le génie d'une race que la pratique générale des arts que l'on dit inférieurs et

dans le combat, enterreront tous les étrangers, et resteront seuls maîtres. Il y aura là une Europe.

de simples métiers. Il se marque particulièrement dans la manière simple dont ils exécutent sans frais, sans bruit, des choses qui nous semblent fort difficiles. Un homme seul, dans la forêt, avec un peu d'argile pour creuset, pour soufflet deux feuilles comme ils en ont, fortes, élastiques, vous fait, avec le minerai, du fer en quelques heures. Puis, si l'*asclepias gigantea* abonde, de ce fer il fait de l'acier, qui, porté par les caravanes à l'ouest et jusqu'à l'Euphrate, s'appellera l'acier de Damas.

Quelqu'un dit : « Au lieu d'envoyer, de commander à Cachemire d'affreux dessins de châles baroques qui gâteront le goût indien, envoyons nos dessinateurs. Qu'ils contemplent cette éclatante nature, qu'ils s'imbibent de la lumière de l'Inde », etc. Mais il faudrait aussi en prendre l'âme, la profonde harmonie. Entre la grande douceur de cette âme patiente et la douceur de la nature, l'harmonie se fait si bien, que *lui* et *elle* ont peine à se distinguer l'un de l'autre. (Michelet, *Bible de l'humanité*, livre I, ch. I.)

## CHAPITRE II

*Promesses des Bonaparte. — Comment ils machinent l'expédition d'Égypte.*
*(1797-98.)*

Le Directoire, au milieu de sa victoire de Fructidor et de l'explosion républicaine qu'elle avait partout provoquée (en Hollande, à Rome, Naples, Piémont, et même en Suisse, contre la Suisse aristocrate), le Directoire, dis-je, préparait à grand bruit une expédition d'Angleterre. Tous s'y faisaient inscrire. On est saisi en voyant dans la correspondance de Bonaparte et ailleurs de quels hommes, de quelles forces héroïques la France disposait alors. Une telle liste donne l'idée de tout un monde soulevé.

Nos vieux officiers de marine, en présence des débris espagnols, qui récemment avaient jonché la mer, espéraient moins la victoire qu'une belle mort. C'étaient les Indes plutôt, disaient-ils, qu'il fallait attaquer, les Indes alors désarmées. Un officier du bailli de Suffren, Villaret-Joyeuse, qui avait fait tant de fois le trajet des Indes, disait que sur ces mers immenses, rien n'était plus facile que de passer incognito. Tippoo nous attendait, et avec lui tout un empire, les musulmans des Indes, une population belliqueuse.

Le troisième projet était de s'établir entre l'Asie, l'Europe, dans la position moyenne, l'Égypte, pour profiter de la ruine de l'empire ottoman ou de l'empire indien. Vieux projet de Leibniz, fort raisonnable alors, lorsque la France de Louis XIV était si puissante sur mer. Fort chanceux depuis. Car sur cette mer étroite, la Méditerranée, il y avait cent à parier contre un qu'on trouverait l'ennemi et qu'on serait noyé ou pris. C'est ce qui arriva.

Ce projet n'en était pas moins celui de Bonaparte. Dès le 9 thermidor an V, il écrit au Directoire ces lignes singulières : « Il faut garder les îles Ioniennes, et restituer plutôt l'Italie à l'Empereur. Pour détruire l'Angleterre, il nous faudra bientôt nous emparer de l'Égypte. L'empire turc s'écroule. Faut-il le soutenir ou en prendre sa part[1]? »

Tout cela vague encore, confus et étourdi. Était-il raisonnable, si l'on avait ces vues, d'établir solidement l'Autriche au delà de l'Adriatique, en lui donnant l'Istrie, la Dalmatie, comme il fit au traité de Campo-Formio?

---

1. *Correspondance*, t. III, p. 311.

Ceux qui, à cette époque, de France ou d'Italie, regardaient tourbillonner cette étoile indécise qui ravagea le monde, auraient été embarrassés de dire comment elle prendrait sa course. Cependant, à vrai dire, ses variations sont moindres qu'il ne semble. Dans les petites choses il tourne à gauche, mais dans les grandes à droite. Ainsi il approuve modérément le coup d'État et se montre durement ingrat envers son protecteur Carnot. Petites choses où il veut amuser le parti jacobin. Mais, en même temps, que de choses importantes, solides, il donne au parti rétrograde? Non seulement son traité de Campo-Formio, favorable à l'Empereur; mais, même avant, au 20 Fructidor, il éreinte, tant qu'il peut, la révolution d'Italie, dans les États vénitiens, où il était alors maître absolu. Et ce coup adressé à la jeune Venise, que nous venions de fonder, frappa de même ailleurs, à Bologne, à Milan, partout, comme empêchement à la vente des biens ecclésiastiques. Voici cet ordre inique que le gouvernement vainqueur en Fructidor eût dû punir : « Que tous les couvents et églises jouissent de leurs biens et revenus, quand même les gouvernements provisoires les auraient supprimés ou en auraient disposé autrement[1]. »

Deux mois après, quand le Directoire lui écrit : « Révolutionnez l'Italie ! » il fait le niais, et ne veut pas comprendre : « Comment faut-il entendre

---

1. *Correspondance*, t. III, p. 359.

cela? » dit-il. On ne lui répond pas. Il était évident que le général n'était pas celui de la République, mais son ennemi. Barras était trop incertain, Rewbell, La Révellière, trop humains, pour lui donner la vraie réponse : celle que l'ancienne Venise trouva si à propos pour en finir avec Carmagnola.

Le Directoire, par sa loi financière, où il offrait deux tiers en terre aux créanciers de l'État, et se faisait (très faussement) accuser de banqueroute, s'était tué dans l'opinion, et, au milieu de sa victoire, semblait avoir la faiblesse, l'impuissance d'un vaincu. C'est ce moment que Bonaparte prit pour retourner avec son traité et la paix. Cependant les contemporains disent qu'il fut reçu avec plus de curiosité que d'enthousiasme[1]. Les Italiens étaient furieux contre lui ; et beaucoup de Français entrevoyaient le personnage. Les carrosses à huit chevaux dont il s'était servi là-bas leur plaisaient peu. Le général qui après Vendémiaire était parti dans son habit râpé, qu'il avait fidèlement repris pour entrer à Paris, n'en avait pas moins été roi d'Italie, et plus que roi, par la facilité du Directoire.

Tout le monde a redit l'accueil que le Directoire lui fit, malgré lui, la scène qui se passa dans la cour du Luxembourg, son discours bref, où il finissait par une chose agréable aux deux partis (royaliste et jacobin) : « Que d'autres institutions pourraient être nécessaires à la France. » Mais ce fut une

---

1. Thibaudeau.

vraie parade, quand l'histrion boiteux, Talleyrand, passant toutes les bornes, par ses hâbleries, montra le général n'aimant que la paix et l'étude, n'aspirant qu'au repos. Il faisait ses délices d'Ossian, etc.

En cette circonstance et en tout, le nouveau membre de l'Institut[1], reçu en remplacement de Carnot! avait pour vraie tactique de se taire, sauf quelques mots d'oracle qu'on comprenait diversement.

Bonaparte, dans cette première période de sa vie, apparaît plus qu'un individu, c'est un groupe, un faisceau, et il faut dire *les bonapartes*. Joséphine d'un côté, et les militaires bureaucrates de Carnot, les Prieur, les Clarke et les Mathieu Dumas l'avaient fort bien servi, tant que les royalistes et semi-royalistes n'étaient pas trop démasqués. A gauche, il avait eu d'abord son prôneur Salicetti; mais celui-ci redevient hostile et plaide contre lui la cause des pauvres Italiens. Alors Bonaparte essaya de nouveau de ses frères comme instruments d'intrigues. On n'aurait pu, pour ce but, trouver une machine mieux composée que cette famille Bonaparte, où la nature avait fort bien distribué les rôles. Un avantage réel qu'ils eurent, c'est qu'ils se ressemblaient peu et pouvaient jouer parfaitement divers personnages. Ils avaient des parleurs, ils avaient des muets; même des gens paisibles, dont

---

[1]. Bonaparte s'était fait recevoir de l'Institut, section des Sciences.

l'air tranquille et respectable éloignait toute idée d'intrigues.

L'aîné, Joseph, élevé dans la somnolente Toscane, bien posé par un mariage riche avec les Clary, de Marseille, avait cet air tranquille, médiocre, qui donne confiance, qui dit qu'on ne hasarde rien, l'air d'un presque honnête homme. Louis, le quatrième des frères, fort jeune, et de figure mélancolique, pouvait aussi inspirer confiance. On a vu qu'à Arcole il avait aidé à sauver Napoléon, qui le récompensa en tyrannie, en honneur et en déshonneur de toute sorte. Louis d'un esprit bizarre, lent et rêveur, ce qu'expliquait sa mauvaise santé, était né fort tard, et quand Lætitia, ayant passé ses grands orages, déjà inclinait au retour.

Mais à l'époque passionnée, au second, au troisième enfant, elle avait eu deux rages en sens divers : l'une, Napoléon, son rêve d'ambition titanique; l'autre, Lucien, créature discordante, où tout tourbillonnait. Il naquit de l'envie et d'une situation fausse, de l'idée saugrenue qu'il serait le vrai héros des Corses.

Napoléon, élevé en France, y était déjà avancé, général de brigade, lorsque le vieux Paoli, revenu d'Angleterre à Ajaccio, vit Lucien, et dans cet enfant précoce salua un jeune *philosophe-poète*, lui fit croire qu'il serait le vrai Bonaparte, remplirait le destin que l'autre, devenu Français, avait manqué.

Ce rêve avorta. Lucien, chassé bientôt de Corse avec sa mère, vécut à Marseille d'une petite pension que la Convention accordait aux Corses réfugiés. Simple commis d'abord et garde-magasin, il avait épousé la fille d'un aubergiste, puis s'était élevé à la place de commissaire des guerres. Tel il se rappela à son illustre frère, au moment le plus mal choisi, au moment où Napoléon, ayant levé le siège de Mantoue, se trouvait sauvé par Castiglione et par Bassano. Napoléon, furieux de cette parenté et de cette audace, écrit à son ami Carnot qu'on éloigne au plus vite l'insolent de Marseille, qu'on le place à l'armée du Rhin. C'était le perdre ou à peu près. Mais Lucien para ce coup. Il n'alla pas au Rhin, il se rendit en Corse, et là, par le nom de son frère, il se fit nommer député. Il fallait vingt-cinq ans, et il n'en avait que vingt-quatre. N'importe. On passa là-dessus.

Napoléon, élevé par les prêtres, avait d'après lui-même conçu une singulière idée, trop juste, de la nature humaine : Que plus on houspille un homme, plus on l'outrage, plus il devient ami, s'il y voit intérêt. Il avait agi ainsi avec Salicetti et d'autres, et ne s'était jamais trompé. Il comprit que Lucien, ayant senti le talon de sa botte, serait rentré dans son bon sens, et trouverait plus sûr, ne pouvant être son rival, d'être son docile instrument. Il ne se trompa pas. Il rencontra dans Lucien un grand bavard, improvisateur solennel, qui semblait un peu fou, une machine commode qu'on croyait une girouette sincère, et qui (comme tel) pouvait soutenir tour à tour mille choses contradictoires. D'ailleurs, pour antidote à Lucien, n'avait-il pas Joseph, doux et calme, bien assis comme riche, et qu'on n'accusait pas d'appuyer d'imprudents avis ? Ces deux frères permettaient un jeu très variable. Quand Bonaparte voulut, malgré le Directoire, que l'on autorisât la messe et qu'on laissât tomber le décadi, cette proposition rétrograde, il la fit faire, non par son frère Joseph, aristocrate, mais par Lucien, son jacobin.

Généralement, c'était Lucien qui avait l'honneur des propositions patriotiques. C'est lui qui réclama pour la liberté illimitée de la presse, c'est-à-dire pour les pamphlets contre le Directoire. Après Fructidor, Lucien, plein de zèle pour la constitution de l'an III, veut que l'on jure de lui être fidèle. Puis, arrivent des propositions philanthropiques contre les impôts du sel et denrées de première nécessité que la nouvelle guerre allait faire établir; et enfin, des propositions difficiles à réaliser pour doter, pensionner les familles des soldats.

Ce qui favorisa singulièrement les intrigues diverses des frères de Bonaparte, ce furent les fluctuations qui agitèrent la France dans l'hiver qui suivit Fructidor. Ce coup de Fructidor, qui stupéfia au loin l'Europe, eut, de près, peu d'action; les douze déportés auxquels le coup d'État s'était borné, parurent si peu de chose, que les royalistes étourdis frétillèrent toujours, comme ces mouches hardies, importunes, qui vont autour de vous bourdonnant et piquant jusqu'à ce qu'on s'éveille et les écrase. A Paris, dans certains cafés, les *incroyables*, avec leurs costumes excentriques, avec leurs gros bâtons, paradaient, prétendaient dicter les arrêts de la mode. Cela peu sérieux, mais quand on songe que quelques jours plus tôt la Vendée était avec eux, on comprend bien l'émotion du Directoire. Les soldats d'Augereau étaient là, voulaient qu'on leur permît d'agir sur ces vaincus si insolents. Certain soir, ils fondent sur eux et sur leur café principal, se prétendent insultés, en blessent plusieurs. Chose odieuse, mais d'utile retentissement, et qui n'aida pas peu à arrêter les rassemblements royalistes dans les départements.

Par bonheur, la paix récente permettait de nombreux congés ; beaucoup de soldats qui rentraient dans leurs familles changèrent les choses de face. Ils auraient pris sur les royalistes de vastes représailles, si le Directoire, en maint département, n'eût organisé des commissions militaires dont les arrêts sévères ramenèrent les vaincus à la modestie.

En réalité, l'imprudente douceur de Fructidor n'ayant en rien brisé l'insolence des royalistes, ceux-ci ne furent réellement réprimés que par l'intervention de ces revenants redoutables, par la terreur des soldats jacobins.

Mais on devait s'attendre à ce que ceux-ci, ayant

rendu un tel service, deviendraient exigeants, et, à l'époque prochaine des élections, s'en rendraient hardiment les maîtres.

Ici, nous sommes obligés de caractériser au vrai les masses militaires qui rentraient, et qui, ayant vaincu l'Autrichien au dehors et les royalistes au dedans, rapportaient certes un vrai patriotisme et l'amour de la République. Mais parmi ces bons éléments s'en présentaient d'autres aussi que la guerre et ses habitudes, ses désordres n'y avaient que trop mêlés.

Lorsque Augereau, l'enfant du faubourg Saint-Marceau, vint à Paris, et fut reçu du Directoire, il ne se montra pas couvert uniquement de l'auréole d'Arcole et de Castiglione, mais grotesquement surchargé de montres et de bijoux, si bien que le sévère Rewbell dit tout bas à La Révellière : « Quelle figure de brigand ! » Augereau avait cru que ce bizarre accoutrement, qui ne plut pas au Directoire, paraîtrait en revanche à la foule, aux soldats, le vrai costume des héros d'Italie, que beaucoup se représentaient chargés et surchargés de ces futilités brillantes.

On ne songeait pas encore à se nantir de trésors plus solides. Il fallut quelque temps, et l'adresse surtout des meneurs, pour rappeler qu'en 93 la République avait promis des terres à tous ses défenseurs. Ces idées d'avoir de la terre durent les prendre surtout lorsque tout le monde parla de Babeuf et de son utopie. Très peu acceptaient l'idée d'un partage universel, mais beaucoup l'idée de favoriser les soldats en récompense des services rendus dans la guerre. Cet espoir de lois agraires et de distributions de terre du moins aux élus, à l'élite guerrière, se répandit au moment même où le Directoire prétendait leur assigner un autre emploi, *les donner comme gage de la rente*, des deux tiers qu'on ne payait pas, mais qu'on voulait consolider sur la terre non vendue. *D'autre part*, ce qui resterait de biens nationaux semblait bien nécessaire comme *réserve de la guerre* prochaine que l'Angleterre, l'Autriche, allaient nous faire en appelant les Russes.

Mais qui pourrait donner cette fortune ? quel, si ce n'est *le grand Bonaparté ?* (on prononçait ainsi pour que le nom fût plus retentissant). Et, dans les poèmes insipides que Lucien faisait ou faisait faire là-dessus, ce nourrisseur du peuple qui lui distribuera des terres, *le grand Bonaparté*, rime toujours avec *Liberté*, dont il doit être en même temps le sauveur.

Si quelqu'un, curieux, demandait plus d'explications au soldat revenu, voulait savoir où Bonaparte prendrait tant de trésors, on lui riait au nez, on disait : « Quelles sottes demandes ! » On les faisait aussi quand il partit pour l'Italie. Eh bien, il a trouvé de quoi nourrir le Directoire, l'armée du Rhin, etc. — Et l'Italie, qu'est-ce ? Peu de chose ; il a dit : « Qu'on ne m'en parle plus, qu'on la donne à l'Autriche ! Je ne m'occupe que de l'Orient ! »

Mais l'Orient, qu'est-ce ? — *Les îles.* » Et de là vient tout l'or du monde, des Indes et de l'Égypte, de Saint-Domingue, etc. Est-il possible d'ignorer cela à votre âge ?[1] »

1. Mon père a entendu cent fois ces redites au courant de la conversation.

## CHAPITRE III

Comment Bonaparte élude l'expédition d'Angleterre, et prépare
celle d'Égypte (97-98).

Ainsi Bonaparte renonça à la grande succession de Hoche à la périlleuse aventure d'Angleterre, où tout le monde le croyait engagé. Le passage était incertain, dangereux, mais non pas impossible, puisque Humbert le franchit peu après.

La difficulté était grande de tromper l'attente universelle. Il visita les ports, la côte ; ce fut tout.

Ce qui permit en partie ce singulier revirement, et porta les regards ailleurs, ce fut la crise de Prairial. Les jacobins, auxiliaires du Directoire contre les royalistes, et l'aidant à les réprimer, deviennent exigeants ; ils réclament pour eux-mêmes les terres promises aux soldats.

Le Directoire n'était nullement ennemi des partis avancés. Il élargit ceux des accusés de Grenelle qui étaient encore en prison ; mais il ferma les clubs où l'on professait ces partages, qui auraient empêché la vente des biens nationaux, c'est-à-dire coupé les vivres à l'État. Le Directoire, persistant à défendre tous les peuples qui s'affranchissaient, devait s'attendre au renouvellement de la grande guerre européenne. Ceux qui, dans ce moment, décréditaient les biens nationaux et les mettaient à rien, brisaient l'épée de la Révolution. L'Assemblée profita du droit qu'elle avait d'examiner les nouvelles élections et de s'*épurer* elle-même, comme le dirent Chénier et les vrais patriotes. Elle cassa soixante élections de ces prétendus jacobins dont le babouvisme réel eût désarmé la France et bien servi l'Autriche.

Il faut le dire aussi, un grand vent semblait pousser l'humanité, les deux grandes nations, vers l'Orient.

La lassitude de l'Europe était extrême. L'Angleterre depuis 1760 avait conquis le monde, ajourné toute idée, était appesantie sur l'Inde. La France, à travers ses tragédies intérieures et son épopée militaire, s'usait à l'œuvre illimitée de l'affranchissement universel. C'est à ce moment de fatigue que le grand enchanteur lui montra l'inconnu, l'Asie, l'Égypte, et le réveil d'un monde.

Ce n'était pas une conquête ordinaire, ouverte à la cupidité, mais l'espoir fantastique, sublime, d'une résurrection.

Ce ne fut pas à la Chaussée-d'Antin, dans la petite maison de Joséphine, rue Chantereine, aujourd'hui rue de la Victoire, que cette grande entreprise se prépara, mais dans le Paris de la rive gauche, bien moins distrait, plus imaginatif.

Ce Paris de la rive gauche offrait en descendant vers l'ouest tous nos établissements militaires : Invalides, ministère de la guerre, et son école, l'École polytechnique, ardent foyer d'enthousiasme alors, comme était (en remontant vers l'est) l'École de Médecine, et celle du Muséum d'histoire naturelle. Ces écoles allaient fournir aux grandes guerres un peuple de médecins, d'ingénieurs, de savants en tout genre.

Au centre siégeait l'Institut, jeune alors; il se glorifiait de compter parmi ses membres l'habile prestidigitateur qui faisait mouvoir ces ressorts.

A mi-côte de la montagne, dans la belle rue Taranne, étaient établis les bureaux où toute l'expédition se préparait. Là venaient les militaires et les savants. La rue Taranne, limitée d'un côté par la rue des Saints-Pères, offre à l'autre bout, au coin de la rue Saint-Benoît, la glorieuse maison où l'Europe tout entière écouta Diderot, son oracle encyclopédique[1].

En tête de cette réunion, pour inspirer confiance, il y avait (chose rare!) *un homme de cœur* et qui en donnait à tout le monde, Caffarelli. Il avait perdu une jambe dans les campagnes du Rhin, et il semblait le plus actif de tous, le plus infatigable. L'ar-

---

[1]. La maison de Diderot n'existe plus. Elle vient d'être démolie pour élargir la rue, en faire un boulevard (boulevard Saint-Germain).

mée, dans les batailles et les déserts brûlants, voyait toujours marcher en tête l'héroïque jambe de bois.

Les autres, au nombre de plus de cent, étaient pour la plupart de fort jeunes gens. Fourier, l'illustre auteur du livre de *la Chaleur*, l'élève favori de Lagrange, était l'homme complet, dont les aptitudes diverses répondaient à tous les besoins. Savant et érudit, administrateur, écrivain à la fois sévère et éloquent, à lui, comme au plus digne, revint la première place, celle de *secrétaire perpétuel de l'Institut d'Égypte*. C'est à lui que Kléber donna l'idée du grand ouvrage qui résume l'expédition.

Il y avait, en outre, une foule d'hommes laborieux, comme Jomard, qui épousa l'Égypte, et qui, non seulement sous Bonaparte, mais tout autant sous Méhémet-Ali, couva l'Afrique avec une ardeur persévérante, prêta son appui aux enfants qu'elle envoyait et ses soins aux travaux dont elle était l'objet. Il fut pour beaucoup dans les voyages si instructifs des Caillaud, des Caillé...

A ces savants ajoutez la foule des médecins, chirurgiens, ingénieurs, administrateurs attachés à l'armée. Bref, la colonie était une ville, la fleur de Paris, de la France. Et cette France avait deux pôles qu'on trouve ensemble rarement. L'imagination inventive (Geoffroy-Saint-Hilaire), et le jugement fécond autant que ferme dans Fourier. Bref, le dix-huitième siècle au complet, et l'Europe elle-même merveilleusement représentée.

Une telle création, c'est un être qui a en soi toute condition de s'achever, d'agir, et qui fatalement agit de manière ou d'autre.

Aussi, malgré le grand obstacle d'une guerre européenne qui approchait, l'expédition fut lancée.

La Révellière s'y opposait, il offrit à Bonaparte sa démission. En vain.

Lui-même avait créé une telle puissance qu'elle l'entraînait. Après avoir reculé pour l'Angleterre, aurait-il pu reculer pour l'Égypte?

## CHAPITRE IV

Conquête de l'Égypte. — Désastre de la flotte. — Efforts des Français pour réveiller l'Égypte primitive.

Bonaparte, en 96, avait dit de l'Italie : « Il faut y faire la guerre, de bonne heure, non point en été. »

Et, en 97, il allait engager l'armée par la chaude saison dans ce terrible four, l'Égypte !

Quelle armée! non pas seulement l'armée d'Italie, un peu faite sans doute à la chaleur, mais une armée composée en partie des divisions du Rhin, comme celles de Kléber et de Desaix, divisions nullement acclimatées et qui venaient du Nord.

Ni les Anglais ni les Français sensés ne pouvaient croire qu'en cette saison il pensât à l'Égypte, d'autant plus que l'inondation qui allait venir rend impossibles pendant quelque temps les mouvements militaires.

Kléber était convaincu que l'armée allait en Angleterre. Et c'est pour cela qu'il consentait à suivre Bonaparte ; il lui dit : « Si vous voulez jeter un brûlot dans la Tamise, mettez-y Kléber. Vous verrez ce qu'il sait faire. »

De même, les Anglais songeaient si peu à l'Égypte que, sauf le blocus de Cadix qu'ils faisaient, ils laissèrent toutes leurs grandes forces dans la Manche. Pour observer, pourtant, Nelson et trois vaisseaux furent mis entre la Provence et l'Espagne, où la tempête les avaria fort. De sorte que la mer, absolument déserte, donna libre carrière au départ de l'expédition.

Trente-six mille soldats, six mille matelots étaient sous les armes sans rien savoir de leur destination, sinon qu'ils étaient « l'aile gauche de l'armée d'Angleterre ».

L'expédition avait été décidée le 5 mars. Six semaines suffirent pour réunir les éléments de cette grande entreprise. Chose qui semblerait incroyable si les hommes qui devaient en faire partie n'eussent été pour la plupart organisés d'avance.

On partit le 20 mai 98 (1$^{er}$ prairial).

On suivit lentement la Sardaigne pour attendre Desaix, que les affaires de Rome avaient mis un peu en retard. Il avait fallu prendre, réaliser tout ce qu'on put dans Rome. C'était là, comme je l'ai dit, la faiblesse de cette armée. Elle était toujours dans la fièvre des espérances exagérées que donnait Bonaparte. Comme au début de la guerre d'Italie, il s'adressait cyniquement à la cupidité. Dans sa proclamation, il leur rappelle la misère où il les reçut, il y a deux ans, et tout ce qu'avec lui ils ont trouvé en Italie. Dans la guerre actuelle, ils trouveront mieux, et « chaque soldat, au retour, *aura de quoi acheter six arpents de terre* ».

Ces rêves, ces promesses ne répondaient que trop à la fermentation que les désordres d'Italie avaient laissée en eux. Beaucoup trompaient par le jeu l'ennui, l'oisiveté de la mer. Plusieurs jouaient la comédie, des proverbes qu'ils faisaient eux-mêmes sur leurs prochaines aventures, conquêtes, enlèvements de femmes, délivrances de captives, etc.

Le Directoire croyait que l'armée allait droit en Égypte, ce qu'elle aurait dû faire pour prévenir un peu l'été, l'inondation. En passant devant Malte, Poussielgue et des agents français qui y avaient été firent valoir les avantages très grands et évidents d'une telle conquête, si près de l'Italie et sur la route d'Égypte. Bonaparte y employa un mois, cet unique mois de faveur que la fortune lui laissait, Il eût pu y trouver sa perte. Dans l'encombrement prodigieux de tant de bâtiments de transport, d'embarcations telles quelles qu'on avait ramassées, ce qu'on avait de navires de guerre n'eût pas suffi à protéger l'expédition d'une attaque. Elle eût péri en pleine mer[1].

Quelque admirable qu'ait été cette prise de Malte, ce fut une faute. Nelson, nous côtoyant et même une fois se trouvant à six lieues de nous, aurait pu nous

---

[1]. L'escadre était de quatorze vaisseaux de ligne. Elle portait trente-six mille hommes.

atteindre. Heureusement il alla à Naples, à Alexandrie, en Chypre, partout, sans avoir l'adresse de nous joindre. S'il l'avait fait pendant notre débarquement à Alexandrie, qui fut long et pénible, troublé par un vent fort, il nous mettait au fond de l'eau.

Bonaparte, ce joueur si heureux et si hasardeux, eut alors, dit-il lui-même, un moment d'angoisse, et dit à la Fortune : « M'abandonneras-tu ? »

Elle ne le fit pas. Mais sa fatale imprévoyance n'en fut pas moins punie d'autre manière. Arrivant si tard dans la saison, et retardé, en outre, par l'occupation d'Alexandrie, il partit de cette ville et s'engagea dans le pays avant d'avoir fait le sondage du port. On crut qu'on ne pouvait y abriter la flotte, et on la conduisit au mouillage d'Aboukir, où elle fut brûlée par Nelson. Ce mois, que Malte avait employé, lui eût été bien utile en Égypte, où il lui eût donné le temps de prendre ce renseignement indispensable pour la préservation de la flotte, et assurer le retour. Jomard avoue lui-même que ce fut après le désastre qu'on eut les plans, les cartes des sondages qui l'eussent évité[1].

Nos brillants exploits sont connus. On voit, par le chiffre des morts, le petit nombre des nôtres en comparaison de ceux que perdirent ces fameux cavaliers, les Mamelucks, combien ces batailles

---

1. Encycl. Schnitzler, art. *Institut d'Égypte*, t. XIV, p. 751.

effrayantes par leur *fantasia* étaient différentes des batailles d'Italie. Mais, d'autre part, comment les comparer aux faciles campagnes où les Anglais de Clive, etc., ont défait des troupeaux indiens ? Au total, le coup d'œil de Bonaparte, la fermeté et le sang-froid des nôtres dans ces grandes scènes méritent l'admiration qu'on leur a prodiguée.

Cela est raconté partout. Je ne m'y arrête pas. Seulement, je demande comment les malheureux Égyptiens, tellement maltraités par leurs maîtres, ne s'attachèrent pas mieux aux nôtres, plus doux. Bonaparte leur fit des avances uniques pour un vainqueur. Il leur rappela la tyrannie des Mamelucks, qu'ils connaissaient trop bien. Il leur ramena enfin, rendit à la liberté les esclaves que retenaient les chevaliers de Malte. Il leur apprit que les Français avaient chassé le pape de Rome. Cela ne les toucha point.

Une chose, à mon sens, plus curieuse que tous les combats pittoresques qu'on a tant racontés, c'est notre entrée au Caire, le premier regard où les vainqueurs et les habitants de cette ville immense s'observèrent, se jugèrent.

Après ce grand effroi, et cette entrée si douce, l'étonnement aurait dû être grand, et la reconnaissance. Les vainqueurs traversèrent en souriant cette foule, et ne se montrèrent ennemis qu'aux Mamelucks, dont ils pillèrent les palais. En quoi le petit peuple de la ville les aida de grand cœur.

Nos Français, peu nombreux, étaient comme perdus au milieu d'une ville de deux à trois cent mille âmes. Les rues étroites et sombres, tortueuses, se fermaient la nuit par de solides portes de bois ; plusieurs même, coupées de bazars ténébreux, pouvaient, dans une échauffourée, être de véritables pièges. La plus simple prudence avertissait de s'en garder. Voilà donc que le général Dupuy, nommé gouverneur de la ville, procède sévèrement à l'enlèvement de ces portes séculaires, au grand chagrin de ceux qui y étaient habitués. De plus, chaque propriétaire doit allumer à sa porte une lanterne la nuit. Grand changement, peu agréable à une ville d'Orient. Plus de ténèbres. Les rues, dès lors ouvertes aux chars retentissants, aux lourds canons de bronze, ont perdu leur silence, ainsi que leurs mystères.

Les mesures sanitaires, si sages, semblaient une persécution. L'éloignement d'un cimetière, chose si nécessaire après les ravages terribles que la peste, en ce siècle, venait de faire, produisit une émeute de femmes qui, avec le grand bruit, les tragédies de la douleur orientale, vinrent, sous les fenêtres du général, étaler leur grand nombre et leur deuil menaçant.

Les costumes équivoques de femmes toujours voilées étaient un vrai danger, dans une ville si peu amie. On interdit les voiles. De là grandes clameurs. Cependant ce qui montre l'utilité des précautions, c'est que chez une dame, dénoncée par son intendant, on trouva des armes, de la poudre, et force habits de Mamelucks. Cette dame en fut quitte pour trois jours de prison et une amende.

Après un traitement si humain et tant de marques de bonté, la joie des musulmans pour notre désastre naval d'Aboukir semble une chose monstrueuse, à faire douter de la nature humaine. Ils n'y virent qu'une sentence de Dieu qui manifestement condamnait leurs vainqueurs.

Si pourtant, comme Bourrienne et autres l'ont dit, la principale cause du malheur fut le dénuement de la flotte, qui n'avait point de vivres et n'en recevait pas dans l'interruption des communications, on doit en accuser l'indulgence de l'administration française, qui d'abord n'organisa pas de moyens rigoureux pour assurer les routes et faciliter les approvisionnements. Bonaparte a essayé en vain de rejeter le désastre sur l'amiral. Tous deux furent indécis. Mais l'amiral le fut en partie à cause de la répugnance honorable qu'il avait de quitter l'Égypte, d'abandonner l'armée et d'éloigner la flotte.

Le salut de l'armée, autant que la bonne police du pays, demandaient un ordre sévère et régulier. On voulut exiger que les propriétaires de biens-fonds, de maisons, montrassent leurs titres, expliquassent s'ils possédaient par achat ou par héritage. Chose fort difficile en pays musulman, et fort embarrassante pour les grands, les héritiers des maîtres du pays, qui ne possédaient que par violence, usurpation. On créa, pour cet examen, un divan de six musulmans et six cophtes, auquel pour chaque titre on payerait deux pour cent de la valeur.

Depuis les temps les plus antiques, les maisons des villes, et même les boutiques, ne payaient rien. Jusque-là tout retombait sur les campagnes, sur les pauvres fellahs, sur les laboureurs seuls, sur le travail et sur la terre. L'impôt des campagnes, des paysans égyptiens, se levait par des cophtes, Égyptiens eux-mêmes, à qui les Mamelucks en donnaient la commission. Mais nos Français, chose nouvelle, ordonnèrent que les maisons des musulmans et autres habitants des villes payassent tribut comme les champs des fellahs. La perception se fit de même par les percepteurs cophtes ou égyptiens. Ceux-ci, méprisés jusque-là comme une race inférieure, vinrent, dans chaque maison, s'informer et enregistrer, ce qui semblait une mortelle injure aux races jusque-là souveraines.

Les cophtes, et même les juifs, se sentant protégés, se relevèrent un peu, ne montèrent plus des ânes, comme auparavant, mais des chevaux, et portèrent des armes. Chose bien naturelle (contre les maraudeurs), mais qui blessa fort les Arabes, les musulmans en général; ils ne supportèrent pas cette odieuse égalité. Encore moins se résignèrent-ils quand ils virent ces cophtes, comme agents de l'autorité, exercer sur eux-mêmes, sur tous, la contrainte, les sévérités qu'ils n'osaient jusque-là appliquer qu'aux fellahs seuls, emprisonnant ceux qui ne payaient pas.

L'orgueil musulman se cabra, s'autorisant de prétextes religieux; par exemple, de la vente du vin, contraire à l'islamisme, mais qu'on ne pouvait défendre à nos soldats. Quoi qu'on ait pu dire là-dessus, quand je vois les musulmans plus tolérants ailleurs, je ne puis m'empêcher de croire que l'impôt et la faveur accordée aux cophtes qui levaient l'impôt n'aient été la principale cause du mécontentement public.

Tout cela n'allait pas à moins qu'à la restauration du vieil élément égyptien contre les étrangers (Arabes, Turcs, Mamelucks, etc.), élément malheureusement déprimé depuis bien longtemps, mais qui se serait relevé avec l'aide de la France.

On reprochait, du reste, à nos Français de servir la cause des opprimés en général, de vouloir, par exemple (contre le Coran), que les filles eussent une part dans l'héritage paternel.

Si la renaissance orientale devait arriver, ce serait moins sans doute par l'association des Européens avec les races guerrières que par leurs encouragements aux natifs du pays, bien autrement dociles que les Turcs et les Arabes.

Un ingénieur, chargé par le pacha de restaurer beaucoup de vieilles machines abandonnées, n'avait point d'ouvriers. Il prit, dit-il lui-même à un de mes amis, il prit de ces fellahs, qui, en moins d'un mois, se trouvèrent capables de l'aider et de travailler sous ses ordres.

Cette race rouge a été jadis l'élément civilisateur de la contrée, élément alors fort énergique, puisqu'elle domina les races qui l'entouraient, les jaunes, blanches et noires[1].

Les efforts des Français pour établir une justice égale[2] semblaient le commencement d'une rénovation, non de l'Égypte seulement, mais des races laborieuses d'Asie. En général, les maîtres, Anglais et autres, nous ont trop habitués à douter de la renaissance possible de l'Orient.

1. Voy. *les monuments de Ramsès II*, dans Champollion, Lepsius, etc.
2. Pour tout ceci, j'ai suivi (outre nos sources françaises, si connues) deux narrateurs orientaux, intéressants et instructifs. L'un est le syrien *Nakoula*, au service de l'émir des Druses. Il passa trois années en Égypte pendant l'expédition (traduit par M. Desgranges, 1839). Il observa beaucoup. Il prétend que Bonaparte avait le bras droit plus long que le gauche (le gauche apparemment était rétréci sur la poignée de l'épée?) — L'autre est un ennemi de la France, un musulman du Caire (*Abdurrahman Gabarti*, trad. par Cardin, 1838). C'est un lettré qui, à douze ans, savait tout le Coran par cœur. Son ouvrage se répandit, et fut estimé, puisque le Sultan Sélim III le fit traduire en turc. Il est assez curieux, surtout comme représentant des préjugés natifs, même chez un homme cultivé. Il est partout malveillant, mais généralement d'une malveillance contenue, timide. Avec tant de moyens de s'informer, il étonne parfois par ses méprises et ses ignorances. Il croit par exemple que si, chez nous, les filles héritent, c'est que la loi ne donne rien aux mâles et les exclut de la succession. Son livre est curieux comme le témoignage forcé d'un ennemi sur la douceur singulière de la conquête française et les égards, même imprudents, des nôtres pour les musulmans. Il dit entre autres choses que les Français, entrant au Caire, avaient d'abord demandé que tous livrassent leurs armes ; mais le peuple disant que c'était un prétexte pour entrer dans les maisons et piller, les vainqueurs y renoncèrent et leur laissèrent leurs armes, qu'ils employèrent peu après contre nous. (Gabarti, page 28.)

Le consul anglais, M. Paton (1863) est bien plus Turc que les Turcs. Il ne cite de Gabarti que ce qui est contre nous, ne donne point les nombreux passages où le musulman avoue l'extrême douceur de la conquête. Il feint de croire que l'Égypte était vraiment encore au sultan, qui alors, dépossédé par les Mamelucks, n'osait y envoyer qu'un pacha annuel, lequel ne s'y montrait pas, et n'y était l'objet d'aucun hommage. M. Paton est parfois un peu étrange. Il croit que la musique française est d'origine arabe (p. 210). Il affirme que la mer Rouge n'offrira jamais aucun avantage pour la navigation. (Paton, I, 229).

## CHAPITRE V

*Révolte du Caire (21 octobre 98). — La rénovation de l'Égypte.*

Si le Bonaparte d'Égypte eût été celui de l'Italie, c'est-à-dire d'une prévoyance inquiète et sévère, il eût senti que le désastre d'Aboukir ferait perdre la tête aux musulmans, leur rendrait un orgueil insensé, et qu'ils méconnaîtraient la vraie situation. Elle n'était pas mauvaise en elle-même, malgré la perte de notre flotte. Bonaparte ne pensait pas à retourner de sitôt, il avait dit qu'il voulait se fixer en Égypte. C'est un fort bon pays, et qui, par les travaux que l'on faisait, pouvait nourrir le double, le triple d'habitants. Qui le pressait d'ailleurs, et qu'avait-il à craindre? Ni les Anglais ni les Turcs, à coup sûr, avec une telle armée. Il devait souhaiter plutôt que les Anglais eussent la témérité de débarquer.

Quant aux Égyptiens, on les craignait si peu que, même au Caire, où leur nombre les rendait dangereux, on leur avait laissé leurs armes. Ce qu'on avait à craindre, c'était leur ignorance et l'orgueil musulman qui pouvaient leur faire faire à leurs dépens une inepte équipée.

Comment Bonaparte, défiant toujours, même cruel en Italie, ne vit-il pas cela?

Il voulait à tout prix gagner les Égytiens, et de l'Égypte se faire un point d'appui pour ses entreprises ultérieures. Cette politique intéressée était d'accord avec les dispositions de nos Français pour ces peuples enfants à qui ils croyaient plaire en se montrant hôtes aimables et bons camarades. Dans le narrateur musulman Gabarti, quoique si peu ami, on voit parfaitement la facilité des nôtres, leur empressement bienveillant. Certain capitaine, dit-il, voulait que ses soldats marchassent par la ville sans armes. Il avait pris pour femme une Égyptienne du Caire. Son drogman avait été esclave à Malte et délivré par nous. Ce drogman tenait un café où l'on chantait à la française. Le capitaine y venait lui-même avec sa femme, et ce fut lui qui engagea les musulmans à faire les illuminations et les réjouissances accoutumées pour leur fête populaire d'Hussein[1].

Les chefs de l'expédition donnaient l'exemple de la confiance. Le génie militaire ne se pressait nullement d'élever autour du Caire les citadelles qu'on avait projetées. Et le génie civil, occupé des travaux du Nil et de tant d'autres d'utilité publique qui

---

1. Gabarti, p. 72.

auraient donné au pays une face nouvelle, avait besoin que, sur cela surtout, on consultât les hommes du pays. Cette nécessité dût conduire Bonaparte à appeler autour de lui une sorte de représentation de l'Égypte entière. Au 1ᵉʳ octobre 98, on réunit les envoyés des quatorze provinces, et, pour la première fois, l'Égypte fut, si l'on peut dire, évoquée, consultée sur ses intérêts. Dans cette détermination, on reconnaît la supériorité de ceux qui entouraient, conseillaient Bonaparte, cette admirable élite où figuraient les Berthollet, les Monge, et celui que Bonaparte, plus tard, a nommé au premier rang parmi les fondateurs et législateurs de l'Égypte nouvelle, Caffarelli.

Ce grand homme, déjà illustre dans la guerre et dans la science, général du génie et membre de l'Institut de France, quoique mutilé, continuait sa carrière militaire. C'était un officier de Kléber, dont il avait l'esprit héroïque, pacifique à la fois. Par son amour du bien et ses vues de réforme universelle, Caffarelli ressemblait à Vauban. Rien ne lui était étranger. Larrey et Desgenettes nous disent qu'à sa mort il était occupé des améliorations de la chirurgie militaire.

Cependant, en dessous un mauvais esprit circulait. La confiance uniquement accordée aux anciens Égyptiens nous valait la haine des autres races. Ce fut cette ancienne Égypte qui, par un cophte, président du tribunal civil, eut l'honneur de parler, et d'ouvrir l'assemblée.

Bonaparte croyait se concilier les musulmans, les Turcs, les Arabes, en les invitant à nos fêtes. A celle de la République, on vit exposés aux regards le Coran et les Droits de l'homme. Mais les musulmans ne se laissaient point séduire. Ils virent avec déplaisir les Français assister à leurs fêtes. Ils en ajournaient certaines, sans doute les plus solennelles, ne voulant les célébrer *qu'après notre départ*. Mais, dit l'historien oriental, Bonaparte en fut averti *par un traître*, et il fit lui-même avec pompe les fêtes nationales du Nil et du Prophète; il s'y rendit, y assista jusqu'à la fin [1].

Cette marque de respect pour les croyances musulmanes fit dire aux Anglais et aux Mamelucks que les Français sentaient leur faiblesse et bientôt quitteraient l'Égypte. L'Angleterre avait réussi à former contre nous une coalition nouvelle, elle y entraîna la Russie, puis la Porte.

On fit bientôt circuler un prétendu manifeste du sultan. Lui à qui les Mamelucks ne payaient rien qu'un hommage stérile, lui qui n'osait envoyer en Égypte qu'un pacha nominal, qu'il changeait chaque année, on le faisait parler en maître de l'Égypte. La proclamation, du reste habile, désignait la France comme ennemie de toute religion. Elle faisait parler le Directoire, prêtait à nos Directeurs des conseils perfides, astucieux, et, par une insigne calomnie, elle leur imputait le projet de détruire les

---

1. Gabarti, p. 39.

villes saintes, la Mecque, Médine, Jérusalem. Elle finissait par la promesse d'une armée turque, et par l'appel aux armes.

L'ignorance où la plupart des nôtres étaient des langues orientales permit à la proclamation de circuler. Même sans dissimuler rien, du haut des minarets, les appels à la prière devenaient des appels à la révolte. Mais rien ne fut plus décisif que l'enquête faite par le gouvernement pour établir un cadastre régulier de toutes les propriétés (seul moyen pourtant de mettre quelque justice dans la répartition de l'impôt). On voit dans la Bible combien ces opérations, même les plus simples, les dénombrements, sont maudits du peuple et réprouvés de Dieu.

Les grands propriétaires, quoique les plus atteints, ne se mirent pas en avant, mais réussirent à animer, soulever les petits, c'est-à-dire justement ceux à qui l'égalité, l'équité de la répartition aurait profité.

Dans la nuit du 29-30 vendémiaire an VII (20-21 oct. 98), les dévoués se concertèrent. Il y avait les chefs naturels du peuple, trente cheiks, mais de plus les émissaires des Mamelucks ; enfin nombre de fanatiques, de cette populace qui partout vit des églises. Il fut convenu qu'au matin on empêcherait l'ouverture des boutiques pour qu'une foule allât protester contre l'enregistrement.

On se porta chez le cadi, homme fort respectable, pour lui faire appuyer la réclamation. Sur son refus, on assomma ses gens, on pilla sa maison. On essaya aussi de piller le couvent grec, qui heureusement se défendit. On poignarda sans pitié une malheureuse caravane de vingt malades ou blessés dont l'escorte avait été en route attaquée par des Arabes. Même avant, on avait massacré tout ce qui était dans la maison du général du génie Caffarelli. Il n'y était pas. Mais on trouva là tous les précieux instruments des sciences, appareils de chimie et de physique, télescope, etc., mille choses précieuses, impossibles à remplacer (la mer se trouvant fermée), impossibles à suppléer, sinon par des efforts incroyables d'invention. Le fanatisme avait trouvé là son véritable ennemi, la science, et il ne l'épargna pas, sentant d'instinct tout ce qu'il a à craindre d'elle et de la vérité.

Le général Dupuy, commandant de la place, haï pour sa sévérité, s'étant dès le commencement engagé dans la foule, avait été tué par une lance improvisée (faite d'un couteau) qui lui coupa une artère.

Le Trésor, qu'on attaqua ensuite, était heureusement gardé par un corps invincible, les grenadiers de la fameuse 32° demi-brigade.

L'Institut d'Égypte, sans garde militaire, et dans un lieu fort exposé, se défendit vaillamment lui-même; ces savants, jeunes la plupart, se préparaient à une lutte désespérée, lorsque la foule, d'elle-même, prit une autre direction.

Bonaparte était absent, mais à peu de distance.

Quand il rentra, il trouva déjà trois portes fermées et inaccessibles. Que serait-il arrivé, si les Arabes du voisinage, dont plusieurs étaient, dit-on, envoyés par les Mamelucks, par Mourad-Bey, s'étaient mis de la partie? Le pillage eût commencé d'être l'affaire principale. Le quartier des juifs, des grecs, des cophtes pendant une heure fut dévasté. L'argent, les bijoux, les femmes, tout était de bonne prise pour ces prétendus fanatiques. Le vaillant général Bon, heureusement, prit le commandement, balaya à coups de fusil les rues principales, refoula la masse dans un seul quartier. Quinze mille, et les plus exaltés, se jetèrent dans la grande mosquée, jurèrent de s'y défendre. Bonaparte, qui arrivait, mit du canon à l'entrée des rues principales, de manière que le centre fût environné, assiégé.

Cependant, vers le soir, les rebelles ne bougèrent plus, attendant probablement les secours qu'on leur avait promis, et que leurs émissaires allaient chercher. De son côté, Bonaparte, ne pouvant enfiler par le boulet les rues tortueuses, étroites, avait à minuit monté une batterie sur une hauteur qui dominait tout et qui n'était qu'à cinquante toises de la grande mosquée.

A l'aube, les quinze mille qui s'y étaient concentrés et voyaient entrer en ville une foule de pillards arabes, se croyaient forts, sans apercevoir qu'ils avaient la mort sur leur tête. Ils ne s'en doutèrent que quand ils virent un obus tomber dans la mosquée, et d'autre part les grenadiers en fermer toutes les issues, de sorte qu'il n'échappât personne. Sous les obus, la mosquée fut bientôt percée à jour, et tout le quartier environnant ne fut plus que ruines.

Bonaparte avait reçu avec une bonté sévère le divan des cheiks qui demandaient grâce pour la ville. Quoique fort irrité par la mort d'un de ses aides de camp, un Polonais plein de mérite, il donna ordre aux batteries d'en haut de cesser le feu, et même consentit que les cheiks allassent demander aux désespérés de la mosquée s'ils voulaient se rendre. Ils ne répondirent qu'à coups de fusil.

L'arrivée de Kléber, venu d'Alexandrie au Caire pendant l'action, prouva aux habitants que les côtes étaient toujours au pouvoir des Français. D'autre part, les Mamelucks de Mourad, contenus par Desaix, n'avaient pas pu descendre du midi, ce qui avertissait la ville que, ni d'en haut ni d'en bas, elle n'avait à attendre de secours. Cela n'empêcha pas qu'au faubourg des bouchers, ces gens qui sont souvent sous l'ivresse du sang, s'acharnèrent à combattre à l'aveugle. De plus, à la grande mosquée, plusieurs, étant montés sur les balustrades intérieures qui tournent autour de l'édifice, continuaient de tirer, de tuer.

Jamais en pays musulman on n'avait vu, après un traitement si doux et si humain, une révolte si acharnée, sans cause. Aussi, d'une part, nos soldats qui avaient perdu beaucoup des leurs ; d'autre part, les cophtes et les juifs, dont les musulmans avaient pillé les maisons, outragé les familles, demandaient une forte répression. En vain. Le général fut inflexible. Il accorda très peu aux vengeances les plus légitimes. On ne vit point les grandes mitraillades de Lyon en 93, ni celle des villes indiennes en 1857.

Le parti méthodiste, qui dirigea celles-ci et à qui les Anglais eux-mêmes reprochent d'avoir mis huit cents hommes par jour à la bouche du canon, ce parti fanatique que l'orgueil exaspérait d'ailleurs, ne pouvait pas trouver de supplices suffisants. Au contraire, Bonaparte, qui, dans la guerre ménageait si peu l'homme, fut ici modéré autant qu'on pouvait l'être en ce pays. Dans les lettres qu'il écrivait au loin, au général Reynier, par exemple, qui était sur la côte, il croit utile d'exagérer sa sévérité. Il lui dit que l'on coupe trente têtes par jour. Son secrétaire Bourrienne, qui écrivait les ordres, dit douze seulement.

Le consul anglais, M. Paton, est admirable ici. Il prétend qu'au second jour de la révolte, les musulmans, entrant dans la grande mosquée pour y faire leurs prières, *furent étonnés*[1] de la voir occupée, profanée par nos soldats qui y campaient. Et qui donc l'avait profanée plus que ceux qui avaient pris ce lieu pour champ de bataille, pour fort de la révolte, et qui l'avaient si abondamment trempé de sang humain ?

Je ne crois pas qu'il n'ait péri que trois cents

---

1. Paton, t. I, p. 189.

Français. Ce ne fut pas ici comme aux Pyramides et autres grandes batailles où l'ordre et la discipline sont une protection. Ici, dans cette guerre de rues et dans les embuscades de ruelles, passages, etc., l'avantage est aux foules. Nakoula, le Syrien, prétend que nous perdîmes deux mille hommes[1], — et quels hommes! tous précieux, si loin de la patrie, — et plusieurs éminents par le courage, la science, irréparables !

Nos savants s'exposèrent beaucoup. Dans la grande mosquée, un lieu si dangereux où les feux d'en haut et d'en bas se croisaient, on vit l'orientaliste Marcel, chef de notre imprimerie orientale, se hasarder, risquer mille fois la mort, pour atteindre et sauver un précieux manuscrit.

Ceux qui pourraient douter de la modération de la répression n'ont qu'à lire dans notre ennemi Gabarti l'étonnement que le pardon causa. « Les habitants se complimentèrent, et personne ne pouvait croire que cela pût se terminer ainsi[2]. »

L'étonnement fut plus grand encore, lorsque, peu de jours après, par une noble hospitalité, « les Français ouvrirent la bibliothèque publique, qu'ils venaient de fonder dans une belle maison qu'un des tyrans (sans doute un Mameluck) avait construite de ses vols. Les Français (*qui tous savent lire*), ouvraient la bibliothèque à dix heures, recevaient poliment les musulmans et les faisaient asseoir. Ils leur mon-

---

1. Nakoula, traduit par Desgranges, 1839.
2. Gabarti, p. 48, 60.

traient des cartes, des figures d'animaux, de plantes, des livres d'histoire, de médecine, des instruments de mathématiques et d'astronomie. Près de là était la maison du chimiste, avec la machine électrique ; puis la maison du tourneur, et des instruments pour cultiver la terre avec moins de fatigue. »

Les temps qui suivirent furent fort calmes, et le Caire reprit même un grand aspect d'activité[1]. Les forteresses qu'on avait projetées s'élevèrent autour de la ville sous la direction active de Caffarelli. Des exécutions méritées sur des Arabes du voisinage, la destruction complète d'un de leurs villages, rendirent les routes plus sûres et firent l'effroi de ces pillards si dangereux dans la banlieue d'une telle ville.

En même temps, Bonaparte rendit au Caire, et à l'Égypte, le grand et le petit divan, qui constituaient pour eux une sorte de représentation nationale, et

1. Si l'on veut savoir ce que fut l'occupation française, il faut consulter Gabarti. Quelle que soit sa malveillance, il avoue (p. 71) que les Français fusillèrent un des leurs qui avait outragé une femme et trois autres Français pour s'être introduits dans des maisons. — On se défiait non sans cause des Barbaresques qui passaient par le Caire pour aller à la Mecque; on en retint quelques-uns comme otages, mais au départ on leur fit des présents. Lisez encore dans Gabarti, les égards des Français pour les musulmans aux fêtes du renouvellement de l'année pendant le ramazan et le baïram, où les boutiques sont ouvertes la nuit. Les musulmans, comme à l'ordinaire, allèrent, le jour, à leurs cimetières et visitèrent leurs morts. Les Français défendirent à la population chrétienne d'indisposer les musulmans en mangeant et buvant dans les rues et de blesser leur orgueil en portant comme eux des turbans blancs. Ils firent suivre la tournée du chef de police par un corps de cavalerie française. Ce n'est pas tout : nos officiers supérieurs complimentèrent les grands de la ville au sujet de la fête. Ils les invitèrent, et, pour les mieux recevoir, prirent des cuisiniers du pays. (Gabarti, p. 77-87.)

qui, en effet, dans mille choses locales, pouvaient seuls bien guider l'administration des Français. Ce fut, dit-on, chez les gens du pays une joie universelle et très vive ; plusieurs se félicitaient, s'embrassaient dans les rues. Chose assez naturelle. Car, sans exagérer la puissance réelle de cette magistrature, elle pouvait du moins porter de la lumière dans les affaires, empêcher bien des malentendus.

Ceux qui n'estiment les choses que par l'argent, riront (non sans mépris de la simplicité française), quand ils liront dans une note authentique de Bonaparte, écrite par lui-même et recopiée par Bourrienne, qu'en douze mois l'Égypte entière, en y comprenant même l'exaction sur les Mamelucks, nous rapporta seulement douze millions et cent mille francs[1] !

---

1. Quelle pitié ! un seul juge de Calcutta, le président du tribunal suprême, nommé pour douze années, recevait, on l'a vu, par année quinze cent mille francs. (Mill et Wilson.)

# CHAPITRE VI

Suez et le vieux canal des Pharaons. — Les romans de Bonaparte.
Invasion de la Syrie (1798-1799).

Le Nil, dans l'ancienne langue de l'Égypte, est un nom féminin. Il est la véritable Isis, et la mère de l'Égypte qui a produit et nourrit la contrée. Depuis les pharaons, les maîtres qui s'y sont succédé se sont tous montrés étrangers, illégitimes, usurpateurs, en négligeant ce vrai dieu du pays. Le signe auquel les natifs durent reconnaître le caractère légitime de notre conquête ce fut le soin, les travaux que les nôtres accordèrent au Nil. Nos ingénieurs Girard, Lepère, etc., s'occupèrent activement des digues, des canaux qui pouvaient assurer et régulariser son cours. Ils songèrent à l'étendre, à renouveler le beau monument du pharaon Néchao, le canal qui faisait communiquer le Nil et la mer Rouge, canal si utile au commerce, et qui semblait le trait d'union entre l'Égypte et l'Arabie, la mer des Indes et le haut Orient.

Le monde musulman, qui n'avait pas tout cela écrit au cœur comme les vrais Égyptiens, et qui ne comprenait du Nil que ses bienfaits, devait pourtant être frappé d'un tel gouvernement. Il l'était moins de l'entourage des sciences, des savants de l'Europe qui créait ces miracles que du jeune sultan qui les ordonnait, de ce jeune homme si réservé qui pourtant présentait dans ses audiences une figure toujours souriante[1]. On en fit la remarque lorsque le sérieux Kléber lui succéda.

Pendant six mois au moins, Bonaparte, tenant l'Égypte par ses admirables lieutenants, Kléber au nord et Desaix au midi, au centre avec Caffarelli et l'institut d'Égypte, étonnant tous par sa sagesse, paraissait aux Égyptiens un pharaon, aux musulmans un autre Salomon, ou un descendant du Prophète. Tous s'inclinaient, et n'étaient pas loin de le croire quand il disait : « Ne savez-vous pas que je vois les plus secrètes pensées ? »

Qui eût cru que ce sublime acteur fût le même Bonaparte, si intrigant en France, si double en Italie ? N'importe, nous l'admirons dans cette année d'Égypte. Les très grands comédiens sont tels parce que tout n'est pas feint dans leur jeu[2]. Je crois en outre que sa vive nature, électrique par moments, put s'assimiler, s'harmoniser à la société où il

---

1. Gabarti, p. 132.
2. Bonaparte juge de même ce moment de sa vie : « Ce temps que j'ai passé en Égypte a été le plus beau de ma vie; car il en a été le plus idéal. » (*Mém.* de Mme de Rémusat, t. I, p. 274.)

vivait, société de tant d'hommes éminents, bienveillants, pleins d'une sympathie admirable pour le pays qu'ils espéraient régénérer.

Toutefois, il était trop mobile pour aller ainsi jusqu'au bout. Pour que ce grand respect des natifs fût durable, pour que la haine qui s'y mêlait au cœur des musulmans se tût, il eût fallu une suite, une conséquence qui n'étaient pas dans sa nature. Même lorsque son intérêt, sa politique lui conseillaient le plus d'être harmonique, il discordait, il détonnait.

Les musulmans, si graves, et, malgré leur barbarie, si fins pour certaines nuances, le sentirent parfaitement. Et plusieurs (ce qui nous semble sévère) le jugèrent, sur ces dissonances, faux et menteur en toute chose. Cela n'était pas. Il avait un penchant réel pour les mœurs, les idées d'Orient.

Il eut même un instant l'idée de s'habiller à la turque. Mais il était petit; cela lui allait mal; il y renonça.

Plusieurs soldats et officiers avaient pris femme en Égypte. Le général Menou alla plus loin, et, pour faire un mariage d'amour, abjura, se fit musulman. A ce sujet, Bonaparte dans ses lettres, parlant de Mahomet, écrivait à Menou : « Notre Prophète. » Il avait promis de bâtir une grande mosquée, et donnait même aux musulmans des espérances pour la conversion des Français.

On crut qu'il aurait un sérail. Il n'avait pas de bonnes nouvelles de Joséphine, fort légère à Paris.

Si bien qu'on lui présenta plusieurs femmes musulmanes. Il les trouva trop grasses, dit-il, ou plutôt craignit les plaisanteries. Il les renvoya, mais pour donner un pire scandale. Il prit ostensiblement pour maîtresse une jeune Française, femme d'un de ses officiers, dont il éloigna le mari de l'Égypte. On la voyait avec lui cavalcader, caracoler sur les promenades du Caire. Scandale impolitique, qui devait choquer la gravité musulmane, et montrer par un côté de légèreté étourdie le héros, le demi-prophète.

Vers la fin de 98, la fatigue, l'ennui l'avait pris, dit Bourrienne. Il alla voir Suez, où il diminua les droits de douane, échangea une correspondance avec le chérif de la Mecque pour rétablir l'ancien commerce. Il reconnut le canal de Néchao qui unissait le Nil à la mer Rouge; il méditait de le retablir. Mais à ces vues si sages se mêlaient beaucoup de vains songes, de velléités imaginatives. Il passa à la mer basse, en Arabie, pour voir à trois lieues de là ce qu'on appelait les sources de Moïse. Il écrivit aux Indes, à Tippoo-Saheb (une lettre qui ne parvint pas), pour qu'il pût s'entendre avec lui. Et en même temps, comme s'il eût voulu se rendre aux Indes par terre, il demandait au shah de Perse la permission de faire sur la route des dépôts d'armes et d'habits.

C'était aller bien loin pour chercher les Anglais qui arrivaient d'eux-mêmes. Leur flotte bloquait Alexandrie. La Porte, leur instrument, avait envoyé sur les confins de l'Égypte et de la Syrie, à El-Arish, le célèbre pacha d'Acre, le cruel Djezzar.

En vain Bonaparte espérait gagner celui-ci. Il tua notre envoyé, nous défia, se voyant d'une part aidé par la flotte anglaise, et de l'autre par les pachas d'Alep et de Damas. Bonaparte espérait que les Syriens, ennemis de Djezzar, se joindraient à lui, et, non seulement les chrétiens, mais aussi les Druses, une vaillante et robuste population. Il ne pouvait tirer de l'armée d'Égypte que douze mille soldats (il est vrai les premiers du monde). Eh bien, avec ce petit corps, il résolut d'aller à la rencontre des Anglais, des Turcs, même des Russes, dont les flottes parurent bientôt dans l'Archipel.

Son imagination semblait excitée par le péril même : il comptait, s'il pouvait réunir les Syriens, et trouver de quoi en armer trente mille, il comptait, disait-il, *prendre l'Europe à revers* (c'était son expression), prendre Constantinople et Vienne, et fonder un grand empire en Orient.

Rien ne put se réaliser. Les Syriens restèrent divisés, firent bien des vœux pour nous, mais ne nous aidèrent que fort peu. Au contraire, les musulmans, par fanatisme ou par contrainte, se réunirent et eurent pour eux la mer et les secours inépuisables des Anglais.

La petite armée prit d'abord sur la frontière El-Arish, sans trop de peine. La garnison fut traitée avec douceur, ainsi que dix-huit Mamelucks, qui, menés au Caire, furent rendus à la liberté par

Poussielgue, l'intendant. Cette garnison, composée d'Arnautes ou Albanais, en partie, prit service chez nous, et en partie promit de s'en aller à Bagdad. Mais ils s'arrêtèrent en route et aidèrent ceux de Djezzar à défendre contre nous Jaffa [1].

Cette ville nous fut disputée avec une sorte de fureur. Un parlementaire que les Français envoyèrent pour la sommer de se rendre fut mis à mort. Puis, quelques soldats des nôtres s'étant introduits par un passage souterrain, en sortirent au milieu des ennemis, ne furent pas pris, mais égorgés. Ce qui n'irrita pas moins les Français, c'est que les Barbares, se croyant déjà vainqueurs, sortaient avec ces couffes où ils emportent les têtes coupées, et où ils croyaient bientôt rapporter celles des nôtres [2].

Nos généraux Lannes et Bon donnèrent l'assaut des deux côtés, et, pénétrant dans la ville, pressèrent entre eux la garnison, qui continua de se défendre de maison en maison. Deux ou trois mille Arnautes se réfugièrent dans un caravansérail où on allait certainement les brûler, lorsque des aides de camp de Bonaparte, entre autres Eugène Beauharnais, son beau-fils, leur promirent étourdiment la vie, ce que Bonaparte ne ratifia nullement.

La situation était très très mauvaise. On venait de s'apercevoir qu'on avait rapporté la peste d'Égypte.

1. Nakoula, p. 99.
2. Miot, p. 138, 162, 267.

Et ces braves, qui ne s'attendaient nullement à ce nouvel ennemi, étaient, il faut le dire, très effrayés. Des deux grands médecins qui ont suivi et raconté l'expédition, l'un déjà célèbre, Larrey, croyait la peste contagieuse ; l'autre, Desgenettes, trouvait utile de supprimer même le nom effrayant de peste, et de dire que l'épidémie n'était qu'une espèce de fièvre, de soutenir ainsi le moral de l'armée. Mensonge dangereux, dit Larrey ; mais devant l'ennemi il fallait tenir le cœur haut. Bonaparte crut sage d'être de l'avis de Desgenettes, il fit une longue visite à l'hôpital, et même souleva le corps mort d'un pestiféré. On fit courir le bruit que Desgenettes lui-même s'était inoculé la peste sans danger.

Qu'eût-ce été si, dans cette situation, déjà si triste, l'armée avait eu connaissance des nouvelles qui venaient d'Égypte, de Syrie, de la mer ? Trois dangers à la fois l'environnaient. Non seulement les Anglais, les Russes étaient en mer, mais par devant, nos amis de Syrie ne se déclaraient pas. Derrière, l'Égypte croyait que Bonaparte était mort, et elle ne payait plus. En outre, les pèlerins de la Mecque, en Égypte et en Barbarie, paraissaient animés de ces souffles de fanatisme qui s'élèvent parfois pour des causes inexplicables, comme les trombes du désert. Déjà, avec l'aide des Mamelucks, qui, en partie, quittaient la haute Égypte pour venir en Syrie, ils avaient massacré un convoi de Français, et d'autres massacres avaient lieu dans plusieurs villes musulmanes. Ce qui rendait la chose dangereuse, c'est que les Barbaresques étaient conduits par un ange qui prétendait les rendre invulnérables; beaucoup de peuples le suivaient.

Dans cette situation si hasardeuse, il eût été absurde de ratifier la grâce donnée par Beauharnais aux trois mille brigands albanais. Aussi Bonaparte ne le fit-il pas. Seulement il avait eu le tort de ne pas prendre un parti sur-le-champ et de leur laisser croire qu'on les graciait. L'armée, irritée par la résistance meurtrière qu'on lui avait faite de maison en maison, et sentant justement qu'à peine délivrés ils n'iraient nullement à Bagdad, mais se joindraient sur-le-champ à Djezzar, était loin de l'indulgence. Cependant Bonaparte ne voulut pas se contenter d'un jugement tumultuaire. Il assembla les généraux. Les noms si respectés de Kléber, de Caffarelli, étaient à eux seuls une garantie de justice et nous font dire encore que la chose fut examinée mûrement. Ils prononcèrent comme l'armée, ne reconnurent pas la folle grâce accordée par Eugène, et sentirent que la vie donnée aux Albanais serait la mort pour bien des nôtres.

## CHAPITRE VII

*Bonaparte échoue à Saint-Jean-d'Acre (Mai 99).*

Donc on se dirigea vers Saint-Jean-d'Acre, par les grandes pluies d'hiver et les chemins gâtés qui ne permettaient pas d'amener l'artillerie de siège. L'armée venait d'un côté, l'artillerie de l'autre (par mer). Il était bien probable qu'on ne se rejoindrait pas et que les Anglais, maîtres de la Méditerranée, prendraient notre artillerie et s'en serviraient contre nous. Que pouvait-on opposer à la probabilité d'une chance si simple ? La fortune de Bonaparte, qui l'avait favorisé et avait pris soin jusque-là de justifier ses plus téméraires imprudences.

Notez que, de Constantinople, on avait envoyé à Saint-Jean-d'Acre un corps d'artillerie turc, formé par nous quand le sultan était notre allié. Ainsi c'étaient les élèves des Français qui allaient tirer sur nous avec des pièces françaises. Si cela ne suffisait pas, les Anglais, pour défendre une place que la mer entoure presque, étaient maîtres d'y introduire à volonté des troupes et d'en renouveler la garnison par des Européens, Anglais, et bientôt Russes.

L'amiral Sidney Smith, notre prisonnier naguère, et échappé du Temple, avait ramené avec lui à Acre un de nos traîtres, l'émigré Phelippeaux, qui, par les lois d'alors, aurait dû être fusillé à Paris. C'était un ancien camarade de Bonaparte, son envieux, son ennemi dès le collège. Il n'avait pas craint de prendre l'uniforme et le gros traitement de colonel du génie anglais. En défendant habilement et fortifiant Saint-Jean-d'Acre, il n'avait d'autre vue que de nuire à Bonaparte et à la France. Qui se doutait alors qu'entraver Bonaparte, et notre colonie d'Égypte et de Syrie, c'était murer l'Asie, enterrer tant de peuples dont le système anglais a confirmé la mort ?

Le retard de notre artillerie donna à Phelippeaux le temps de faire de grands travaux autour d'une place si petite. Il ne se borna pas aux ouvrages extérieurs. Connaissant bien l'impétuosité des nôtres, craignant que, malgré tout, ils ne trouvassent quelque jour, il avait pris la précaution insolite de lier entre elles par des murs, les maisons de la ville, de sorte que, forcée dans ses retranchements, elle pût résister tout de même.

Qu'on en vînt là, c'était bien peu probable, avec cette facilité infinie que donnaient la mer et la flotte d'introduire dans la ville des forces nouvelles. Bonaparte s'obstina comme un furieux dans cette entreprise impossible. Il ne voulut pas voir que ses munitions tarissaient, si bien qu'il était obligé de recueillir les boulets de l'ennemi pour les lui renvoyer ; on les payait aux soldats qui les ramassaient. En soixante jours, on s'obstina à faire quatorze assauts, inutiles et sanglants, ruineux pour notre petit nombre. L'ennemi fit vingt sorties, s'inquiétant peu de ses pertes, qu'il réparait aussitôt.

L'obstination de Bonaparte était inexprimable : c'était comme une dispute entre lui et la Fortune, infidèle pour la première fois. C'était plutôt une inepte gageure avec l'impossibilité même.

Représentez-vous l'image ridicule d'un buveur opiniâtre qui s'efforce de boire, de vider par en bas un tonneau qui sans cesse se remplit par en haut.

Le peu qu'il tuait d'hommes à la tranchée du côté de la terre était à l'instant suppléé du côté de la mer ; la flotte pouvait en fournir en quantité illimitée.

Sa rage aveugle était si grande, qu'il mina d'abord, puis voulut emporter à tout prix une tour avancée qui semblait tenir à la ville, mais qui en était réellement séparée et n'y donnait nulle ouverture.

Nos soldats, devant la folie du héros, n'objectaient rien ; on se faisait tuer. Kléber seul disait avec une sévérité ironique : « Nous attaquons à la turque une ville défendue par des moyens européens. »

Beaucoup de Syriens, qui haïssaient Djezzar, venaient au camp, faisaient des vœux pour nous ; mais nous voyant limités là sur un étroit espace, ils se gardaient de se déclarer. L'ennemi était trop heureux de nous voir aheurtés à des murs, nous cassant le nez sur des pierres, tandis qu'un beau et riche pays, la Galilée, était là tout près de nous. Il était trop évident qu'il devait craindre les batailles, et nous, les désirer. A lui la mer, à nous la terre. Kléber sut un gré infini au pacha de Damas qui, voyant Bonaparte obstiné sur la côte, prit la route du Mont-Thabor, et vint sur nous avec vingt-cinq mille hommes. Bonaparte, s'il l'eût attendu, se serait trouvé assiégé lui-même, ayant Acre devant lui, et ceux de Damas derrière. Il ne put s'empêcher d'envoyer Kléber à la rencontre, mais avec si peu de munitions qu'après un seul combat Kléber en manqua tout à fait et fut dans le plus grand danger.

Sans doute, Bonaparte n'en avait guère, mais on peut croire aussi, quand on connaît son génie astucieux, que, pour ces batailles livrées au Mont-Thabor, près Nazareth, en des lieux si célèbres, il craignait fort qu'on ne vainquît sans lui, et tenait à signer lui-même un bulletin de Nazareth. Il vint donc, à la course, avec Bon, Rampon, la 32° et huit pièces d'artillerie. Ceux de Kléber, rassurés par l'approche du secours, avaient déjà rétabli la bataille et repris l'offensive. Ceux de Bonaparte sabrèrent un camp de Mamelucks qui se tenait à part. Et l'armée de Damas, voyant partout les nôtres, toute nombreuse qu'elle était, prit peur et se crut entourée. Il y eut un vertige immense, une débandade générale. Les uns se précipitèrent derrière le Mont-Thabor, d'autres se jetèrent dans les eaux du Jourdain (26 germinal, 15 avril). Le lendemain matin, Murat entra dans Tibériade, déserte, sans garnison, et y trouva des magasins immenses. On vit là ce qu'on eût gagné à profiter de l'avantage et à poursuivre vers la riche Damas. Ce qui souvent a garanti cette ville, c'est que dans les plaines on craignait la cavalerie. Mais les batailles des Pyramides, de Nazareth, montraient combien ces craintes étaient exagérées. La prise de Damas eût été un coup de tonnerre qui eût effrayé nos ennemis, rassuré nos amis et leur eût fait prendre les armes. Bonaparte se fût trouvé à la tête d'un grand peuple, et les Anglais, si redoutables dans Saint-Jean-d'Acre, se seraient-ils hasardés jusqu'à quitter la mer et venir nous offrir une bataille rangée?

On ne pouvait pas prendre une ville, mais bien la Syrie tout entière, et faire de notre petite armée le noyau de tout un peuple belliqueux.

Je me figure que c'étaient les vues du vrai bon sens, celles de Kléber et de son ami Caffarelli.

Bonaparte avait d'autres vues. Il regardait la France. Pour elle, il lui fallait d'abord ne pas se retirer de Saint-Jean-d'Acre, et de plus dater son bulletin de Nazareth.

De même qu'il avait fait le pèlerinage des sources

de Moïse, écrit son nom au registre du couvent, il s'arrêta au couvent de Nazareth, y coucha, et vit dans l'église le miracle du lieu. Près de l'autel une chapelle est, dit-on, la chambre de la Vierge même. Une colonne de marbre noir engagée au plafond y paraît suspendue, parce que l'ange, au moment de l'Annonciation, frappa du talon la base de la colonne, la brisa. Cette légende, telle quelle, toucha quelques-uns de nos blessés qui, se mourant, faiblirent, demandèrent l'extrême-onction.

Voilà comment un intrigant, peu digne d'une telle armée et de si grandes circonstances, faisait platement sa cour à la réaction de Paris.

Dans cette armée pleine de gens d'esprit et d'expérience, il n'y avait personne qui ne jugeât que Bonaparte s'obstinait dans une vaine entreprise où son orgueil eût immolé le monde. C'était une chose touchante de voir ces hommes, aussi dociles que vaillants, qui, tous les jours envoyés à la mort, affrontaient sans murmurer des entreprises impossibles. Ainsi, pendant près d'un mois, il leur fit attaquer cette tour qui était devant une ville, mais n'y donnait nul accès. Avec cela, peu de murmures, sauf à la perte des amis, où tel pleurait, poussait des cris; un d'eux qui de douleur, de regret, devint fou, dit alors des choses très sages, et reprocha en face à Bonaparte sa sauvage obstination.

De tant de pertes, aucune ne fut plus sensible à l'armée que celle de Caffarelli. C'était, comme j'ai dit, cet homme unique qui, plus que personne, avait lancé l'expédition, réglé l'Égypte avec sagesse. Son solide héroïsme était un soutien pour tout le monde. Il avait perdu une jambe au Rhin ; il perdit un bras à Saint-Jean-d'Acre, et, pour ne pas ralentir son activité, voulut que sur-le-champ on lui fît l'opération ; habitué à se dominer, il la subit sans laisser échapper la douleur par aucun signe. Larrey dit que ce stoïcisme aggrava le mal et fut en partie cause de sa mort[1]. Il se reprochait d'avoir entraîné dans l'expédition tous ses jeunes amis, qui mouraient chaque jour, entre autres Horace Say, jeune homme de grande espérance et frère de l'économiste.

Bonaparte venait voir Caffarelli deux fois par jour, voulant le calmer peut-être, adoucir son jugement (qui certainement était celui de Kléber, c'est-à-dire très contraire au siège). Peu de jours avant sa mort, une vive dispute s'éleva entre eux, et sans doute Caffarelli lui dit son opinion sans ménagement.

Après cela il s'enveloppa de son héroïsme, d'impassibilité stoïcienne. Il voulut mourir en philosophant : « Lisez-moi, dit-il, la critique de Voltaire sur l'*Esprit des lois*. » Choix singulier de lecture qui étonna Bonaparte, mais qui se conçoit pourtant ; le mourant se consolait par cette vive protestation pour la liberté de l'homme contre Montesquieu et son système sur la fatalité du climat[2].

---

1. Larrey, p. 111.
2. Dans l'ouvrage de MM. Reybaud, Marcel, etc., qui contient, outre leur beau récit, mille choses utiles qu'on chercherait en vain ailleurs, on a fait

Caffarelli avait été pour beaucoup dans les grandes vues qui ont fait la gloire de l'expédition. Vraiment, elle finit par lui. Après lui, le siège ne fut plus possible. Bonaparte lui-même vit une grande flotte de trente voiles qui venait aux assiégés, une flotte de trente vaisseaux turcs. Non seulement nos nouveaux assauts ne réussirent pas, mais c'est nous qui peu à peu allions nous trouver assiégés. Ceux du dedans, habilement conduits par Phelippeaux, s'étaient introduits entre nos lignes d'approche, et, de droite et de gauche, prenaient à revers nos tranchées.

Phelippeaux mourut frappé d'un coup de soleil, inutilement pour nous; nous déclinions chaque jour, et Bonaparte devenait la dérision des Anglais. Sidney Smith répandit, signa, garantit une proclamation turque, où, pour débaucher nos soldats, on leur répétait les bruits de Paris : « Que le Directoire n'avait rien voulu dans l'expédition qu'éloigner l'ar-

---

l'entreprise méritoire, difficile, de nous donner des portraits de tant d'hommes héroïques. Ces portraits ne sont pas toujours bons, mais (je crois) souvent vrais! On n'invente pas des physionomies qui concordent si bien avec la vie connue du personnage. Rampon doit ressembler. Desgenettes fait crier : « C'est vrai ! » Ce portrait, du reste médiocre, n'a pû être inventé. Dans son apparente candeur, il exprime à merveille le hâbleur bienveillant et bon, avec un petit air de niaiserie qui dut faire croire ses utiles mensonges. — Entre tous, l'homme supérieur est évidemment Caffarelli, de vive intelligence et de finesse aiguë, mais, chose rare, d'une finesse qui tourne toute au profit de la bonté. Il était l'aîné de ses frères, ne voulut pas hériter et leur partagea tout. Ce qu'on remarque encore dans cette tête du Midi, c'est que ses qualités natives ont persisté à travers mille épreuves, mille souffrances. Un voltairien, et pourtant stoïcien ! — Bonaparte, pour plaire aux soldats, voulut emporter le cœur de Caffarelli dans une boîte. Son corps est à Saint-Jean d'Acre, et sa pierre sépulcrale est respectée des Arabes, comme celles de Hoche et de Marceau sur le Rhin. Ainsi, la France mit partout ses enfants.

mée, dont il se défiait. » Cela ne produisit rien que de furieuses injures de Bonaparte à Smith, et un très vain cartel de Smith à Bonaparte.

Pendant ces sottes paroles de gens qui ne se connaissaient plus, quelqu'un, d'un langage muet, se faisait mieux entendre, finissait tout, la peste. La malignité du climat se liguait encore avec elle d'une autre manière. En quelques jours, des vers naissaient dans les blessures et les compliquaient.

Les nouvelles étaient effroyables. Indépendamment des fanatiques du monde barbaresque dont j'ai parlé, les Anglais, maîtres dans la Méditerranée, se montraient dans la mer Rouge, et nous ne voyions plus autour de nous qu'un cercle noir d'ennemis.

Donc il fallut revenir, et, pour comble de misère, partir nuitamment, et si subitement que, quelque soin que l'on prît d'emporter nos blessés, plusieurs, un peu écartés, se croyant abandonnés, et cherchant leur chemin, se lancèrent dans les précipices.

On aurait pu prévoir ce qu'on avait à attendre d'un tel homme, de sa surdité aux conseils. On pouvait dire déjà ce que quelqu'un dit plus tard, quand il répéta en Russie, sur six cent mille hommes, ce qu'il avait fait sur dix mille en Syrie : « Où pourra-t-on trouver les gardes-fous de son génie[1]? »

Bonaparte avait levé le siège de Saint-Jean-d'Acre le 1ᵉʳ prairial (20 mai 99), à neuf heures du soir.

Notre allié, dans les Indes, Tippoo, qui depuis si

---

1. Mot de M. de Narbonne, cité par M. Villemain, *Mélanges*.

longtemps regardait vers la France, délaissé, sans secours, était mort en héros (avril 1799)[1].

[1]. Ce qui fit un tort immense à Bonaparte, c'est que lui-même renseigna ses ennemis sur sa détresse, le besoin qu'il avait de secours, etc. Sa correspondance interceptée fut publiée en un petit volume par Francis d'Yvernois, le Genevois anglais, sous ce titre : *Crimes des Français racontés par eux-mêmes*, réimprimé à Paris par René Pincebourde.

## CHAPITRE VIII

Fin de l'Inde musulmane. — Mort de Tippoo (1799).

La chute de Tippoo, la ruine de l'empire de Mysore étaient un malheur pour la France, bien plus qu'on n'aurait cru dans ce grand éloignement. Mysore et Seringapatam restaient, depuis la perte de Pondichéry, le centre unique de notre commerce dans l'Inde. Tippoo et son père Hyder Ali avaient été, malgré tous nos malheurs, nos immuables alliés. C'était un grand État qui avait des possessions sur les deux mers. De plus, Tippoo était, par ses qualités, le centre de l'Inde musulmane, peu nombreuse, si on la compare à l'Inde brahmanique, ne comptant guère que quinze, vingt millions d'hommes, mais tout autrement belliqueux, et, l'on peut dire le nerf de l'Inde même. Moins fins, moins délicats que les Indiens proprement dits, ces musulmans leur étaient supérieurs en qualités viriles, en dignité morale, en probité, fidélité.

Je suis ici, dans ce triste chapitre, comme le voyageur qui, dans l'Inde d'aujourd'hui, se trouve en face des grands tombeaux, fiers et majestueux comme l'immense monument d'Akbar, ou tout au moins la gracieuse tombe de la fille d'Aureng Zeb[1].

Je ne passerai pas sans les avoir salués, sans avoir dit le caractère viril de l'Inde musulmane. Plusieurs écrivains, même Anglais, ont raconté combien la sévérité simple de leur culte imposait. Moi, je voudrais ici insister de préférence sur le sentiment de l'honneur et l'exaltation de la probité.

Je ne puiserai pas dans les livres, mais dans les récits graves et sûrs que me faisait parfois mon ami, le très fin, le très savant Eugène Burnouf.

Il était en rapports avec beaucoup d'Anglais, non seulement pour sa science, mais pour la confiance que son caractère inspirait. L'un d'eux, un colonel, homme de grand mérite, qu'il voyait souvent triste et sombre, lui fit l'aveu suivant.

Il avait eu pour économe un musulman. Cet homme passait pour fort honnête, et il avait une gravité qui imposait. L'Anglais, insoucieux, faisait rarement ses comptes. Un jour, après dîner, il se met à les faire. A cette heure un peu trouble, il a beau calculer, il trouve toujours un déficit, quelque chose de moins que ne comptait son musulman. Il se fâche et recompte encore; toujours même diffé-

---

1. Voy. les planches de Daniell, etc.

rence. L'autre, imperturbablement, soutient qu'il n'y a pas erreur, qu'il a très bien compté, que le maître se trompe. Alors l'Anglais, exaspéré, l'appelle fourbe, menteur, voleur, etc. Enfin, n'en tirant aucune parole, il le frappe au visage. L'autre recule, et tire le poignard qu'ils portent tous, et dit : « Je ne vous tuerai pas; car, j'ai mangé votre pain. » Il se frappe lui-même, et d'une main si sûre qu'il en meurt à l'instant. D'après les croyances indiennes, celui qui a causé un pareil accident, et qui se trouve ainsi maudit par un mourant, n'a plus de repos en ce monde. Le pis, c'est que le mort avait raison, il était innocent. Le malheureux Anglais, redevenu à froid tout à coup, se met à refaire le calcul, et voit que c'est lui qui a tort. Dès lors, plus de repos : la chose le poursuit et ne le lâche plus; il la traîne jusqu'à la mort.

Cette race si fière, et plus guerrière que propre aux arts, ne leur est pourtant pas hostile comme les Turcs. Borné par le Coran qui défend toute représentation figurée, leur génie s'est tourné vers l'ornementation et le décor en plusieurs genres. Tippoo dessinait ses jardins et en faisait le plan; il a fait celui de Bangalore. La plupart de ces monuments musulmans, grandioses, charmants, sont de magnifiques mosquées avec de sublimes minarets à plusieurs étages, des galeries où l'on crie la prière, de belles et charitables fontaines, si précieuses dans ce climat, enfin d'admirables tombeaux[1], dont plusieurs tellement spacieux que leurs compartiments innombrables peuvent servir de logement.

La supériorité de l'Inde musulmane pour la gravité des mœurs et pour la guerre la rendait dédaigneuse pour l'Inde brahmanique, ce fut la faute de Tippoo dont le fier caractère, les tendances sévères, héroïques, exagérèrent la discorde des deux Indes, qu'une meilleure politique aurait tâché de rapprocher.

Chose curieuse, à l'autre bout du monde, le dix-huitième siècle est le même, singulièrement actif et agité. Tippoo pour la curiosité, l'inquiétude d'esprit, l'amour des nouveautés, nous fait penser à Joseph II. Mais, d'autre part, sa fixité dans le travail, et le nerf indomptable qu'il montra dans un climat si dissolvant, sont d'un véritable héros, d'un Frédéric barbare. Il était cruel, mais très juste, d'une justice impartiale. Nul privilège de naissance. Nulle place ne s'accordait qu'après des épreuves et une sorte d'apprentissage. Les commerçants français

---

[1]. Ces monuments de famille et de piété sont souvent fort touchants. A Agra, Shah Ichan, quittant cette ville pour Delhi, a fondé un délicieux monument pour sa sultane morte en couches en 1631. Dans l'ancienne Delhi, on voit une sépulture sainte, et, quoique musulmane, révérée des Hindous. C'est celle de Jehannazah qui ne quitta pas son vieux père pendant dix ans, enfermée avec lui dans le château d'Agra, et qui mourut empoisonnée. — (Tandis que sa sœur Baxanore fut l'instrument des desseins parricides de leur frère Aureng Zeb.) — Sa tombe, simple, porte cette inscription : « Que la terre et la verdure soient les seuls ornements de ma tombe : c'est ce qui convient à celle qui vécut humble d'esprit et de cœur. » Et sur un côté on lit : « Ci-gît la périssable fachir Jehannazah Begum, fille du Shah Ichan, disciple de, etc. »

de Seringapatam avaient formé sous lui un club, et dans l'égalité d'une société musulmane réalisaient à leur manière quelque chose de l'égalité jacobine[1].

Il n'y avait pas dans l'Inde un ryot (laboureur) qui se mît au travail avant Tippoo. La journée ne suffisait pas à son activité. Il voulait savoir tout[2].

Les arts, les découvertes, l'agriculture, l'intéressaient aussi bien que la guerre.

De grand matin, il recevait d'abord les rapports, donnait les premiers ordres.

A neuf heures, il se rendait près des secrétaires d'État, dictait un grand nombre de lettres[3].

Puis, il se mettait au balcon pour voir ses éléphants, ses tigres dressés pour la chasse que l'on promenait avec leurs manteaux d'or[4].

Après déjeuner, assis sur un sopha, il recevait ceux qui désiraient audience. Un officier lisait des requêtes, auxquels il répondait sur-le-champ. Pendant cette audience, trente ou quarante secrétaires

---

1. Ce fait tout simple de cinquante-neuf marchands français réunis en club, selon la mode du temps, a été étrangement défiguré, sans doute par le gouverneur Wellesley qui, pour pousser la Compagnie à la guerre, lui fit cet épouvantail ridicule d'une grande explosion jacobine en pleine Asie. Les cockneys de Londres et les dames actionnaires ont dû pâlir. (Voy. Salmon, mai 97, p. 39. Londres, 1800.)

2. Sur la personne et la vie intérieure de Tippoo, voyez Mill, Wilson, Barchou de Penhoën, etc.

3. Plusieurs, fort confidentielles, indiquent ses brouilleries avec son père Hyder-Ali. Ces lettres fort courtes, et bien différentes sans doute de celles d'un Européen, n'en sont que plus curieuses. *Select Letters of Tippoo*, tr. by Kirkpatrich, 1811, in-quarto (avec des autographes).

4. Il avait pris le tigre pour emblème, comme l'animal le plus fort dans l'Inde. Ces tigres étaient promenés par la ville avec de petits capuchons; aux moindres choses qui les eussent effrayés, on les leur rabattait sur les yeux.

écrivaient assis le long du mur. Des courriers arrivaient, déposaient les dépêches aux mains d'un secrétaire qui les lisait, et Tippoo dictait les réponses, les signait, les scellait. Les grands vassaux avaient leurs ministres près de lui.

De trois à cinq heures, il se retirait, restait dans ses appartements.

A cinq heures, au balcon, il voyait défiler ses troupes, et des secrétaires écrivaient (des notes relatives à la guere?).

A six heures et demie, c'était le repos, l'apparition de la cour, les bayadères, même certaines comédies.

Dans cette vie si active une seule chose manque, celle qui tient tant de place et de temps chez les Anglais, je parle du repas, avec ses continuations de boisson et d'ivresse prolongée dans la nuit.

Tippoo n'eut qu'un défaut, l'orgueil, la haine et le mépris des idolâtres, chrétiens et indiens brahmaniques. Il renversait les temples de ceux-ci. Et quant aux musulmans, il les mécontenta, les alarma eux-mêmes. A l'époque où le Mogol était prisonnier d'un rebelle, Tippoo prit le titre de padishaw (empereur). Aussi, lorsqu'en 97 il s'adressa au sultan musulman de Caboul, celui-ci ne se joignit pas à et lui resta à part.

Il est intéressant de voir comme, au contraire, dans l'Inde brahmanique, le principal chef des Mahrattes, Sindiah, s'éleva par l'humilité. Chez ces tribus où tous les guerriers étaient en concurrence pour le pouvoir, on choisissait souvent un chef étranger à leur classe. C'est ce qui, pendant trente années, les avait fait obéir à une femme, une sainte de leur religion. Sindiah de même réussit, comme personne pacifique qui ne pouvait porter ombre aux guerriers. Il était de la caste des Vaisya (marchands), dont l'industrie a, dans les contrées voisines de Cachemire une grande influence. Il se faisait gloire de descendre d'un serviteur bien humble de la cour, dont la charge était de garder les pantoufles du Peishwaw (chef de religion des Mahrattes). Aux grandes audiences de ce chef, Sindiah se présentait toujours avec la paire de pantoufles, et insistait pour s'asseoir au-dessous de tous les chefs militaires. Cela lui réussit. Peu à peu tout l'ascendant fut à cet homme si humble, qu'on jugeait le plus pacifique[1]. Les guerriers se groupant autour de celui qui semblait n'avoir nulle vue ambitieuse, il devint fort et se trouva en face des Anglais, de Tippoo.

La Compagnie anglaise, aux premiers temps, s'était présentée (comme Sindiah d'abord), toute pacifique et mercantile. Et même dans sa grandeur ses patentes ne portaient pas un autre titre que celui de *marchands anglais*. Beaucoup de dames étaient parmi ses actionnaires, et comme la puissance et la

---

1. Sur ce personnage, et en général sur les Mahrattes, voy. l'*Histoire* si curieuse et si instructive de M. Grant Duff.

valeur des votes étaient proportionnées à la mise, ces dames pouvaient avoir très grande part au gouvernement. Aussi la Compagnie, *la bonne dame*, comme l'appelaient les Indiens, faisait la guerre, mais toujours malgré elle (disait-on).

Entre *la bonne dame* de Calcutta, et *le fils de marchands* Sindiah, entre ces deux hypocrisies s'agitait la puissance franchement militaire, Tippoo, qu'on appelait le Tigre.

Tigre mutilé, qui regardait de tous côtés où trouver un jour pour s'élancer.

Les choses en étaient là lorsque Cornwallis fut appelé en Irlande, et qu'à la place de cet esprit modéré, pacifique, le parti de la guerre obtint pour vice-roi le violent Wellesley, avec son jeune frère, le morne et sévère Wellington.

Ces deux frères, de race irlandaise (et primitivement espagnole?) avaient été élevés, comme Pitt, par un évêque, haut dignitaire de l'Église anglicane, l'archevêque Cornwallis, frère du vice-roi des Indes. Un des frères Wellesley fut évêque aussi, et chapelain du roi.

Les Anglais-Irlandais, comme ceux-ci, sont plus aigres que les Anglais réels, avec quelque chose souvent de la violence du Midi. Wellesley charma Pitt, dit-on, par un discours acerbe contre la France et la Révolution. Donc, Pitt accorda Wellesley comme vice-roi au parti qui voulait la guerre et la conquête de l'Inde.

C'était une nouvelle Angleterre qui venait tard, et

d'autant plus avide. Alléchés par les gros traitements qu'avait institués Cornwalis, elle avait hâte d'étendre ce système à de nouveaux pays, d'exploiter ce Pactole immense qu'allaient offrir des emplois de toute sorte, militaires, judiciaires, ecclésiastiques. L'Église indienne, qui relève de Cantorbéry, est la plus riche du monde.

Wellesley, porté au pouvoir par le parti de la guerre, n'était pas cependant impatient de la faire. La Compagnie ne la voulait pas, prévoyant qu'avec le système actuel de luxe et de dépense l'armée serait terrible à nourrir. Mais le 18 juin 98[1], le comité secret des directeurs est averti (par Suez, Bombay) du passage de Bonaparte en Égypte.

Et quoique, peu après, la destruction de la flotte française à Aboukir pût le tranquilliser, les démarches inquiètes de Tippoo font persister Wellesley pour la guerre. Non seulement Tippoo tramait une ligue avec la France, la Perse, Constantinople, mais ce qui était bien plus grave et plus immédiat, il avait établi une correspondance avec Raymond[1], un Français qui avait formé un corps discipliné de seize mille Européens, chez le Nizam, prince indien, allié des Anglais. Raymond avait planté un *arbre de liberté* devant le palais du Nizam. Peut-être il aurait joint Tippoo et lui eût donné cette armée française. Tout

---

1. J. Salmon, *A Review of the war with Tippoo*, 1800, in-octavo. C'est un recueil de pièces. Mais comment le 18 juin put-on savoir cela ? Je ne le comprends pas.

2. Voy. Salmon, *Appendice* B. Ce fait si curieux ne se trouve que là.

à coup, Raymond meurt. Cette mort fut sans doute un miracle accordé aux prières du parti anglais. De plus le vieux Nizam, qui refusait encore de licencier son corps européen, devient malade, et voit son fils impatient de succéder qui se fait Anglais. Le père, de désespoir, en fait autant, licencie ses Français que les Anglais accueillent gracieusement et reportent en Europe.

C'était un coup terrible pour Tippoo, qui l'écrivit à M. Magalon, notre consul d'Égypte.

En même temps, d'après le conseil d'un horloger français, son favori, Tippoo envoyait demander secours aux Français de l'île Bourbon ; il n'eut que deux cents hommes.

Là, on place la scène du club jacobin dont les Anglais ont tant parlé. Elle avait eu lieu plus tôt, le 5 mai 97. Un Rigaud, un corsaire français, avait assemblé le club, planté l'arbre de liberté et le drapeau français que Tippoo salua en bon hôte, ami de la France.

Tippoo, non secouru par nous, n'en eut pas moins d'abord un avantage sur le jeune colonel Wellington. Mais la diplomatie vint encore au secours de la guerre. Les Anglais avaient une autre armée de huit mille hommes sur la côte de Malabar ; il fallait l'appeler, lui faire passer la chaîne des Gattes. Le passage était gardé par un petit sultan que Tippoo croyait sûr. Les Anglais lui persuadèrent de ne pas se perdre avec Tippoo ; il livra le passage, les deux armées anglaises réunies eurent dès lors la victoire assurée.

Ce fut le signal de la ruine. Tippoo, presque abandonné, se tourna vers les serviteurs qui lui restaient : « Nous voici à nos derniers retranchements... Que voulez-vous faire ? » Tous répondirent : « Mourir avec vous. »

On dit qu'à ce dernier moment, voyant déjà une trouée dans les murs de sa ville, il but, selon l'usage indien, dans une coupe de marbre noir, et invoqua les dieux de l'Inde, en même temps que Mahomet. En combattant, ses anciennes blessures se rouvrirent, et son cheval frappé tomba sur lui. Tous les siens lui firent un rempart de leur corps, le placèrent sur un palanquin. Il avait quatre grandes blessures et une à la tempe, mortelle. Il n'en blessa pas moins encore ceux qui furent assez hardis pour vouloir le prendre.

Il était temps pour les Anglais. Car ils n'avaient plus de vivres.

Wellesley, habilement magnanime, donna aux officiers de Tippoo plus qu'ils ne recevaient de lui. Il rendit Mysore, devenu un petit État, à un enfant issu de l'ancienne dynastie hindoue. L'enfant avait trois ans. Par une bizarre hypocrisie, on lui donna un sérail, pour faire croire qu'on voulait que cette dynastie se perpétuât.

## CHAPITRE IX

Administration conquérante, dévorante, des Wellesley. — Désespoir. Culte de la mort.

Une chose étonne dans ce qui précède : comment l'armée anglaise, peu nombreuse en 92 sous Cornwallis, en 99 sous Wellesley, arrive-t-elle tout d'abord au bout de ses vivres? Cornwallis eût péri sans l'assistance des Mahrattes, et Wellesley fut obligé de brusquer l'attaque, n'ayant de vivres que pour huit jours.

C'est que nulle prévoyance ne suffisait pour nourrir des armées si mangeuses, où dix mille soldats traînaient avec eux cent mille bouches inutiles (on le voit parfaitement dans la campagne de Lake, en 1803)[1].

[1]. Voy. Mill, Barchou de Penohën, etc. Cette armée de dix mille hommes, sous Lacke et Wellington, avait une suite de cent mille hommes; plus, force éléphants et chameaux. Nombre de serviteurs pour dresser les tentes. — Chaque cheval, outre son cavalier, avait deux domestiques, l'un pour l'étriller, l'autre pour les fourrages. Ajoutez un bétail immense, et des bœufs de transport, de nombreux serviteurs pour porter les palanquins, les ma-

Toute l'administration, civile et militaire, s'était depuis vingt ans montée de plus en plus sur un pied monstrueux. Et, de leur côté, plusieurs puissances indiennes, les Mahrattes, le Nizam, etc., payaient fort largement des troupes européennes. Les Indiens de l'armée anglaise, même les Irlandais, auraient pu chercher une discipline moins sévère, un commandement plus doux, s'ils n'eussent été retenus par une nourriture supérieure,

lades, etc. Les soldats recevaient, avec les rations de viande que donnaient des troupeaux, des rations d'arack. Les officiers avaient en outre des moutons, des chèvres pour leur usage particulier. — Un simple lieutenant avait dix domestiques, un capitaine vingt, un major trente, etc. Même les soldats avaient leurs suivants. Il fallait un porteur d'eau pour chaque tente, un cuisinier par tente de dix ou douze soldats.

Plus des femmes, marchands et inutiles (aventuriers qui cherchent et trouvent les grains cachés). Le camp était comme une ville. On y voyait de longues rues de boutiques dans tous les sens, avec marchands européens, hindous, mongols. De riches restaurants qui étalaient viandes, légumes, fruits rares ; — des boutiques de changeur : de l'or en abondance, des draps fins, mousselines transparentes, étoffes brochées d'or, d'argent; diamants, pierres précieuses. Des femmes vendant essences, guérissant par enchantement. — Groupes de danseuses ; d'autres disent la bonne aventure, chantent des chansons, pendant qu'un musicien joue d'un instrument d'airain. — Des jongleurs déploient leur dextérité. Les tentes militaires étaient établies sur un modèle uniforme; les autres variées. A travers ces rues irrégulières, des troupes d'éléphants et de chameaux circulaient gravement avec leurs clochettes. On trouvait là une foule de costumes et de langues diverses : anglais, persan, hindoustan, arabe et dialectes provinciaux.

Aux grandes pluies, cette foule ne trouvait pas d'abri, sauf parfois de vastes mausolées indiens. L'immense sépulture d'Akbar, avec ses cinq voûtes de marbre blanc et noir; ses terrasses et ses minarets, ses précieuses mosaïques, reçut trois régiments de dragons. Les officiers logèrent dans les vingt chambres sépulcrales où les fondateurs des grandes familles reposaient autour de leur maître. Les tombes, si longtemps silencieuses, retentirent des banquets bruyants prolongés dans la nuit. Ces outrages des chrétiens, communs aux deux populations, indienne et musulmane, durent les rapprocher plus qu'au temps de Tippoo, et sans doute amener la coalition que nous avons vue en 1857.

une grande facilité d'amener beaucoup de serviteurs.

Une telle armée était un centre d'attraction, si séduisant que souvent elle pouvait rendre la guerre inutile. Tippoo lutta jusqu'à la mort avec quelques serviteurs dévoués, mais fut abandonné du reste de ses troupes. Perron, général des Mahrattes, avait aussi cela à craindre. Ceux-ci, en effet, dès leurs défaites, passèrent joyeusement aux Anglais. Lorsqu'une armée, si bien nourrie, vêtue, servie ; lorsque cette image de bien-être et de luxe, de dissolution même, apparaissait ; certes, l'armée opposée avait besoin d'une grande vertu pour résister et demeurer fidèle. C'est ce que comprirent Boignes, Perron. Voilà pourquoi ils quittèrent la partie.

On n'avait pas besoin d'exciter la désertion. Elle se faisait d'elle-même, et fut trop forte à la fin. En 1805, on ne savait plus que faire de tant de volontaires. L'armée anglaise était devenue un piège, un filet trop tentant, où tous eussent voulu être pris.

La grande difficulté était que, sans diminuer ce luxe séducteur, cet attrait de corruption, il fallait y mettre de l'ordre, établir dans cette vie de jouissances une forte discipline militaire, tenir très ferme ce soldat corrompu. Notez que la plupart étaient des Irlandais, une race avec laquelle on est plus tenté de mollir.

L'inflexibilité nécessaire et plus qu'anglaise se trouva dans le jeune Wellington, né en Irlande, mais, dit-on, d'origine espagnole, sec comme ces hommes du Midi, vrais cailloux plus durs que le fer.

Il débuta par une défaite, ce qui l'encouragea; telle était sa nature. Et avec cette résistance, chose contradictoire, il avait un instinct prompt pour la guerre, la chasse à l'homme. Dans ses premières lettres, on voit que, sans savoir encore les langues de l'Inde[1], il jugeait à merveille les choses du pays. Il fut de bonne heure le grand oiseau de proie, la funèbre et redoutable caricature que nous avons vue en 1815.

Si sévère de nature, il dut lui coûter fort de respecter ce système honteux qui était une séduction, un embauchage tacite par l'attrait de la corruption même. Mais aux moindres infractions à la discipline, son caractère se trouvait inflexible et inexorable. Si cette armée était comme une fête, une bacchanale, elle avait des intermèdes atroces : la potence et le fouet sanglant[2].

Cette corruption sévère, cette rigueur avec une telle connivence aux vices du soldat, exigeaient d'énormes dépenses. Et l'administration n'était guère moins dévorante que l'armée. La Compagnie

[1]. Grand Duff, l'historien des Mahrattes, qui vit ses lettres de cette époque, en fait la remarque.
[2]. Wellington a toujours maintenu les châtiments corporels. A ceux qui, d'après l'exemple de la France, voulaient les supprimer, il a dit à la Chambre des lords : « On ne peut comparer. En France, l'armée est la fleur de la population, et en Angleterre le rebut. »

mangeait, mais, pour se conserver son privilège, il fallait qu'elle fît manger aussi ses actionnaires de Londres, de qui elle dépendait.

Ces trois bouches (compagnie, administration, armée), qui séchaient l'Inde à mort, avaient des faims terribles qui ne souffraient point le retard. Wellesley fut obligé de sortir des ménagements, des lenteurs de Cornwallis, il abrégea les formes, autorisa les zémindars, qui levaient l'impôt sur le paysan, à l'exproprier au moindre retard.

Pouvoir cruel. Ce paysan, ou ryot, que beaucoup d'Anglais raisonnables jugeaient le vrai propriétaire, Cornwallis l'avait fait simple fermier[1], et Wellesley le mettait à la porte.

Jusque-là, tout avait pu changer, les empires et les dynasties, tout excepté ce ryot, plus mêlé à la terre que l'antique bananier qui ombrageait sa cabane, mêlé par la vie, l'âme, les habitudes. Si même dans notre mobile Occident l'expropriation est un fait terrible, souvent mortel, qu'était-ce dans l'Inde où l'existence est tissue de tant de pratiques locales !

Le zémindar, si favorisé des Anglais, pouvait donc chasser le paysan natif, appeler un étranger qui aurait tout à apprendre. La terre produirait-elle autant, et selon l'impatience de ce gouvernement terrible ? Le zémindar, qui était jusque-là une sorte de seigneur féodal (j'en vois un parent de Tippoo),

---

[1]. Sur la vanité et l'impuissance des tentatives de Cornwallis, voyez le judicieux Mill, livre V.

ne tardait pas à s'ennuyer de cette terre chagrine qui devenait avare. Il eût voulu la vendre et s'en aller jouir à Calcutta, Delhi. Un spéculateur se présente, lui offre de le débarrasser de ce fief qui n'est plus qu'une place d'exacteur, toujours insuffisant pour le fisc affamé.

Comment le nouveau zémindar, hier commerçant, banquier de Calcutta, de Londres, pouvait-il mieux que l'ancien, vrai fils de la contrée, savoir ce que le paysan peut supporter sans succomber. Dans la province de Madras, Thomas Munroë, un Anglais honnête et judicieux, dit qu'il fallait revenir à l'ancien système du pays, faire avec le paysan une estime de la moisson sur pied, estime que l'on jugerait par les registres antérieurs du village. Mais pour faire tout cela, il fallait que le collecteur sût davantage et les langues et les circonstances locales.

On n'y parvint pas; l'on revint au malheureux système de la taxation par village, par zémindarie. Avec cette différence que le zémindar actuel, étranger au pays, souvent vivant à Calcutta, n'exploitait sa zémindarie que par des intermédiaires et sous-intermédiaires, une foule de vampires subalternes, et dans une complication difficile à surveiller.

Le paysan fuyait. Mais où? Dans l'Inde antique, même sous le Mogol, le malheureux sans terre, dépossédé, ce qui n'arrivait guère, avait une ressource, celle de se mêler aux foules que chaque prince ou rajah traînait avec lui. Un homme de plus dans ces foules ne comptait pas; personne ne songeait à le repousser du banquet. Voir au *Râmâyana* les foules innombrables qui suivent le roi, le bon père de Rama.

La ruine de chaque prince indien, c'est une table commune de moins pour le pays. Jusque-là on n'a pas compté. Mais avec les conditions ruineuses que l'alliance et la tutelle anglaise imposent aux princes, il leur faut bien compter. Et pour la première fois ils se voient nécessiteux, misérables.

Déjà la Compagnie, sous Hastings et Cornwallis, faisait avec les princes ces traités qu'on peut dire d'épuisement, où leur imposant telle charge énorme (qui les ruinait), on les obligeait d'emprunter à des taux usuraires; enfin, pour s'acquitter, ils cédaient leurs plus riches provinces à la Compagnie. Le prince indien livrait la moitié, les trois quarts de son domaine. Mais demeurait-il au moins maître du reste? Nullement.

Ce long martyre commencé en 1801 par Wellesley sur le roi d'Aoude, dura un demi-siècle, jusqu'en janvier 1856, où le dernier souverain qui venait toujours réclamer à Londres, céda au désespoir, mourut. Il mourut à Paris. Je vois encore au lieu le plus gai, au boulevard Italien, défiler sous la pluie, dans la boue, son convoi, ses serviteurs en larmes. Rien de plus lamentable. Ce luxe indien, ces couleurs rose et jaune, mêlées d'or et d'argent, indignement souillées par notre hiver impitoyable, avaient l'effet d'une cruelle mascarade qui crevait le cœur.

Et combien plus funèbre encore de voir dans toute l'Inde ces tombeaux aériens où chaque pic élevé des montagnes garde un mort, tout vivant, un rajah prisonnier dont l'héritage a été usurpé. Spectacle douloureux pour ce peuple qui, dans chacune de ces victimes royales, sent sa mort et la mort de l'Inde.

De bonne heure, au commencement du siècle, des masses de désespérés, des paysans expropriés, des serviteurs innombrables, que les rajahs dépossédés licenciaient malgré eux, ne savaient que faire. Plusieurs se mirent à la suite des armées, pillant le pays pour elles, et plus souvent à leur profit, et, formant à la longue des bandes, des armées de pillards.

A mesure que ceux-ci furent poursuivis, le pillage, la dernière ressource manquant, dans ces foules sans moyen de vivre, une contagion se déclara, un choléra moral, *l'amour de la mort*, et la charitable idée de faciliter la mort à tous. N'était-ce pas leur rendre service que de les aider à franchir ce passage, d'en supprimer l'angoisse des préparatifs et de le rendre aisé.

« Quel mort préférez-vous ? » disait-on à un ancien. « La plus prompte. »

C'est justement le bienfait que les apôtres de la

mort se proposaient de répandre. D'ailleurs avec la métempsycose, toute mort est provisoire.

Ce fut en 1810, peu après la vice-royauté des Wellesley et leur retour en Angleterre, que l'on s'aperçut de l'existence des Thugs ou Phansigar, de ces étrangleurs aimables qui se chargaient d'abréger le grand passage.

A la rencontre de plusieurs routes où se trouvait une fontaine, dans un beau bosquet comme ceux de Mundsoor (où se fit la première découverte des thugs), un doux compagnon de route, et souvent un pieux fakir accueillait le voyageur, s'intéressait à son voyage, à ses affaires, parlait des misères qui rendent la vie insupportable, et puis, peu à peu s'approchant, lui lançait au cou un *lazzo* comme ceux qui, en d'autres contrées, aident à prendre un cheval sauvage. Puis, avec une contraction, ramenait le *lazzo* à lui, serrait bien... Et c'était fini.

Chez cette race faible, peu nourrie, la vie n'a pas grande résistance. Et plus d'un, s'il avait ressuscité, eût remercié peut-être l'adroit médecin, qui, avec si peu de façon, l'avait guéri de tant de maux.

Comme le médecin a droit à un honoraire du malade qu'il a guéri, le thug croyait avoir le droit de se porter héritier du mort. Mais souvent il lui laissait tout ce qu'il portait, se contentant du mérite d'avoir fait une bonne action.

Action hautement agréable aux divinités de la mort, Khali, Bowanie, etc.

« Dieux antiques », disent les Anglais. Je le veux bien, mais jusque-là ils avaient marqué si peu qu'on n'en entendait point parler.

Wellesley quitta l'Inde en 1805, et Wellington, qui se maria, en 1806. Cornwallis revint dans l'Inde, mais malade, et il y mourut. Les thugs tuèrent à leur aise jusqu'en 1830[1], où les réformes de Bentinck

---

1. Le grand événement de 1857 a jeté quelque jour sur l'Inde. Cependant un brouillard très épais subsiste encore sur elle, et est soigneusement entretenu. Cela tient à plusieurs causes, d'abord à ce que nos rares voyageurs, les Jacquemont, Lejean, etc., se laissent facilement *enguirlander*. La bonne hospitalité des Anglais leur cache tout; ils ne voient pas l'Inde. Quand je lis les lettres de ce spirituel et mondain Jacquemont, je pense au voyage pauvre, mâle, héroïque de notre Anquetil-Duperron (Voy. en tête du *Zend Avesta*.) Les frères Schlagintweit, allemands, n'ont voulu voir que *l'histoire naturelle*, et là même la décadence des forêts, la sénilité de l'Inde, pouvait en dire beaucoup. Pour les Anglais eux-mêmes, ils sont d'une admirable discrétion. Depuis que les grandes discussions du Parlement ont fini là-dessus, on ne sait rien, sinon qu'un meilleur gouvernement a succédé à celui de la Compagnie. On s'occupe enfin des forêts, etc. Au reste, les Anglais sont d'autant plus discrets sur l'Inde que c'est pour tant de familles une affaire d'intérêt personnel. Pour se dispenser de mentir, ils ne disent absolument rien.

Parfois, il faut le dire, l'honneur et la véracité, la dignité morale de ce grand peuple, se fait jour et éclate, même en dépit de l'intérêt. C'est ce que j'ai remarqué avec plaisir dans les *Rapports sur la grande Exposition*, Rapports si favorables à l'Inde, si contraires à ceux qui en parlent comme d'un pays barbare. (Voy. ma *Bible de l'Humanité*.)

En 1857 aussi, la lumière s'est faite. A cette époque M. le comte de Warren a réimprimé, continué et doublé un excellent petit livre qu'il avait fait depuis longtemps. Anglais de père, Français de mère, capitaine interprète dans les troupes de la Compagnie, il n'est nullement défavorable aux Anglais; il dit même que, pour lui, l'Anglais, surtout celui qui a voyagé, est l'idéal de l'homme. Mais en même temps il est très véridique et terriblement instructif, navrant sur la misère, l'épuisement de l'Inde, sur la captivité cruelle des princes indiens qu'il a momentanément partagée. Il raconte naïvement comment les *saints*, les méthodistes ont provoqué l'horrible mouvement de 1857. Révolution atroce, mais naturellement amenée par tout un siècle d'injustices. Réimprimera-t-on Warren à Londres? J'en doute. Cela ferait peine au grand parti des *saints* et à l'auguste personne, qui est de ce

donnèrent quelque espérance. Plusieurs thugs avouèrent, épouvantèrent le pays de leurs révélations.

parti. — Parti puissant, même à Paris, si bien qu'en 1857 la presse française fut tout entière contre l'Inde. Une seule voix s'éleva pour les Indiens, celle d'un homme mort jeune et regretté, M. le marquis Jonquières Antonelle, de Nîmes, petit-fils du célèbre révolutionnaire.

# LIVRE V

SUISSE. — PIÉMONT. — FRANCE. — FIN DU DIRECTOIRE
(1799-1800).

## CHAPITRE PREMIER

Grandeur extérieure de la France sous le Directoire. — Révolutions diverses, Suisse, Hollande, etc. (1797-1798).

« Comment la France, au lieu de courir où ses intérêts l'appelaient, d'aller aux Indes, comme le conseillait Villaret-Joyeuse, et comme on le pouvait très bien en juin 98, s'amusait-elle à tant de guerres pour ces républiques nouvelles qui s'élevèrent partout, le lendemain de Fructidor? »

Pourquoi? C'est qu'elles nous appelaient, criaient à nous, imploraient nos secours! Vous qui me demandez ceci, gens de courte mémoire, avez-vous donc tellement oublié le rôle immense que vous aviez alors? La France, depuis 89, et surtout depuis l'innocente, la non sanglante révolution de Fructidor, était partout l'oracle et le législateur commun, le pontife de la liberté. Partout les opprimés la sommaient de faire des miracles pour eux, de leur donder ses lois et l'abri de sa grande épée.

J'en trouve un exemple touchant, lorsque, dans la guerre d'Italie, les Grecs s'adressèrent à Bonaparte. Les descendants de Sparte, les Maïnotes, voisins, souvent victimes du tigre Ali-Pacha, viennent un jour trouver le général français. Ils ne savaient pas notre langue, ni lui la leur. N'importe! Par une inspiration touchante, ils tirèrent de leur sein un livre, l'*Odyssée*, et le mirent sur la table entre eux et lui. Nul besoin de discours. La Bible de l'Europe, Homère, suffit à rappeler ce que la Grèce fut pour nous, la nourrice, la mère de notre civilisation, et le juste retour que nous devons à ses bienfaits.

Le tout petit palais du Luxembourg, et ceux qui gouvernaient avec si peu de faste, eurent à ce moment une vraie grandeur. Le monde entier venait au Directoire, priait la France et lui tendait les bras.

La république de Mulhouse se présenta la première, apportant son drapeau sur les gigantesques épaules de Z..., le plus bel homme du Rhin, voulant être française à notre frontière même, acceptant les dangers d'être notre avant-garde.

Genève vint ensuite, la vraie Genève, quitte de ses aristocrates et de ses faux Anglais, l'hospitalière

Genève à qui nous devons tant, et qui, tout dernièrement sans les torts de Versailles, eût été pour nous ce que la nature l'avait faite, une valvule du cœur de la France, où parfois a battu sa plus chaude pensée.

Genève avec son lac et le pays de Vaud, l'abri de la France protestante contre Louis XIV, de la philosophie, de Voltaire et Rousseau contre Louis XV, est pour nous autant que la patrie. Qui n'y a, en tout temps, fortement respiré, et repris là son cœur des agitations de la France?

Que je les ai gagnés, ces courts repos, ces rajeunissements que nous puisons aux Alpes, moi qui ai si souvent répété, célébré ce qu'on doit à la Suisse! L'époque de la Réformation, celle de la Révocation, m'en fournissaient l'occasion, mais non moins le changement si grave qui s'est fait en Europe par Rousseau et Pestalozzi. La Suisse, bien avant l'Allemagne, a ouvert la carrière au plus fécond des arts, l'art de former, d'élever l'homme.

Et pour combien la Suisse fut-elle dans la Révolution française, qui le dira? Moins encore par les livres que par les hommes et par leurs dévouements. Dans ma Révolution, j'ai montré au 14 juillet la ferme assiette de nos régiments suisses (de la Suisse française) qui, malgré Besenval, nous assistèrent de leur abstention, ne bougèrent des Champs-Élysées, nous laissèrent prendre la Bastille.

Mais le point où j'ai le plus insisté, celui dont je parlerais encore volontiers, si cet abrégé me le permettait, c'est l'affaire du régiment de Châteauvieux[1]. J'y ai mis bien des pages, un temps considérable, sans me lasser, et j'ai, à la longue, éclairci ce fait terrible, enténébré par tous les historiens.

Un dernier mot de souvenir.

C'était le moment où M. de La Fayette, dupe alors, comme toujours, entouré de femmes sensibles, et voulant relever le roi Louis XVI (qui déjà pactisait avec l'ennemi), c'est l'époque, dis-je, où La Fayette, par une entente aveugle avec Bouillé le traître, permit qu'on *frappât un grand coup* pour relever le trône. Ce coup tomba sur Nancy. Les soldats de ce régiment (Vaudois, Neuchâtelois) reprochaient à leurs officiers, seigneurs peu scrupuleux, fort légers et fort durs, de ne pas bien compter, de faire toujours des erreurs sur leur solde, puis de lancer des maîtres d'armes qui les défiaient, les blessaient à coup sûr. Là-dessus, on les arrête ; les officiers sont juges ; les soldats la plupart pendus, écartelés, fournissent encore quarante galériens qui rameront au bagne de Brest. Cette sentence atroce, appuyée par le roi, ne l'est nullement de la France.

Sur le passage de ces pauvres gens la France se lève ; il n'y a pas de plus grande scène, ni plus touchante.

Oh ! quel cœur nous avions alors !... ici les larmes viennent. Dieu ! que nous sommes froids maintenant ! Une période glaciaire semble avoir commencé. Qui

---

1. Voir *Histoire de la Révolution*, t. II, livre IV, chap. IV.

aujourd'hui montrerait ces sentiments si jeunes ? Hélas, France, qu'es-tu devenue ?

On ne peut les garder à Brest. La ville, le port, ont senti une commotion électrique. On les ramène, on leur ôte la casaque rouge. Et sur toute la route, spectacle surprenant, chacun quitte sa veste, son habit pour les revêtir. Les voici qui arrivent en triomphe à Paris; la Liberté précède sur un char en proue de galère. Les chaînes brisées sont portées par nos femmes et nos filles, en blanche robe, qui sans hésitation touchent le fer rouillé des galères, purifié par leurs mains.

Grands souvenirs que tant de menteurs ont tâché de défigurer. Moi seul, par un examen sérieux, je les ai renouvelés, éclaircis. Et c'est comme une pierre d'alliance qui restera toujours entre les deux pays.

Je suis lié avec beaucoup de Suisses, fort distingués, qui, par attachement au passé, un passé qui a eu sa gloire, ont une religion invincible de leur histoire antique. Certes, je l'ai aussi. Si j'avais été riche, j'aurais relevé le monument que Raynal (à la croix du lac de Lucerne) éleva à Guillaume Tell.

D'autant plus je sais bon gré à MM. Monnard et Vulliemin d'avoir, dans leur savante histoire, avouer sans détour la corruption politique qui régnait dans tant de cantons. Ces charges de magistrature, de juges, vendues et revendues comme des biens patrimoniaux, ce trafic offrait un spectacle hideux. Il est étrange que ce soient justement ces cantons où Madame de Staël et autres déclamateurs ont placé leurs tableaux d'une idylle héroïque, toujours pure depuis Guillaume Tell.

La petitesse du pays, qui permettait de voir cela de près dans un détail précis et personnel, rendait ce trafic plus choquant encore. Beaucoup de Suisses, à toute époque, non sans péril, avaient réclamé là-dessus.

La tyrannie des villes sur les campagnes, par exemple de Zurich sur le pays environnant, n'était guerre moins odieuse. J'ai dit ailleurs[1] le courage impuissant avec lequel Pestalozzi osa, dans sa jeunesse, embrasser et défendre la cause des paysans de Zurich.

Mais nulle part la souveraineté de l'aristocratie n'était plus choquante que dans celle de Berne sur le pays de Vaud ; là, l'inégalité apparaissait entre des populations égales en tous sens, entre des hommes égaux d'éducation, souvent de position sociale. En quoi les Benjamin Constant, les La Harpe, etc., étaient-ils inférieurs aux Haller de Berne ?

L'ensemble, si varié, et si discordant de la Suisse, avec tant d'injustices séculaires, explique parfaitement la passion des Suisses pour l'émigration et même pour les hontes du service étranger. Mais cette triste existence de mercenaires, qui, de Naples

---

1. Voy. *Nos Fils.*

ou Versailles, les renvoyait chez eux si corrompus, brouillait à jamais en eux les vrais éléments indigènes. Les Besenval, tristes copistes, dans leur fausse légèreté, ne trouvaient pas la grâce. Par ces mélanges d'éléments discordants, plusieurs devenaient idiots, comme un capitaine revenu de Naples, que je vis en 1858 à Seeburg, près Lucerne.

La diversité si confuse des cantons pouvait-elle être ramenée à l'harmonie sans détruire en même temps beaucoup de choses vitales en ce pays? Je ne le pense pas. Mais l'esprit du temps, essentiellement unificateur et centralisateur, disposait à le croire. Sauf quelques hommes vraiment originaux, comme Lavater et Pestalozzi, tous, pour ce grand changement, cherchaient leurs modèles à l'étranger. Les Genevois, justement irrités contre la France de Louis XV et Louis XVI, admiraient d'autant plus l'Angleterre (tels furent tous les amis, disciples, secrétaires de Mirabeau) sans voir combien les institutions anglaises sont spéciales. D'autres, comme les frères vaudois La Harpe, ne voyaient que la France, enviaient sa majestueuse unité, ne sentaient pas assez que cette unité, naturelle chez nous et qui date de loin, ne pouvait être brusquement imposée à la grande diversité suisse. Le Directoire pencha trop exclusivement pour ceux-ci. La haute faveur surtout que Berne, Bâle, Genève, montraient à nos ennemis, Anglais et émigrés, l'indisposait. Sauf La Révellière, ex-girondin, toujours fédéraliste, les Directeurs furent pour le gouvernement unitaire de la Suisse, et en même temps mirent la main sur Genève, dont on fit un département.

Acte injustifiable, certes, si à ce moment même on n'eût vu venir une nouvelle coalition qui pour premier poste aurait pris Genève. Par le grand débouché du Rhône sur notre frontière, Genève semble une porte de la France.

Nous ne raconterons pas ces événements ni l'enlèvement du petit trésor de Berne, que Bonaparte prit pour l'Égypte. En revanche, le Directoire montra sa confiance à la nouvelle Berne, régénérée, en lui rendant son magnifique parc d'artillerie. Ce gouvernement des La Harpe, des Stapfer, unificateurs de la Suisse, ne fut pas populaire, et on lui a gardé rancune même de ses bienfaits. On a trop oublié qu'il aida à repousser de la Suisse, de l'Europe, l'invasion des Russes, alors si rudes et si barbares avec leur barbare Souwarow. On a trop oublié aussi que ce gouvernement fut le protecteur, le premier promoteur, à Stanz, à Berne, des écoles de Pestalozzi, qui, plus tard, d'Yverdon, débordèrent, fécondèrent le monde de leur vivant esprit.

La Hollande, non moins diverse de races et d'éléments que la Suisse, provoquait les mêmes questions. La majorité était-elle pour l'incohérence et la diversité antique, ou pour l'unification moderne qui se produisit alors sous la forme de la République batave ? C'était un grand problème et nullement de ceux où le nombre seul fait le droit.

Dans tous les temps, ce pays mixte a offert les

deux partis, de la mer, de la terre, peut-être également nombreux. Mais il y a cette grande différence : le premier a fait la gloire du pays : c'est celui de la République, alors maîtresse des mers; le second parti, celui du stathouder, est celui de la décadence : et c'est par lui que la Hollande ne va plus qu'à la remorque de l'Angleterre, comme une chaloupe derrière un vaisseau.

Moi je décide ici, comme dans le procès des deux mères devant Salomon. Il faut d'abord que l'enfant vive. Or, ce n'était pas vivre pour la Hollande, que d'être une province anglaise, labourant, sillonnant la terre, au lieu de sillonner la mer, son élément.

Dans un admirable tableau de Van der Helst qui est à Amsterdam, on voit merveilleusement la question. C'est un repas municipal où figurent les deux partis. Rien de plus saisissant. Ceux qui donnent le repas, les bons gros marins, à cheveux noirs, figures réjouies et fortes mains calleuses, offrent avec bonhomie cette franche main aux cavaliers, hommes plus fins, à cheveux blonds, qui viennent sous la jaune livrée de la maison d'Orange. Ceux-ci osent à peine s'asseoir, se sentant là trop déplacés. On a envie de crier à ces noirs, à ces figures ouvertes et franches de marins : « Défiez-vous de ces fins cavaliers et de ces blanches mains !... Ils ne montrent que leurs rapières. Mais qui sait si, dessous, ils n'ont pas de stylet ? »

En effet, ces beaux gentilshommes, la veille de notre révolution, trahissaient deux fois la Hollande, en appelant l'Anglais d'un côté, la Prusse de l'autre [1].

[1]. J'ajourne le triomphe de Nelson à Naples, les honteuses fêtes et les tragédies qui suivirent. J'ajourne les courses conquérantes de Championnet en Italie, puis la mort de Joubert, — Joubert vengé par Masséna dans sa grande bataille de Zurich et sa victoire sur Souwarow. Bataille immense qui fut gagnée sur un théâtre de cinquante lieues de long. Ces objets si importants me détourneraient trop de l'intrigue intérieure, mon sujet principal, jusqu'ici si peu éclairci.

## CHAPITRE II

*Piémont. — De Maistre. — Manifeste sanglant de la contre-révolution.*

La débonnaireté de Carnot et l'astuce de Bonaparte avaient, comme on a vu, sauvé Turin, le vrai centre des émigrés. Par cette première faute l'Italie fut manquée. Il fallut Fructidor et la grande explosion qu'il amena en Europe pour donner une nouvelle impulsion, surtout pour arracher de sa base immobile le Piémont, le vrai roi de la contre-révolution.

La Sodome de Rome n'était que pourriture. Et la sanglante bacchanale de Naples, avec sa barbarie lubrique n'en laissait pas moins soupçonner une autre Naples. Mais à voir la face morne de Turin, qui eût cru qu'il y eût rien autre que la mort en dessous.

C'était le centre de l'émigration, beaucoup plus que Vérone et la cour bavarde du prétendant. Il y avait là une vraie passion, toujours vivante, inextinguible, celle de M^me Adélaïde. Ici, c'était tout autre chose que la frivole Marie-Antoinette et la débridée Caroline. Il y avait un vrai démon. La Polonaise incestueuse, qui, pendant dix années, eut cette étrange royauté, n'y renonça jamais, attendit la mort d'Antoinette et n'y vit qu'une délivrance. Personne, par ses libelles et sa haine toujours éveillée, n'y contribua davantage. Le temps ne faisait rien sur cette terrible femme. A soixante et soixante-dix ans, elle était jeune de haine.

Elle avait trouvé à Turin des âmes dignes d'elle. Le bigotisme militaire, durci de siècle en siècle, les avait trempées pour le crime. Les persécutions toujours renouvelées des innocents Vaudois des Alpes leur inoculaient dans le sang un génie de bourreaux. De pieuses dames surtout poussaient leurs maris, leurs amants, à cette bonne œuvre de laver du sang hérétique les péchés de libertinage.

Et ces fureurs barbares du versant italien se retrouvaient au nord des Alpes, au versant savoyard. La Savoie, peuple ardent sous un climat glacé, au seizième siècle, dans les douces missions de saint François de Sales, s'était massacrée elle-même. Au dix-huitième siècle, les victimes manquaient, ayant passé à Genève, à Lausanne. Mais les fureurs ne manquaient pas. Voltaire, avec finesse, avait vu et prédit que les derniers barbares dans ce siècle de tolérance se trouveraient dans les magistrats. C'est une maladie en effet chez ceux qui, de père en fils, ont l'habitude de juger, condamner, disposer de la vie humaine, c'est une maladie d'éprouver le besoin de toujours exercer cette terrible fonction. Et je ne parle pas du plaisir sanguinaire qu'y pouvaient prendre certains hommes, mais plutôt de l'orgueil d'exercer une si haute autorité.

Après le pouvoir de Dieu, qui est *créer*, le pouvoir le plus haut, sans doute, est de *tuer*. Voilà pourquoi il devient nécessaire à ceux qui légalement l'ont eu une fois.

Ce fut le génie du plus grand écrivain de la Restauration, De Maistre, juge de Chambéry, dont l'audacieux petit livre, nullement défensif, prit au contraire la Raison à partie, et la somma de se défendre.

Pour faire un pareil livre, exclure à ce point la lumière, il fallait être non pas ignorant, mais bien cultivé de fausse science et d'absurdité, avoir toujours vécu dans une prétendue science scolastique et de séminaires.

Ainsi dans certaines vallées des Alpes où le soleil n'atteint pas à midi, il y a non un faible jour, mais, ce qui est pis, un jour faux, des apparences, des brouillards; sur des endroits glacés, au plus stérile, des pointes aiguës, brillantes, qui font illusion.

L'auteur a si bien réussi, que, *même à midi*, le soleil n'atteint pas sa vallée. Depuis Bossuet et la fin de Louis XIV, il ignore tout, partant, méprise tout, rejette tout d'ensemble et sans contestation.

Tout ce qu'il sait du monde, c'est *la chute*, et la belle justice chrétienne où l'innocent expie pour le coupable.

« Ne nous affligeons pas des grands massacres d'innocents qui ont toujours lieu sur la terre. » C'est la méthode par laquelle le jardinier céleste, en élaguant les branches, les rend fécondes. Là, l'auteur énumère les massacres immenses qu'a permis Dieu; il semble qu'il y ait plaisir, et que (comme dans le taurobole antique) il se ravive au bain de sang.

Ce livre était fait pour avoir beaucoup plus de succès que *l'Homme de désir* et autres productions du doux mystique Saint-Martin. La Terreur blanche du Midi, de la Vendée, y trouvait des arguments à son usage, et dut croire qu'elle aussi entrait aux vues de Dieu.

L'ouvrage parut en 96 pendant la brillante campagne d'Italie. L'auteur visiblement pense déjà à Bonaparte, et remarque que les plus brillants capitaines de la République sont des nobles ou des anoblis.

Mais là, la prévision prophétique, qu'il a l'air de revendiquer, l'abandonne visiblement. Il ne parle que de Monk, de la restauration anglaise. Il ne fait nullement la différence entre notre Révolution et la leur. Il ne voit pas plus loin que M. Pitt et autres politiques, qui croyaient que Bonaparte s'en tiendrait au rôle de Monk.

L'endroit où il faiblit, c'est justement celui où il veut rassurer sur la vengeance royaliste. Il vante la clémence du roi, et la douceur des émigrés, en avouant pourtant qu'on sera juste. Ce qui revient au mot du temps : « Le roi pardonnera; mais les tribunaux feront justice. »

En attendant, triomphait sur le Rhône la justice du poignard. Au Piémont, des exécutions militaires s'exerçaient sur les patriotes ou les libres penseurs, malgré les réclamations du ministre français Ginguené. Un savant ecclésiastique s'était marié à Turin, et passait pour avoir des opinions hardies, quoique modérées. On le fusille, malgré le ministre de France.

Le livre de De Maistre, qui semblait promettre Bonaparte, fut en réalité le manifeste de la contre-révolution.

## CHAPITRE III

*Le Directoire décimé. — Prairial (1799).*

Tout Dieu naît d'un nuage.

Excellent axiome mythologique.

Il y faut ajouter les mirages, les fausses lueurs qui donnent au nuage l'apparence d'un corps.

Mais comment cette œuvre de fraude peut-elle se perpétuer, et quels sont les moyens de continuer, de refaire l'œuvre d'illusion? Grave question politique.

Je l'avais étudiée, mais je croyais que cela avait un terme, et que, surtout après 1870, on y renoncerait, qu'on laisserait la vérité captive si longtemps percer le nuage.

Nulle époque dans l'histoire n'est plus obscure, je veux dire plus savamment obscurcie que 1800, la fin du Directoire.

Des révélations attendues une seule paraît enfin, cette année 1872 : les *Mémoires de La Révellière-*

*Lepeaux*. Mais ce grand citoyen, admirable narrateur pour Fructidor, est moins clair et tort bref pour les temps qui suivent ; il mentionne trop sommairement ce qu'il appelle « les intrigues des frères Bonaparte », etc.

Nous attendions aussi les *Mémoires* de Barras (par Saint-Albin), qui, je crois, a été trop sévèrement jugé.

Nous attendions les *Mémoires* de Réal, qui furent présentés sur une épreuve unique au roi Louis-Philippe, si curieux d'histoire contemporaine.

. . . . . . . . . . . . . . . . . . . .

Mais, indépendamment des causes latentes qui peu à peu se révèlent d'autres causes visibles menaient le Directoire à sa perte.

On prévoyait la guerre. La Révellière lui-même, devant la coalition qui se formait, grandie de l'alliance russe, avait dit : « La guerre est nécessaire. »

Pour en payer les frais, on eut recours à une ressource fort dangereuse : on rétablit l'octroi, avec les grotesques forteresses des fameuses barrières de Paris, dont plusieurs subsistent encore.

Au milieu de l'irritation causée par cette mesure, arriva la nouvelle de l'assassinat de nos envoyés, tués par les Autrichiens à Rastadt.

Déjà des traitements barbares, infligés aux prisonniers français en Angleterre, indiquaient qu'aux yeux de nos ennemis un Français n'était plus un homme. Cette inhumanité nous fut très profitable.

Elle remonta, tendit le nerf national. Nous retrouvâmes l'élan de 92. Une nouvelle génération surgit, non moins brave, et bien plus disciplinée. A cette époque, le culte de la République était si fort encore, qu'on l'opposait comme une autre religion aux barbares et fanatiques soldats de Souvarow.

La loi de la conscription (réquisition perpétuelle) fut proposée par Jourdan, votée avec enthousiasme. L'élan fut tel que le gouvernement se trouva fort embarrassé de suivre un mouvement si rapide.

Au milieu de cet élan guerrier éclata le désastre d'Aboukir.

Le Directoire, apprenant ce malheur, causé surtout par la négligence de Bonaparte, qui n'approvisionnait pas la flotte, ne l'accusa pas en séance publique, mais assembla le Corps législatif dans la Bibliothèque. Là eut lieu une vive contestation entre les frères de Bonaparte et ses adversaires (certainement La Révellière-Lepeaux)[1].

Les frères virent désormais dans celui-ci leur principal obstacle, et commencèrent contre lui une guerre singulière. Ils se plaignaient des dépenses du Directoire, ils accusaient surtout le plus économe, le plus sévère des Directeurs, celui qui ne dépensait rien.

Avec deux mots, *déficit* et *octroi*, plus d'impôt sur les choses nécessaires à la vie du pauvre, — on commença une guerre terrible contre les Direc-

---

[1]. Le roi Joseph, dans ses *Mémoires*, nous a donné cette anecdote, t. I.

teurs, surtout contre La Révellière, la vraie colonne, la *pierre de l'angle* du Directoire. Lui tombé, on le savait bien, tout était abattu.

Sa figure magnifique (voyez au *Cabinet des Estampes*) en donne une grande idée. Et ses épaules un peu voûtées ne font qu'exagérer l'impression d'indomptable résistance qu'exprime cette figure. — Lui seul était la Loi.

La Révellière n'avait qu'un tort, d'exiger qu'un moment si trouble fût conduit par l'ordre rigoureux de la paix, et de vouloir soumettre les généraux aux commissaires civils. — On destitue Championnet, le conquérant de Naples, aimé de l'Italie, malgré les contributions qu'il était obligé de demander aux Italiens.

La situation ne permettait guère cette rigoureuse austérité. — Nos généraux, dans de telles circonstances, devaient avoir quelque latitude, ne pas être gênés par les agents civils.

Derrière cette idée fort juste, beaucoup d'intrigues se cachaient. Les bonapartistes hardiment, sous le masque patriotique, étaient prêts à se porter à de grandes violences. Barras flottait et, trop heureux de rester au pouvoir, s'était mis du côté des violents.

Ici s'ouvrit une scène mémorable. Cet étourdi Barras, oubliant le ferme courage de celui à qui il parlait, osa dire à La Révellière : « Eh bien, c'est fait ! les sabres sont tirés ! » et par là s'attira cette foudroyante réponse : « Misérable ! que parles-tu de sabres ? Il n'y a ici que des couteaux, et ils sont dirigés contre des hommes irréprochables que vous voulez égorger ! »

Il résista tout le jour, ne céda que le soir, réfléchissant sans doute qu'un massacre dans Paris encouragerait nos ennemis, refroidirait l'élan des nôtres. Donc il céda au parti militaire, quoiqu'il vît bien l'intrigue qui s'y mêlait, et qui en profiterait. — Il dit : « Je cède. Mais la République est perdue ! »

Il se retira, nu et pauvre, en refusant les sommes qu'en cas de retraite on devait donner aux Directeurs.

Des nouveaux Directeurs, un seul, Roger-Ducos, était dans les intrigues des frères de Bonaparte et fut l'un des principaux machinateurs de l'usurpation.

Les autres, Gohier, Moulins, étaient des hommes nuls, mais assez estimés, et qui avaient un bon renom de patriotes. Au reste, la faction, dans l'absence de Bonaparte, et loin encore de pouvoir réaliser rien, devait à tout prix garder une apparence double, et devant les armées, devant cette jeune conscription qui s'élançait, se montrer révolutionnaire.

Ce fut une grande surprise, et qui charma les exaltés, qu'on fît ministre de l'intérieur un des membres de l'ancien Comité de salut public, le sage Lindet. Plus administrateur que politique, il ne pouvait gêner les secrètes machinations. Le ministère de la guerre fut donné fort utilement à Bernadotte, qui le réforma à merveille. Les jacobins croyaient Bernadotte pour eux, quoiqu'il eût épousé une Clary et se trouvât ainsi beau-frère de Joseph Bonaparte. Ce grand chasseur de la fortune la poursuivait par deux voies à la fois, parent, ami, et souvent ennemi de Napoléon, qui a fait sa grandeur tout en le haïssant, par moments lui tendant des pièges.

Ce qui trompa le mieux, donna le change, c'est que, dans la grande affaire où était le salut pour tous, le nouveau Directoire ne prit pas le mot d'ordre de la belle société, des salons rétrogrades, mais choisit l'homme qu'ils repoussaient le plus.

L'enthousiasme des aristocrates exaltait le Russe Souvarow, vainqueur des Polonais, des Turcs et de nos armées d'Italie [1], et on ne portait à Paris que les bottes à la Souvarow, qu'avait mises à la mode le hardi bottier Sakoski. Contre ces fanatiques Russes, si braves et si barbares, nos conscrits de vingt ans pourraient-ils bien tenir ? La chose était douteuse. Le Directoire, quel qu'il fût, ici était obligé de marcher droit, de prendre le général qui, plus que personne, avait fait les prodigieux succès de Bonaparte, de prendre Masséna.

Ce choix extrêmement odieux à la haute société, qui avait fait nommer Bonaparte en 96, était d'autant

1. Voir pour les détails de cette victoire, le tome III, *Dix-Neuvième Siècle*.

plus surprenant en 99, que le même gouvernement venait, par le coup d'État de Prairial, de chasser l'intime ami de Masséna, La Révellière-Lepeaux, qui resta son ami jusqu'à la mort[1].

[1]. Noble amitié, pour le dire en passant, et qui lave suffisamment le grand capitaine des imputations que les bonapartistes ont artificieusement portées contre lui, employant à ces calomnies des hommes estimés, censeurs aveugles qu'on trompait.

## CHAPITRE IV

*Le monde en 99. — Le salon de la rue du Bac. — Madame de Staël.
Joséphine dans sa petite maison de la rue Chantereine.*

Il eût été à désirer que Madame de Staël, dans ses *Considérations*, au lieu de parler de la Suisse, qu'elle connaît peu, eût essayé de fixer par quelques coups de crayon le brillant pêle-mêle qui s'agitait chez elle dans son hôtel, fréquenté de tous les partis. On en sait les traits généraux et les figures marquantes. Je ne dirai pas les meneurs. L'homme brillant en 90 avait été l'aimable M. de Narbonne, grand seigneur patriote. En 99, Madame de Staël, plus mûre, avait un ami plus jeune, le caustique Benjamin Constant, républicain sincère, dont elle aimait la fine langue, les principes, et les cheveux blonds.

Mais la porte n'était pas fermée. On recevait des hommes de tout autre couleur. De jeunes émigrés alors peu connus, Chateaubriand entre autres, y étaient accueillis avec bonté. — Même des personnages suspects, le grand propriétaire vendéen que nous avons vu à Paris en Fructidor. Comment fermer sa porte à un homme tellement titré ?

Ce qui m'étonne davantage, c'est d'y voir à côté de celui qui comprima Fructidor, le héros jacobin Augereau. De cet enfant du faubourg Saint-Marceau on cite une jolie réponse, si fine que personne ne la comprit, mais qui est remarquable comme condescendance flatteuse du jacobin à la société aristocratique. Madame de Staël demandait : « Bonaparte se fera-t-il roi ? » Augereau dit : « Madame, c'est un jeune homme trop bien élevé pour cela. » (C'est-à-dire : pour prendre la place du roi son maître et ancien bienfaiteur ?)

Dans cette foule, il n'y avait pas combat d'opinions. La brillante et candide maîtresse de maison, quoique sincèrement patriote, justement à ce titre, exaltait Bonaparte.

Dans l'incertitude où l'on était encore des succès de Masséna, tout le public attendait, appelait l'heureux retour du héros de Syrie. Le gouvernement publiait, et tout le monde croyait ses bulletins, quels qu'ils fussent. Quoiqu'on pût s'informer par les petites barques grecques qui, en tout temps, traversent la mer, on aimait bien mieux croire aux flatteuses nouvelles ; on célébrait *la destruction de Saint-Jean-d'Acre*, on changeait la petite bataille d'Aboukir, la dernière qu'il livra avant de rentrer en France (25 juillet 99), en une grande défaite des armées anglo-turques.

Qui n'y croyait était suspect, et sans doute mauvais citoyen.

On faisait mille romans, mille vaines conjectures sur l'avenir possible du héros. La grande majorité croyait, d'après les vraisemblances, et les idées si bien indiquées par M. De Maistre, qu'il restaurerait le roi, et que, comme connétable ou autrement, il tâcherait de régner, comme un arbitre armé nécessaire entre les partis.

Et pour lequel pencherait-il dans la question essentielle? dans la question souveraine dont les intéressés parlaient d'autant moins qu'ils y pensaient le plus : *la question des biens nationaux?* Là, le pêle-mêle apparent du monde était tranché, et chacun au dedans jugeait des projets de Bonaparte, selon des intérêts divers. On regardait ses frères, et on en tirait quelque augure. A juger par Lucien et d'après la jeunesse jacobine de Bonaparte lui-même, on augurait qu'il favoriserait le parti révolutionnaire, les acquéreurs de biens nationaux. Mais sa sage conduite en Italie, où il avait si fermement empêché le partage des propriétés de l'Église, faisait croire qu'il aurait plutôt l'esprit de Joseph, et qu'il pourrait ménager un traité, peut-être une restitution partielle aux émigrés, anciens propriétaires.

Bref, tout le monde espérait en lui.

A l'autre bout de Paris, chez Joséphine, dans un petit salon de la rue Chantereine, aux dernières heures de la soirée, on laissait partir les dissidents, surtout les frères de Bonaparte, bavards, peu bienveillants pour la maîtresse de la maison qu'ils jalousaient. Vers minuit, il ne restait guère que les gens les plus sûrs, surtout des royalistes émigrés de Londres, à qui on pouvait tout dire. Je crois entendre parler la créole expansive à cette heure. Ses sentiments étaient ceux de la réaction depuis l'échec de Fructidor. L'espoir des royalistes commençait à se porter sur Bonaparte, qui ne manquait aucune occasion de leur donner des assurances secrètes. En son absence, Joséphine et ses plus intimes faisaient mesurer la distance où l'on était de l'année précédente, du moment où Bonaparte avait quitté la France, et l'énorme pas que, par la guerre, avait fait le parti jacobin. Un million d'hommes allait se lever, ne sentait-on pas la terre trembler ? Par sa nouvelle loi de conscription, la France devenait un terrible foyer de guerre.

Il fallait, non pas le roi seulement, mais sous lui une main ferme qui, assistée des amis, des Anglais, permît au roi de contenir tous ces éléments dangereux.

« Ah! pourquoi Bonaparte n'est-il pas ici! soupirait Joséphine. C'est à lui seul que je me fierais, contre l'Europe et surtout contre ces généraux jacobins qui, bien loin de contenir l'incendie, vont le répandre. Augereau m'effraye par ses liaisons avec les faubourgs. Et ce rusé Bernadotte, quoique parent et ami, n'en est pas moins disposé à jouer à Bonaparte le plus mauvais tour. Bernadotte est peut-être le plus dangereux.

« Le Directoire craint que Bonaparte ne soit trop fort. Moi je crains qu'il ne soit trop faible, une fois tombé dans ce guêpier de généraux. Qui sait si on ne lui prépare pas son rival heureux Masséna, dans le cas où Masséna serait vainqueur des Russes? Mais Bonaparte reviendra-t-il jamais ! Si j'étais le roi d'Angleterre, je n'écouterais pas ce fou de Nelson qui veut empêcher son retour. Revenu ici, il prêterait au roi et aux Anglais son épée victorieuse. Lui seul est capable d'écarter, de subordonner ces dangereux rivaux, d'opposer des digues à cet océan de feu qu'on appelle la Révolution [1]. »

---

[1]. Ces paroles prêtées à M<sup>me</sup> Bonaparte ne sont nullement fictives. M<sup>me</sup> de Rémusat dit, dans ses *Mémoires*, que Joséphine était « expansive et même souvent un peu indiscrète dans ses confidences; et que, pour se tirer d'affaire pendant la campagne d'Égypte, elle se compromettait par d'imprudentes relations. » Bonaparte à son retour l'obligea de rompre avec la société du Directoire, mais non avec le parti de la réaction. Au contraire, lorsqu'il fut devenu consul, « il profita des qualités douces et gracieuses de sa femme pour attirer à sa cour ceux que sa rudesse naturelle aurait effarouchés; il lui laissa le soin du retour des émigrés. Presque toutes les radiations passaient par les mains de M<sup>me</sup> Bonaparte.

M. Michelet par son génie d'intuition semble avoir été témoin et auditeur autant que M<sup>me</sup> de Rémusat. La concordance des deux récits est frappante. — A. M.

## CHAPITRE V

*Retour d'Égypte. — A quelles conditions.*

C'est en 1839 seulement que ce mystère a été révélé à l'Europe par un livre arabe, que peu de gens ont lu, quoique traduit par M. Desgranges, professseur au Collège de France.

Jusque-là, ni les Français ni les Anglais n'ont voulu ébruiter ce secret, les premiers par amour-propre national, les seconds de peur qu'on ne prît pour une trahison de leurs ministres et de leurs amiraux ce qui ne fut qu'une combinaison politique, astucieuse, mais malheureuse en résultat pour l'Angleterre et pour la France.

Le narrateur mérite la plus grande confiance. C'est un homme simple, honnête, qui avait le plus grand intérêt à savoir et être bien informé; de plus, partisan de Bonaparte et des Français, près desquels il résida trois années. Il s'appelait Nakoula; c'était un Syrien que le chef des Druses tenait près de nos généraux pour être informé de tous les actes de ceux dont il espérait la délivrance de son pays. Le départ de Bonaparte fut un événement terrible pour les Syriens, et celui de tous dont ils tinrent certainement à savoir le détail.

Bonaparte, d'abord, craignant de ne pouvoir sortir d'Égypte, avait fait au Caire, devant les ulémas, un discours violent contre le christianisme, disant « qu'après avoir renié et détruit cette religion, il était bien loin d'embrasser de nouveau la foi chrétienne[1] ».

Mais peu après Bonaparte, sans doute averti des événements de la France par les petites barques grecques qui, en tout temps, parcourent la Méditerranée, conçut un autre plan, espéra son retour[2].

« A peine arrivé à Alexandrie, il se disposa à partir; on prépara trois bâtiments sur lesquels il fit porter, pendant la nuit, des coffres remplis de pierres précieuses, d'armes magnifiques, de marchandises, d'étoffes et d'objets qu'il avait gagnés dans la guerre. Il avait aussi avec lui de jeunes Mamelucks attachés à son service et qu'il avait richement habillés.

« Ces préparatifs terminés, il donna un grand dîner au général Smith, général en chef des Anglais. Ce dernier, à l'époque où les Français avaient levé le siège de Saint-Jean-d'Acre, était venu avec des

---

1. Nakoula, quoique chrétien, rapporte ceci sans réflexion, p. 50.
2. Bonaparte dit, lui-même : « Je reçus des lettres de France; je vis qu'il n'y avait pas un instant à perdre. » (*Mém.* de M<sup>me</sup> de Rémusat, t. I, p. 274).

vaisseaux devant Alexandrie. Il est d'usage parmi les Européens, lorsqu'ils ne sont point en position de se livrer des combats, de se voir réciproquement, quoique d'ailleurs ils soient en guerre. Bonaparte témoigna donc au général Smith toutes sortes de prévenances, et lui fit des cadeaux de prix. Il lui demanda ensuite, et obtint la permission d'expédier trois petits bâtiments en France. Le général Smith étant retourné la nuit même sur ses vaisseaux, Bonaparte s'embarqua avec sa suite et sortit du canal par un vent violent. Deux jours après le général Smith apprit son départ. Cette nouvelle lui fit une grande impression ; il mit sur-le-champ à la voile pour le poursuivre ; mais il ne put en apprendre aucune nouvelle. Bonaparte, saisissant l'occasion, s'était envolé comme un oiseau de sa cage[1]. »

Selon un auteur Anglais[2], Sidney Smith, pour s'éloigner et ne point garder Bonaparte, prit le prétexte d'aller chercher en Chypre son approvisionnement d'eau douce.

Il était généreux, et un peu romanesque. Justement parce qu'il avait à se plaindre de Bonaparte, qui naguère avait, avec insulte, dédaigné son défi, il put avoir la tentation d'être magnanime. Cependant, il est difficile de croire qu'il eût fait un tel acte qui pouvait être accusé de trahison, sans être approuvé de son gouvernement.

---

1. Nakoula, trad. par Desgranges, p. 150.
2. Que suit Mario Proth dans sa piquante *histoire* qui, quoique satirique, est souvent très exacte.

Il est certain que les Anglais étaient fort indécis et divisés. Tandis que les uns croyaient, comme Nelson, qu'il fallait le prendre, le garder à tout prix, d'autres croyaient, d'après les royalistes de France, qu'il ne pouvait revenir que pour rétablir les Bourbons. Mais ce qui domina certainement, ce fut la crainte que Malte et l'Égypte ne restassent à la France.

Bonaparte mit quarante-cinq jours pour faire cette petite traversée, et dit, pour expliquer ce retard, qu'il avait pris le plus long, par les côtes d'Afrique. Mais on peut croire aussi qu'il attendit le laissez-passer. Si les Anglais l'accordèrent à la longue, c'est qu'ils y avaient intérêt pour empêcher nos républicains de prévaloir décidément sur les royalistes. Le général du parti révolutionnaire, Masséna, qui, depuis un mois, avait gagné la grande bataille de Zurich, vaincu les Russes[1], n'avait qu'à revenir (même seul) pour donner l'ascendant à son parti. Et dès lors toute la France était jacobine, et Jourdan, Augereau, même Bernadotte eussent été avec lui. — C'étaient eux probablement qui, abusant de la simplicité héroïque de Masséna, l'avaient détourné de venir sur-le-champ, et de paraître à Paris avec l'éclat de sa victoire.

Dans cette situation menaçante pour les Anglais et la coalition vaincue, ils pouvaient croire habile d'accorder le retour à ce favori de l'opinion, Bona-

---

1. Voir le tome III du *Dix-Neuvième Siècle*.

parte, qui, écartant Masséna et tous les généraux, donnerait dans Paris et en France la victoire au parti des *honnêtes gens* et des royalistes. Il est assez probable que Joséphine, si bonne royaliste, ainsi que je l'ai dit, l'avait fait espérer.

Après avoir relâché à Ajaccio, enfin il aborda à Fréjus (8 octobre 99). En France, il trouva la partie plus belle qu'il n'avait espéré lui-même. Cette surprise subite, l'adresse ou la magie qui l'avaient fait passer invisible à travers les flottes anglaises, sa conquête d'Égypte, sa victoire supposée de Syrie, qu'il affirmait dans ses bulletins; tout cela porta l'enthousiasme jusqu'au délire.

Ce peuple, sauvé par la défaite des Russes, appelait, implorait Bonaparte comme sauveur, et ne voulait devoir son salut qu'à lui. C'est le grand thaumaturge qui va guérir d'un mot les plaies de la patrie [1].

Bonaparte, en se retirant précipitamment de Saint-Jean-d'Acre, avait adressé à sa petite armée, mutilée et malade, une fort belle proclamation qui la releva :

« Nous avons attaqué en vain l'Orient, nous par-

---

1. « Le Directoire frémit de mon retour; je m'observais beaucoup; c'est une des époques de ma vie où j'ai été le plus habile. Je voyais Sieyès et lui promettais l'exécution de sa verbeuse constitution; je recevais les chefs des jacobins, les agents des Bourbons; je ne refusais de conseils à personne, mais je n'en donnais que dans l'intérêt de mes plans. Je me cachais au peuple parce que je savais que lorsqu'il en serait temps la curiosité de me voir le précipiterait sur mes pas. Chacun s'enferrait dans mes lacs, etc. (*Mém.* de M<sup>me</sup> de Rémusat, t. I, p. 275.)

tons pour défendre la France contre l'Occident, etc. »

Ce noble discours, qui ravit les soldats, était celui de la situation. Le nouveau Directoire semblait arrivé au dernier degré d'impuissance. Personne ne soupçonnait les résultats grandioses et terribles de la conscription. Des armées, non payées, peu nourries, composées en partie de jeunes soldats, frappèrent deux coups épouvantables sur deux armées très aguerries. D'une part, Brune, sur les Anglais et le duc d'York, sur ces troupes si bien armées et si fermes, qu'on citait pour modèles, avait reconquis la Hollande, tant convoitée par eux, qu'ils estimaient déjà comme leur plus précieuse province, comme Kent ou Essex. Ce n'est pas tout, il les réduisit à cette extrémité de ne pouvoir échapper que par une capitulation. Terrible mortification, et la plus forte qu'aient eue les Anglais depuis un siècle.

D'autre part, Masséna, profitant à Zurich de ce que l'Autriche avait séparé ses troupes, et porté l'archiduc au nord, plus à la portée des Anglais, Masséna, dis-je, avait pris, divisé encore les Autrichiens, les Russes, et en avait fait un grand massacre. Ces Barbares fanatiques, très braves et qui avaient vaincu les nôtres en Italie, il les réduisit à chercher des passages inaccessibles, *à passer par un trou d'aiguille*, je veux dire par un défilé si étroit qu'un homme seul pouvait y passer à la fois. Les canons, la cavalerie restèrent là, et presque toute l'infanterie, pour combler de cadavres les profondes vallées des Alpes.

Ces prodigieux événements, qui eurent lieu en septembre, ne pouvaient être prévus le 20 mai, jour où Bonaparte, levant le siège Acre, fit sa belle proclamation, où il promettait aux soldats de les mener aux guerres de France.

Mais ce qu'il savait, c'est que la mer et les flottes qui avaient si bien gardé d'Acre, empêcheraient le retour de l'armée. Donc il trompait celle-ci. Il ne trompait pas moins Paris, à qui il annonçait qu'il n'avait quitté Acre qu'après n'y avoir pas laissé pierre sur pierre.

# CHAPITRE VI

### Le cabinet de Londres au moment du retour d'Égypte.

Les Anglais sont crus et se croient obstinés. Mille faits prouvent pourtant qu'ils ont des changements rapides en sens divers, comme les flots furieux qui se battent au détroit.

On ne me croirait pas sur les brusques mutations qui se firent de 97 à 1801, si je ne tirais tous les faits d'un livre fort sérieux, de grande autorité[1], fondé uniquement sur les correspondances et documents divers émanés des hommes politiques de ce temps-là (Pitt, Fox, Grenville, Eldon, Malmesbury, etc.). L'auteur, qui fut ministre lui-même et chancelier de l'Échiquier, a copié ces documents avec l'intelligence de l'esprit où ils furent écrits.

Déjà, d'après ce livre, j'ai dit au commencement de ce présent volume le miracle de Pitt; comment,

---

1. Cornewall Lewis, *Histoire gouvernementale de l'Angleterre*.

trouvant la Couronne au plus bas, il la relève, change tout à coup le Parlement, et donne au roi un monde, l'administration des Indes.

Ce don est fait par un tout jeune homme, qui reste ministre dix-sept ans, et dont le ministère, interrompu trois ans, reprendra sous d'autres après lui. Le roi dominé par sa rancune contre l'Amérique et la France, partagea très longtemps l'entrain haineux de Pitt dans la grande lutte, voyant, malgré tant de dépenses, le crédit qui montait et le monde empressé à prêter son argent à l'Angleterre. Mais l'essor des manufactures, puis les revers de 97, changèrent fort ce courant d'argent et refroidirent le roi. Georges crut de plus en plus ses serviteurs intimes, surtout son médecin et quelques évêques, l'archevêque de Cantorbéry, fort ennemi des projets de Pitt.

Ce médecin, Addington, avait été camarade, ami d'enfance de Pitt, qui, pour flatter le roi, l'avait fait président de la Chambre des Communes.

L'influence de cet homme doux, qui ne tourmentait jamais le roi d'affaires publiques, dut augmenter, surtout dans les jours de terreur, lorsque le peuple en fureur mit en pièces le carrosse royal, ou bien dans cette nuit terrible où la flotte se révolta et où la Tamise parut en feu. Bref, le roi, voyant Pitt malheureux à la guerre et maudit par la foule, se tourna entièrement vers son cher conseiller Addington.

Ceci en 97-98. En 99, l'humiliation de la Hollande, la capitulation du duc d'York et de son armée, poussa au comble le mécontement du roi contre Pitt, qui lui parut aussi inhabile qu'odieux.

Mais Georges aurait-il le courage de s'affranchir? Ce n'était pas probable, et son timide médecin n'y eût suffit. Il y fallait Dieu même! et les craintes du roi pour l'*Église établie*. L'archevêque de Cantorbéry vint lui dévoiler le plan de Pitt, qui voulait mettre d'abord les catholiques d'Irlande dans le Parlement d'Angleterre pour leur ouvrir ensuite *tous les emplois*.

Le fait est que Pitt employait dans les affaires de l'Angleterre, de l'Inde, force Irlandais, des Castlereagh, des Canning, des Wellesley, etc. Lui, un parfait Anglais, il n'en jugeait pas moins avec sagacité que le bon sens de sa race gagnerait fort en certains cas à être aidé du brillant génie de l'Irlande. Ainsi lord Chatham avait appelé, armé, à grand profit, les Écossais, qui, plus tard, étaient devenus, par Watt et autres inventeurs, comme le *bras industriel* de l'Angleterre. Son *bras militaire* maintenant, on le voyait dans l'Inde, c'était surtout les Irlandais.

Ces grandes vues étaient trop au-dessus du roi; elles ne firent qu'exalter son bigotisme protestant.

L'Angleterre haletait après la paix. L'impôt sur le revenu faisait saigner le cœur des riches, et la grande industrie, qui naissait, appelait à elle (à tout prix) les capitaux.

Ainsi la paix s'imposait d'elle-même. Ce qui pouvait retarder les meneurs, c'est que, le roi étant un bigot protestant, ennemi des catholiques, on ne pouvait lui laisser voir les relations qu'on avait sous main avec les émigrés et autres catholiques français.

Donc on travaillait contre Pitt, mais tout doucement. N'importe! Ce grand ministre de la guerre était perdu. En Fructidor, et plus tard en Brumaire, l'Angleterre espéra la paix d'une entente secrète avec nos royalistes. Mais on ne pouvait la faire, disait-on, qu'autant que la France aurait un gouvernement régulier, une main ferme qui répondît d'elle. Voilà pourquoi plusieurs Anglais croyaient, comme Sidney Smith, qu'en laissant revenir Bonaparte, et l'opposant aux jacobins, Masséna, Brune, Augereau, on ménageait la paix, la chute de Pitt et l'élévation du pacifique médecin Addington qui, devenu ministre, guérissait les plaies du pays.

Bonaparte profita de ce jeu politique, revint, et trompa tout le monde, l'Angleterre comme la France. Mais cela n'y fit rien.

L'Angleterre était si violente dans sa fureur de paix, qu'en 1801 le peuple de Londres détela les chevaux de l'envoyé de Bonaparte et traîna sa voiture.

## CHAPITRE VII

#### Le 18 Brumaire.

La conspiration commencée de bonne heure et menée très lentement, tout à coup éclata, réussit par la connivence des généraux qui se trouvaient alors à Paris.

On a trop négligé de remarquer que, d'après les aveux même de Bonaparte, ses plans, ses premières vues remontaient à quatre années.

Il dit que, depuis la journée de Lodi (12 mai 96), il commença à penser « qu'on pourrait jouer quelque tour au Directoire ».

Pourquoi ? C'est qu'en ce même jour la police découvrit l'association récente des terroristes et des babouvistes, et que ces vagues théories, si impossibles à réaliser, ramenèrent le public à sa grande panique de Germinal et Prairial; qu'enfin cette peur força le Directoire d'être impitoyable pour les utopistes. Il n'y avait au Directoire qu'un militaire, Carnot. Tout le monde se réfugia de ce côté. Bonaparte comprit qu'il n'y avait que ce moyen de parvenir, suivre cette route : *rassurer la propriété*, et peu à peu *gagner les rétrogrades* de toutes nuances. Comment oser cela sans se démasquer, devant une armée républicaine? C'est pourtant ce qu'il fit, avec succès, à Tolentino et à Léoben, où de son propre aveu il sauva l'Autriche, comme il avait sauvé le pape et le Piémont.

Les royalistes furent terriblement ingrats pour ses avances, et ne vinrent à lui qu'après que Fructidor leur eut fait perdre toute espérance de se tirer seuls d'affaire. Lui, cependant, ne s'arrêta jamais dans ses plans rétrogrades. Au moment où il laisse l'armée faire des adresses républicaines pour Fructidor, il expose ses vrais sentiments dans une lettre à Talleyrand (et à Sieyès). Il réfute la théorie des trois pouvoirs de Montesquieu, et ajoute : « Il ne faut que deux pouvoirs, *l'un qui agisse*, l'autre qui surveille [1]. »

C'était en réalité réduire les pouvoirs à un seul. Celui qui est armé de tous les moyens d'action tardera peu à absorber l'autre.

Il aime Sieyès, dit-il, et voudrait l'appeler en Italie. Pour appât, il propose au vain théoricien deux constitutions à faire, entre autres celle de Gênes. Dans ce siècle abstracteur qui souvent se

---

[1]. *Correspondance*, t. III, 417, 19 sept. 97.

payait de mots, il pensait à Sieyès, excellent instrument, et le premier pour rendre le vide sonore. Pourquoi? Il était le plus creux[1].

Bonaparte, en Égypte, n'en était que plus présent à Paris. Ses conseillers, savants et philanthropes, lui donnaient le renom d'être un grand administrateur. D'autre part, ses pèlerinages aux sources de Moïse, à l'église de Nazareth, faisaient impression sur un certain parti, tandis que ses avances aux musulmans, qu'on prenait pour purs badinages témoignaient de l'impartialité du politique.

---

[1]. Lorsque plus tard il eut fait son grand crime par Sieyès et Barras, il les accabla tous les deux par des imputations invraisemblables, mais que crut tout le monde. Il répandit que Barras appelait les *Bourbons*, offrait le trône au prétendant. Celui-ci était donc bien sot, bien ignorant de la situation! Comme régicide, Barras eût dû se souvenir à quel point Carnot, régicide aussi, avait cru impossible de se fier aux royalistes en Fructidor. Il eût dû craindre les *Marat de la royauté* (comme Entraigues s'appelait lui-même) et se souvenir du mot menaçant de De Maistre : « Le roi pardonnera, mais les parlements feront justice. »

Pour Sieyès, la fable fut encore plus absurde. Bonaparte assura que Sieyès aurait, dans son ambassade à Berlin, offert le trône (dont il disposait sans doute), offert le trône de France, à qui? A l'homme le plus haï des Français, au duc de Brunswick, l'auteur du fameux manifeste qui mit toute la France en armes!

Ce qui est sûr, c'est qu'après le mouvement du parti militaire déjà bonapartiste, qui chassa La Révellière, Sieyès proposa la constitution muette qu'il avait dans l'esprit. C'était, d'une part, un tribunat qui ne discutait pas, mais proposait des lois; d'autre part, un sénat qui, sans discussion, jugeait des atteintes portées à la constitution. Deux corps muets, deux ombres. Les bonapartistes s'en moquèrent et se chargèrent de leur donner un corps.

Après Brumaire, Bonaparte, voyant Sieyès dans le ruisseau et conspué de tous, des royalistes comme prêtre philosophe, des révolutionnaires comme traître et lâche machinateur, Bonaparte monte sur ses épaules, pour ainsi dire, l'enfonce de son mieux dans la boue. Il suppose que cet homme si prudent, si timide, ne craignit pas de faire devant lui un acte avilissant, de fourrer ses mains dans une commode pour remplir ses poches d'or, pendant que Bonaparte faisait semblant de ne rien voir et tournait le dos. Il fit répandre la chose par le hâbleur Murat.

Les nouvelles officielles étant rares, tous ces bruits étaient exploités chaque jour, commentés par ses frères aux républicains, par Joséphine aux royalistes. Ses mensonges sur la conquête de Syrie, la prétendue destruction de Saint-Jean-d'Acre, l'exagération de sa petite victoire d'Aboukir, tout cela fut cru et pris avidement, répandu comme officiel.

A son retour il trouva tous les généraux inquiets et jaloux du grand succès de Masséna, qui pouvait ramener au pouvoir les vrais républicains et ajourner indéfiniment les espérances ambitieuses.

Barras et Sieyès se défiaient de Bonaparte; il eut de la peine à les regagner. Jourdan était, je crois, encore malade. Bernadotte, quoique beau-frère de Joseph, aima mieux rester neutre. Mais il eut tous les autres. Augereau, n'osant pas refuser, conseillait au moins d'ajourner; Bonaparte dit : « Le vin est tiré ; il faut le boire. »

L'indécis Moreau baissa tellement, qu'il se chargea du rôle le plus bas, d'être geôlier des Directeurs patriotes, Gohier, Moulins. Pour Barras, il s'enfuit chez lui à la campagne[1].

Cependant, on tapissait les murs de proclamations ridicules, où l'on montrait Paris sous l'imminent danger d'un grand complot de jacobins. S'il en était ainsi, on devait se hâter. Ce fut tout le contraire.

---

1. Barras avait promis sa justification sur plusieurs points et la promettait encore le 20 juin 1819. Son collègue Gohier (t. II, 326) désirait qu'il la publiât. Espérons que le manuscrit des *Mémoires* de Barras sera enfin connu, et que la famille Saint-Albin, qui le possède, finira par l'imprimer.

Il n'y eut jamais révolution traînée si longuement.

Le meilleur récit du 18 Brumaire est celui du directeur Gohier, que le banquier Collot, quoique bonapartiste, continue sans le contredire.

A l'arrivée de Bonaparte, la banque se divisa. Ouvrard et sa Tallien, que lui avait cédée Barras, restèrent du côté de Barras. M. Collot, que j'ai connu, l'ancien fournisseur de l'armée d'Italie fort ami de Joséphine, la défendit comme il put près de son mari, qui voulait la répudier, se rapprocha de Bonaparte, dont il s'était éloigné, et, jusqu'au coup de Brumaire, habita, pour ainsi dire, rue Chantereine. Il prêta les sommes nécessaires, vit tout, et sans doute observa de près ce qu'on faisait de son argent.

Son récit est excellent. Bourrienne, à qui il conta tout, ainsi qu'à d'autres personnes, l'a inséré (bizarrement) après la bataille de Marengo. Il n'y eut pas grande finesse, mais une plate corruption. L'argent de Collot servit d'abord à gagner un colonel corse, Sebastiani, qui se trouvait à Paris avec son régiment de dragons. Puis, on corrompit Jubé, commandant de la garde du Directoire. De sorte que les cinq Directeurs d'avance, sans s'en apercevoir, étaient prisonniers. Tout était parfaitement prévu, au point que Bonaparte dit à Collot, le 15 brumaire, d'acheter une maison de plaisance à Saint-Cloud, où il voulait souper avec lui le 19 brumaire, le soir de l'événement, pour célébrer la victoire.

On craignait fort la figure que Bonaparte, peu habitué aux assemblées, ferait devant les deux Conseils. Son frère Lucien, inspecteur de la salle, puis président des Cinq-Cents, avait fait imprimer des billets en blanc pour convoquer qui l'on voudrait, en excluant tous les autres. C'était l'avis du ministre de la police Fouché. Mais Bonaparte craignit qu'on ne dît qu'il avait eu peur de ces assemblées d'avocats.

Le Conseil des Anciens était en partie gagné. Ils le nommèrent général des forces de Paris, et, pour prévenir les complots dont on parlait, décidèrent que, le lendemain 19, les deux Conseils se transporteraient à Saint-Cloud.

Ce qui décida tout, ce fut une lettre qui tomba comme une bombe. Le secrétaire du Directoire y disait aux Conseils qu'il n'y avait plus de Directoire, que quatre Directeurs sur cinq avaient donné leur démission (Gohier, I, 277). Bonaparte lui-même confirma ce mensonge, et l'appuya de menaces inutiles et parfaitement ridicules, disant que si on l'accusait, il en appellerait à ses braves camarades. « Songez, dit-il, que je marche accompagné du dieu de la Fortune et du dieu de la Guerre. » Et il montrait dans la cour les bonnets à poil de ses grenadiers, qu'on voyait de la fenêtre.

Il aurait dû garder cette belle éloquence pour le Conseil des Cinq-Cents, où était la vraie bataille. On lui avait représenté les choses comme si faciles qu'il croyait que ceux-ci céderaient à la seule vue des troupes. Il se présenta à eux suivi de ses grenadiers, qui marchaient sur trois de front (dit toujours

M. Collot). La saison était déjà froide (10 novembre), et on avait allumé les poêles dans la grande salle (l'Orangerie); on avait mis devant la porte pour servir de vestibule un tambour en tapisserie. Les curieux qui y étaient se pressèrent pour laisser passer Bonaparte; mais ses soldats ne purent le suivre. Quand il vit qu'il n'était accompagné que de deux ou trois de ses grenadiers, il recula, sortit.

« Si un seul représentant, ajoute M. Collot, avait saisi Bonaparte, son parti n'était pas assez fort pour le sauver. Et si, l'instant d'après, on avait présenté sa tête sanglante au balcon, en le nommant traître à la patrie, les soldats n'en auraient demandé ni tiré vengeance. Mais on perdit une demi-heure en clameurs, en injures. »

Deux hommes bien sincères, Daunou et Dupont (de l'Eure), m'ont dit qu'on ne vit jamais un homme si pâle, si troublé, balbutiant, ne pouvant parler. Interrogé sur le complot qu'on avait annoncé et placardé à grand bruit, il ne sut que dire, sinon que Barras et Moulins lui avaient fait des propositions de renverser le gouvernement. Rien n'avançait. On profita d'une poussée où plusieurs représentants descendaient des gradins, l'accablaient de reproches et où ses grenadiers vinrent l'entourer, pour leur faire croire qu'on avait voulu le poignarder. L'un d'eux, comme son sauveur, fut récompensé le lendemain.

Lucien se montra grand acteur. Il déposa sa toge, sortit échevelé devant les grenadiers, dit à ces braves gens : « Croiriez-vous bien qu'ils veulent que je tue mon frère, que je le déclare *hors la loi?* » Cela parut monstrueux à ces hommes simples...

Pour terminer enfin une comédie ridicule qui menaçait de mal tourner, Lucien entraîna son frère, et tous deux montèrent à cheval. Cependant Bonaparte ne se rassurait pas et ne résolvait rien, craignant sans doute d'être mal obéi de ses soldats. Il avisa la voiture de Sieyès, qui n'était pas dans la bagarre, était resté dehors : « Que faut-il faire? » — Sieyès bravement répondit : « Ils vous mettent *hors la loi*, mettez-les-y vous-même. »

Alors on se hasarda de donner l'ordre à Murat et aux grenadiers de mettre l'Assemblée hors la salle. Lucien aurait dit à ses soldats : « Expulsez les représentants du poignard. » Ils fondirent dans la salle ; elle est au rez-de-chaussée : les députés sortirent par les fenêtres.

M. Collot nous donne seul la fin de ce triste récit :

« Il était bien difficile de refaire une autre Assemblée. On réunit environ quatre-vingts députés en tout, de l'un et de l'autre Conseil. Je me rappelle l'anxiété de Bonaparte pendant ce temps ; il avait grand besoin de la présence de M. de Talleyrand, qui ne cessait de l'encourager. C'est à dix heures qu'il voulut qu'on ouvrît la séance. J'y étais ; et quel spectacle que cette séance nocturne dans la salle même qui venait d'être polluée!... Tant que je vivrai, j'aurai devant les yeux l'aspect de l'Orangerie pendant cette scène lugubre. Qu'elle était silencieuse ! combien mornes et attristés ceux qui venaient s'y asseoir !... Figurez-vous une longue et large grange, remplie de banquettes bouleversées, une chaire adossée au milieu contre un mur nu ; sous la chaire, un peu en avant, une table et deux chaises. Sur cette table, deux chandelles, autant sur la chaire. Point de lustres, point de lampes. Nulle autre clarté sous les voûtes de cette longue enceinte.

« Voyez-vous, dans la chaire, la pâle figure de Lucien, lisant la nouvelle constitution [1], et devant la table deux députés verbalisant ? Vis-à-vis, dans un espace étroit et rapproché, gisait un groupe de représentants indifférents à tout ce qu'on leur débitait ; la plupart était couchés sur trois banquettes, l'une servant de siège, l'autre de marchepied, la troisième d'oreiller. Parmi eux, dans la même attitude et pêle-mêle, de simples particuliers. Non loin derrière on apercevait quelques laquais, qui, poussés par le froid, étaient venus chercher un abri, et dormaient en attendant leurs maîtres.

« Tel fut l'étrange aréopage qui donna à la France un nouveau gouvernement. »

---

1. Après tant de mensonges, Lucien aurait encore ajouté celui-ci : « Dans trois mois, vos conseils et vos commissions vous rendront compte... Et le peuple jugera s'ils ont su remplir leur mandat. » (Gohier, I, 343.)

FIN DU TOME DEUXIÈME.

# TABLE DES MATIÈRES

|  | Pages |
|---|---|
| Préface. — Des justices de l'histoire | 1 |
| L'histoire est un tribunal de cassation pour les jugements aveugles, passionnés, des contemporains. | 1 |
| Souvent une punition, souvent une réparation pour les morts trop oubliés. | 3 |
| Des oublis ingrats, injustes | 4 |
| Les peuples s'oublient eux-mêmes. Exemples. | 5 |
| Tirés de la France. | 6 |
| De l'Angleterre. | 8 |
| De la Russie. | 13 |

## LIVRE PREMIER. — Angleterre.

Chap. I. Le premier Pitt. — La Guerre et les emprunts. — Le traité de 1765 a livré le monde aux Anglais . . . . . . . . . . . 19

II. Une nouvelle Angleterre. — Le méthodisme. — La sainte banque. — L'Église. — Le jeune Pitt. . . . . . . . . 27

III. Le bill de l'Inde (1783). — Pitt règne malgré le Parlement. . 35

IV. Le roi brise le Parlement. — Procès et absolution d'Hastings (1785-95). . . . . . . . . . . . . . . . . . . . . . . . 43

V. Guerre avec la France. . . . . . . . . . . . . . . . . . . 56

VI. La mer. — L'Irlande. — Le général Hoche . . . . . . . . 64

## LIVRE II. — Italie.

Chap. I. Les six victoires de Masséna. — Septembre 96. — Envie de Bonaparte. . . . . . . . . . . . . . . . . . . . . . . . . 76

II. Républiques italiennes. — Combats d'Arcole (16-17 novembre 96). . . . . . . . . . . . . . . . . . . . . . . . 84

CHAP. III. Victoire décisive de Rivoli (13 janvier 97) et reddition de Mantoue. — Bonaparte sauve le pape à Tolentino. ...... 98
IV. Campagne du Tyrol (mars-avril 97). — Bonaparte sauve l'Autriche à Léoben. .................. 109
V. Bonaparte dupé par l'Autriche, qui lui fait perdre six mois (avril-octobre 1797) ...................... 119

## LIVRE III. — FRANCE (1796-1797) JUSQU'EN FRUCTIDOR.

CHAP. I. De la seconde réaction qui mène en Fructidor. ........ 126
II. Élan mystique de la réaction. — Saint-Martin. — Le salut par les femmes. .......................... 131
III. Le jardin Geneviève et la théorie des égaux (1796). ...... 141
IV. Coalition des égaux et des terroristes. — Arrestation, 10 mai. — Les exécutions de Grenelle. .................. 147
V. Les modérés et les indécis — Indulgence pour le grand complot royaliste (1797) ...................... 159
VI. Crise suprême de l'Angleterre. — Révolte de la flotte, (mai 97). ............................. 169
VII. La fausse élection de 97. — Mort de Babeuf (26 mai). .... 175
VIII. Insolence des royalistes. — Persécution de Louvet, qui dénonce leurs complots et meurt. ............... 180
IX. Le Directoire s'affranchit de Carnot ............. 188
X. Les royalistes appellent la Vendée à Paris. — Le Directoire appelle Hoche, les escadrons de Sambre-et-Meuse. ...... 194
XI. Fructidor. ............................. 201
XII. Conséquences de Fructidor. — La république éclate partout. — (Fin de 97). ........................ 211
XIII. Embarras du Directoire, qui signe Campo-Formio (octobre 97). 215

## LIVRE IV. — ANGLETERRE. — INDE. — ÉGYPTE (97-98).

CHAP. I. L'organisation de l'Inde sous Cornwallis. ............ 222
II. Promesses des Bonaparte. — Comment ils machinent l'expédition d'Égypte (1797-98) .... .............. 234
III. Comment Bonaparte élude l'expédition d'Angleterre, et prépare celle d'Égypte (97-98). ................ 246
IV. Conquête de l'Égypte. — Désastre de la flotte. — Efforts des Français pour réveiller l'Égypte primitive. ......... 251
V. Révolte du Caire (21 octobre 98). — La rénovation de l'Égypte. ............................ 261
VI. Suez et le vieux canal des pharaons. — Invasion de la Syrie (1798-1799) ....................... 273

| | Pages |
|---|---|
| Chap. VII. Bonaparte échoue à Saint-Jean d'Acre (Mai 99)........ | 281 |
| VIII. Fin de l'Inde musulmane. — Mort de Tippoo (1799)..... | 291 |
| IX. Administration conquérante, dévorante, des Wellesley. — Désespoir. — Culte de la mort............... | 302 |

# LIVRE V. — Suisse. — Piémont. — France. — Fin du Directoire (1799-1800).

| | |
|---|---|
| Chap. I. Grandeur extérieure de la France sous le Directoire. — Révolutions diverses : Suisse, Hollande, etc., 1797-1798.. | 313 |
| II. Piémont. — De Maistre. — Manifeste sanglant de la Contre-Révolution :................... | 323 |
| III. Le Directoire décimé. — Prairial 99............... | 328 |
| IV. Le monde en 99. — Le salon de la rue du Bac. — Madame de Staël. — Joséphine dans sa petite maison de la rue Chantereine................ | 335 |
| V. Retour d'Égypte. — A quelles conditions...... ....... | 340 |
| VI. Le cabinet de Londres vers 1800............... | 347 |
| VII. Le 18 Brumaire................... | 351 |

FIN DE LA TABLE DU TOME DEUXIÈME.

IMPRIMERIE E. FLAMMARION, 26, RUE RACINE, PARIS.

www.ingramcontent.com/pod-product-compliance
Lightning Source LLC
Chambersburg PA
CBHW070846170426
43202CB00012B/1960